江西师范大学中国社会转型研究书系

王刚 著

古文献与学术史论稿

A Brief Discussion about
Ancient Texts and Academic History

中国社会科学出版社

图书在版编目（CIP）数据

古文献与学术史论稿/王刚著. —北京：中国社会科学
出版社，2017.5
ISBN 978 - 7 - 5161 - 9900 - 8

Ⅰ.①古…　Ⅱ.①王…　Ⅲ.①古文献学—中国—文集
Ⅳ.①G256.1 - 53

中国版本图书馆 CIP 数据核字（2017）第 038090 号

出 版 人	赵剑英
责任编辑	宋燕鹏
责任校对	李　莉
责任印制	李寡寡

出　　版	中国社会科学出版社
社　　址	北京鼓楼西大街甲 158 号
邮　　编	100720
网　　址	http://www.csspw.cn
发 行 部	010 - 84083685
门 市 部	010 - 84029450
经　　销	新华书店及其他书店

印　　刷	北京明恒达印务有限公司
装　　订	廊坊市广阳区广增装订厂
版　　次	2017 年 5 月第 1 版
印　　次	2017 年 5 月第 1 次印刷

开　　本	710×1000　1/16
印　　张	19.5
插　　页	2
字　　数	320 千字
定　　价	85.00 元

目　录

从清华简《系年》看早期中国的历史书写

一 引言：从《系年》的体例之争说起

2011年12月，由李学勤主编、清华大学出土文献研究与保护中心编著的《清华大学藏战国竹简（贰）》由上海中西书局出版。该卷收录的是一部完整的先秦史书，简牍字迹清晰，保存较好。"全书讲述了从武王伐纣一直到战国前期的全国的历史大事，是一部十分珍贵的史书，也是近现代秦以前史书绝无仅有的重要发现。"① 整理者认为，它与魏晋时期的《竹书纪年》相类，故而拟题为《系年》。

《系年》一经发布，即引起各方的热烈讨论，学界对其所做的研究，涉及了先秦史及早期史学中的许多方面，其中最为引人注目的热点是关于《系年》的性质问题。《系年》作为一部史书，在学界基本没有异议。但它是一部什么类型的史书？体例如何呢？关于这一问题，分歧较大。按照整理者的意见，《系年》应是编年体史书，② 循此理路，与此相关的论点则有：宋镇豪认为，《系年》是楚国史官所作具有纪年大事意义的史书；夏含夷则认为，中国上古时期主要有两种纪年形式的史书，一种是单国的历史编年；另一种是多个国家综合、比较的编年体，

---

① 李学勤：《〈系年〉出版的重要意义》，《邯郸学院学报》2013年增刊，第15页。

② 《清华大学藏战国竹简（贰）》的《说明》指出："文字体例与若干内容又近似西晋汲冢出土的《竹书纪年》，故拟题为《系年》。"李学勤《清华简〈系年〉及有关古史问题》（《文物》2011年第3期）则说："是一种编年体的史书。"

《系年》属于后者。另外还有学者认定，此为楚史《梼杌》。① 但与此同时，也有学者对此提出了完全不同的意见，其中最为典型的观点是，《系年》与《竹书纪年》并非同类史书，而应属于纪事本末体，理由在于：

> 《系年》编纂的第一个特点，是其因事成篇，纪事本末的史体。……考虑，而且有内容的考虑。但如果纯从史体的角度看，清华简之《系年》，实与西晋出土之《竹书纪年》有根本的差别。《竹书纪年》的文本特征为"编年相次"，是典型的编年体裁，而清华简《系年》叙事虽重时间因素，其史学史上的意义也很突出，但却绝非编年体的年代著法。②

此外，又有学者提出，《系年》既不是编年体也不是纪事本末体，而是与《春秋事语》或《国语》相类的史书。③

笔者以为，在这些意见中，将《系年》归入《语》类文献，在论据上似乎还难以令人信服，通观《系年》文本，有两大要素成为争论的支点：一是时；二是事。前者是定其为编年体的根据；后者则是纪事本末说的依凭。倘若参照出土的《春秋事语》来看，《语》类书籍应是既不重时，也不重事。具体说来，就时而言，基本无年份记载；"事"则根本不是论述中心。④ 虽说传世文献《国语》中可见记时、记事之

---

① 参见张春海《清华简〈系年〉或有助填补周代研究空白》（《中国社会科学报》第249期，2011年12月22日）；参见刘建明《〈系年〉的史料价值和学术价值》（《绵阳师范学院学报》2012年第10期）。

② 许兆昌、齐丹丹：《试论清华简〈系年〉的编撰特点》，《古代文明》2012年第2期。此外，罗运环认为："《系年》属于'纪事本末体雏形'，是所见第一部以楚国外交资治为目的的'纪事本末体雏形'的史书。"见氏著《清华简〈系年〉体例及相关问题发微》，上海大学古代文明研究中心、中国先秦史学会主办"古史史料学研究的新视野：新出土文献与古书成书问题"学术研讨会（2013年10月）论文。

③ 刘全志在《论清华简〈系年〉的性质》（《中原文物》2013年第6期，第43页）中说："与《左传》或'纪事本末体'相比，《系年》更接近于《春秋事语》；它的性质与汲冢竹书中的'国语'三篇相近。"

④ 张政烺《〈春秋事语〉解题》说："使人一望而知这本书（《春秋事语》）的重点不在讲事实而在记言论。"见氏著《张政烺文史论集》，中华书局2004年版，第458页。

例，但那不仅数量少，而且完全是为记言所作的陪衬，起着"证验"言语的功能。① 既然《系年》与这些特点不相吻合，那么，将其归入《语》类文献的意见基本可以排除，剩下的就是纪年与纪事本末之争了。当然，仅从结论上来看，学界还有些似乎是有别于以上的观点，如有将《系年》定为《铎氏微》一类，或归之于《故志》类书籍。② 但倘按照这些意见进行细化，前者主要是对纪年类史籍的摘抄；后者所谓的"志"固然在体例上言事杂糅，但总的来说也是以事为主。③ 总归而言，可以归入编年与纪事的范畴中去，也即是说，编年与纪事是《系年》性质之争的最后落脚点。

从特定视角来看，《系年》的体例之争，反映的是对历史书写的不同理解，而这种历史书写又受到早期中国各种文化要素的影响。毫无疑问，《系年》为我们深入理解早期史学及相关问题，提供了一个全新的平台。有鉴于此，笔者不揣浅陋，以《系年》为观察口与切入点，对早期中国的历史书写及史学意识做一初步探研，以就正于方家。

二 从知识立场与时代关怀看《系年》的成书

作为重要的出土文献，清华简属于随葬品。李学勤指出："作为随葬的书籍，总是和墓主的身份与爱好有一定关系。"由于清华简"大多与历史有关"。他戏言道："这次是挖到了一个历史学家。"④ 在此，我们不禁要问："历史学家"这一身份或定位，对于《系年》的成书及相

---

① 关于此点，参看张以仁《从国语与左传本质上的差异试论后人对国语的批评》，见氏著《春秋史论集》，台湾联经出版事业公司1990年版，第110页。

② 参看陈伟《清华大学藏竹书〈系年〉的文献学考察》，《史林》2013年第1期；陈民镇《〈系年〉"故志"说——清华简〈系年〉性质及撰作背景刍议》，《邯郸学院学报》2012年第2期。

③ 如王树民在《释"志"》一文中指出："《志》的内容不仅是记言，同时也记事，体例相当杂糅。"见氏著《曙庵文史续录》，中华书局2004年版，第129页。而《通志·总序》则说："古者记事之史谓之志。"

④ 李学勤：《初识清华简》，收入刘国忠《走进清华简》，高等教育出版社2011年版，第162页。

关文本问题，应有着何种的影响呢？

笔者以为，如着眼于作者这一层面，在知识生产的过程中，任何一种文本的形成，都应受到内外两大要素的影响。就内在要素来说，撰作者的知识修为与立场，将成为书写过程中的内在理据；而在外在要素方面，撰作者所处的时代，及由此带来的思想刺激，将为知识产品打下现实烙印。尤其是历史著作，时代感更为强烈，外在的时势常常激荡着史家之心。当然，所谓"历史学家"不过是一句戏言。在那个时代，是否有着后来意义上的"历史学家"，还是一个值得商榷的问题，但是，《系年》的撰作者，必是与从事史学相关的人群，而这一人群就是——史官。考虑到先秦古书的复杂性，他可以是一位作者；也可以是一批作者，最后由某一位总其成。由于证据缺乏，现在还不能认定，这就是史官的撰作，但它与史官群体相关联，并受其思想及知识系统的影响，应是难以否认的事实。那么，他或他们又属于哪一派史官系统，内在理据与知识立场如何？在什么样的现实关怀下撰作了这部作品呢？下面具体论之。

（一）楚与非楚：《系年》文本的知识品质

我们注意到，《系年》虽为楚文字书写，但篇章行文间，却有着很多与楚地风格不一致的地方。

首先，它虽以楚为主，但不唯楚是从，在历史书写中，楚与其他国家名分齐同。李学勤评价道："《系年》一篇字体是楚文字，但不能由此直接推论这是楚国人的著作。……篇中不为楚人掩丑，有时措辞颇为严厉……应该说，作者即使是楚人，他的眼光则是全国的，没有受到狭隘的局限。"①

其次，春秋战国的史书常载鬼神，如《墨子·明鬼下》曾引周、燕、宋、齐四地的《春秋》，都涉及了鬼神之事。楚地以"信巫鬼，重淫祀"② 为特点，反映到历史叙述中，鬼神之事应占据更重位置。然而，《系年》几乎不言"怪力乱神"，只在首章有"商王之不恭上帝"

---

① 李学勤：《清华简〈系年〉及有关古史问题》，《文物》2011 年第 3 期。
② 《汉书》卷 28 下《地理志下》，中华书局 1962 年标点本，第 1666 页。

"周武王登祀上帝天神"这样的一般性描述。然而，这样的表述，一方面是用作历史背景，另一方面也是当时天命观中的普遍意识，比之其他史书，哪怕是儒家经典《左传》，鬼神意识也极为淡漠。① 如此风格颇为异类。

最后，《系年》在语词表达上与一般楚语有差距。陈民镇指出："《系年》的用词风格不同于一般的楚地文献，而且《系年》的素材来源当是复杂的。"他还注意到，《系年》在文辞上出现了秦地用法。② 而Yuri Pines（尤锐）则进一步指出，《系年》的很多用词明显区别于战国出土文献，具有更早的资料来源，从中能看出东周早期以来语法的历史变化，它主要掺入了周与晋的材料，被撰作者统一于当时的规范之中。③

然而，这些表现虽"异类"，却不足以动摇其作为楚人作品的基本面。《系年》出于楚人之手的理由，当然不仅仅是因为以楚文字书写的缘故，因为同为清华简的"《尚书》类"文本就不是楚人作品。《系年》为楚作品的理由更在于：在《系年》中，楚国是主题所在，它占据着显赫位置，在历史书写中有着明显的政治避讳，④ 这就与其他诸侯国分出了界限。另外，《系年》不仅以楚为本位，⑤ 从其叙事的完整严密，可知它是楚地之人精心构思之作，不是从他国、他处简单移抄而来。此外，鬼神缺位并不影响对楚地作品的判断。不仅是《系年》，同为清华简的《楚居》记载的是楚人世系，其简长 47.5 厘米，明显长于其他简册，毫无疑问，它是楚人极为看重的作品。但其中也少有鬼神描述，由

---

① 范宁曾在《春秋穀梁传集解》序中说："左氏富而艳，其失也巫。"杨士勋疏曰："谓多叙鬼神之事。"

② 陈民镇：《〈系年〉"故志"说——清华简〈系年〉性质及撰作背景刍议》，《邯郸学院学报》2012 年第 2 期。

③ Yuri Pines, "Zhou History and Historiography: Introducing the Bamboo Xinian", *T'oung Pao* 100. 4 - 5: 325 - 359.

④ 如第十五章在言及楚灵王得位时，对当时的政变只字不提；第十八章灵王之死也不提具体原因，仅书"见祸"；第二十三章在说到声王之死时，不提被"盗"所杀。关于这些问题，在 *Zhou History and Historiography: Introducing the Bamboo Xinian* 中亦有精彩的论述。

⑤ 罗运环《清华简〈系年〉体例及相关问题发微》说："作者的立场和目的很明确，首先可见作者的楚国立场。"

此可以判定，在楚地的历史书写中，至少有这么一派，他们不重鬼神，而更在于人事。①

总之，《系年》是楚地、楚人作品。但就知识性格来看，"非楚"的特点也十分鲜明，与一般所理解的楚风格有着明显的差距。笔者以为，这表明，撰作者虽是楚人，但他或他们所承受的知识训练及意识，很可能来自楚地之外。

（二）《系年》的知识立场及派属问题

那么，这种知识系统来自哪里？细绎文本，笔者以为，当与西周末期担任王室太史的伯阳关系至密。

前已言之，探究《系年》成书问题，应关注史官群体。然而，在传世文献中，楚地史官见载者极少，能明确身份的，只有《左传》昭公十二年及《国语·楚语下》所载的楚灵王时代的左史倚相。然而，他又来自哪里？学术渊源如何呢？有学者说："倚相的原籍是晋国，先世为周太史。"② 倚相的先世是否为周太史，材料有缺，笔者不敢附论。《系年》撰作者为倚相后辈，他或他们又是否为这一派的传人呢？笔者也不敢确认。但有一点可以肯定，翻检史籍，周史官系统与楚人有着不绝如缕的关联，并深刻影响了楚人思想。可见的事实是，一方面，楚君臣推崇周史官，如《左传》哀公六年载，楚国有异象，"楚子使问诸周太史"。请注意，不问本土史官，宗周史官的意见竟成为决定性的。另一方面，楚人接受周史官系统知识训练者，大有人在。《史记·老子韩非列传》载，老子为"周守藏室之史也"，以楚人而任东周王朝的史官，反映的正是这种状况。在这样的知识背景下，楚国即使有自己土生土长的史官系统，也必受周官文化影响。

众所周知，楚国为南方大国。由于长期与中原诸夏隔离，王族虽可

---

① 按：在简册制度中，简册长度与书写的重要性成正比。关于此点，可参看胡平生《〈简牍检署考〉导言》第五部分（王国维原著，胡平生、马月华校注：《简牍检署考校注》，上海古籍出版社2000年版）。又，《楚居》中稍涉神话色彩的是熊丽出生时的"溃自胁出"，在《大戴礼记·帝系》中都有一些怪诞神奇的描写，但在《楚居》中，主要写的就是难产问题。这不仅说明了《楚居》的平实，也反映了它与当时信鬼巫的风尚不同。

② 张君：《论左史倚相籍贯、职司及沟通周晋楚文化先导作用》，《晋阳学刊》1988年第1期。

能也有华夏血统，也一度并入了周政治系统，但西周中期以来，已开始
与华夏分道扬镳。①《史记·楚世家》曾载楚王之言："我蛮夷也，不与
中国之号谥。"表明的就是这种公开的决裂。所以，西周尤其是春秋以
来，作为王朝的对立面，楚一直被排斥在华夏族群之外。在宗周系统
内，作为担负王朝历史书写任务的早期史官，鄙夷楚人也就在所难免
了。如《左传》成公四年引《史佚之志》曰："非我族类，其心必异。"
就是这种史官意识的流露。然而，历史总是万端变化。西周晚期以来，
随着王室衰微，天命正当性与持续性受到了严重冲击，鉴往知来的史官
在哀叹历史命运之时，开始将眼光由中原投向他处，楚纳入了他们的视
野，认识上有了根本性的转换，被学者称为"西周史官文化的集大成
者"② 的太史伯阳成为了典型代表。

太史伯阳，亦称伯阳父，为西周宣、幽时代的史官，其事迹见于
《国语》及《史记·周本纪》。据《国语·周语上》，周幽王二年（公
元前780年），"西周三川皆震"，这场大地震引发了他的一通议论：
"周将亡矣。夫天地之气，不失其序；若过其序，民乱之也……"可注
意的是，作为"阴阳理论被用于解释自然现象的一次尝试"，③ 当他预
言西周王朝覆灭的时候，这种阴阳不调的发生，被他归纳为"阳失之而
在阴"，据《国语·郑语》，多年后，在与郑桓公的对话中，他将这种
阴阳不调，直接指向了宠妃褒姒的当道。然而，据《史记·周本纪》，
褒姒是在周幽王三年才"见而爱之"，伯阳不可能未卜先知，将阴阳问

---

① 关于楚国的族群所在及政治归属，很多海外学者将其视为华夏族群，并通过墓葬等考
古学资料加以论证，将其视为周系统的政治实体，认为它只是在春秋后半期才发展出了自己
的独特性。关于这一问题，荷蒙 Yuri Pines 先生加以指出，并提示笔者尤其要注意 Lothar von
Falkenhausen 的大作 *Chinese Society at the Age of Confucius: Archeological Perspective*。但笔者对此持
谨慎的保留态度。因为关于楚族群问题，笔者以为，张正明提出的"双源"说较为妥当。也
即是说，下层为土著，上层有可能有华夏血统，由"公族"和"庶姓"共同构成楚族源（关
于这一点，可以看看张正明《秦与楚》，华中师范大学出版社2007年版，第18页）。在这样
的背景下，即使从墓葬规制等可以看到上层与中原华夏的种种"同"，但由于基层为"蛮夷"，
它们之间的"异"一开始就存在着。在华夏与蛮夷的族群归属中，最终上层在西周中期以来
彻底倒向了后者，这与后来秦汉之间的南越国颇有些类似。

② 许兆昌：《先秦史官的制度与文化》，黑龙江人民出版社2006年版，第292页。

③ 彭华：《阴阳五行研究（先秦篇）》，吉林人民出版社2011年版，第158页。

题直接锁定在"女祸"之上，所以，他后来对褒姒的指责，不过是加强论证的后知之明。也就是说，在周幽王二年时，阴阳不调另有所指。我们看到，在《国语·周语上》，伯阳异乎寻常地抨击道："今周德若二代之季矣。"认为周已走入末世。由于周幽王刚刚即位，加之周代特别注重"积德行义"①，政治上讲求积累，伯阳所论应该就不是对新王的责难，而是借题发挥。也就是说，这种衰世的产生，责任不在新王，是以前的周王德行不善所致。那么，主要责任在哪一代周王呢？在《国语·郑语》中，伯阳征引宣王时代的童谣："檿弧箕服，实亡周国。"将阴阳不调及周的衰微点，明确定位于周宣王及其时代。要之，在伯阳的话语系统中，这种阴阳不调在周幽王时代只是必然之"果"，而"因"则被溯源于周宣王时代。

而就阴阳问题的发生来看，在周宣王时代，半世纪前的"不籍千亩"与之最为密切。《国语·周语上》载：

> 宣王即位，不籍千亩。虢文公谏曰："不可。夫民之大事在农，上帝之粢盛于是乎出，民之蕃庶于是乎生，事之供给于是乎在，和协辑睦于是乎兴，财用蕃殖于是乎始，敦庞纯固于是乎成，是故稷为大官。古者，太史顺时覜土，阳瘅愤盈，土气震发，农祥晨正，日月底于天庙，土乃脉发。"

如果剥去上帝或天神的外衣，可以看到，虢文公谏言的所谓"阴阳不调"，实质上是通过一种理论化的表述，来传达对农业的重视，而这些在后来很可能影响了史伯，并贯串于他的历史观中。

在史籍中，史伯的再一次出现在幽王末年。是时，作为天子叔父的郑桓公向其问策，一番长谈之后，确立了向东迁徙，立足中原的基本国策，春秋初年的"郑国小霸"就此打下基础。此番谈话载于《国语·郑语》。在这次谈话中，史伯认为，西周的失败已不可避免，故而力劝桓公向东发展，攻灭虢、郐，以作为自己日后的基地。他还进一步指

---

① 《史记》卷4《周本纪》，中华书局1959年标点本，第113页。

出，由于"王室将卑，戎狄必昌"，在这一进程中，不可与南方的楚国争锋。为此，他特别提到了楚国先祖季连：

> 是天启之心也，又甚聪明和协，盖其先王，臣闻之，天之所启，十世不替，夫其子孙必光启土，不可偪也。……（祝）融之兴者，其在芈姓乎？……唯荆实有昭德，若周衰，其必兴矣。

他还提出，随着西周的衰亡，除了楚国，还有三个国家必将兴起，一个是晋国："若加之以德，可以大启。"另外两个则是秦与齐，他说："夫国大而有德者近兴，秦仲、齐侯，姜、嬴之隽也，且大，其将兴乎？"

了解以上这些事实后，再来看《系年》的编撰，就可以发现，它的叙述逻辑与史伯理论高度密合，甚至就是接续而来。

首先，《系年》在春秋史事的叙述原点上，遵循的是史伯理论。由于《系年》"主要叙述的是东迁之后"① 的历史，从某种程度上来看，是一部简明的春秋霸业史，只是这部霸业史的特别之处在于，追溯了西周衰亡之因，并将衰亡点定于周宣王的"不籍千亩"。根据有关研究，对于西周衰亡的起点，在东周时代有着不同的看法，② 宣王始衰仅为其一，在史官系统中，史伯应为这一说法的始作俑者。

其次，《系年》在叙事脉路上，与"史伯之论"之间有着一种"接着说"的内在轨迹。由前已知，史伯做了西周衰亡后，晋、楚、齐、秦四雄并兴的预判。如果再加上问策的郑国，按照史伯的路数，这五大国最关乎东周的政治走向，而这些在《系年》中得到了直接反映。从书写分量来看，四大国因其地位，在《系年》中占据绝大比重，这本合情理，但郑国除了春秋初年一度强盛，以后便无足轻重。然而，郑国史事除了分见各章，竟专辟十二、十三章以论其事。由篇章顺序来说，在

---

① 李学勤：《清华简〈系年〉及有关古史问题》，《文物》2011 年第 3 期。

② 关于这一点，可参看罗家湘《〈逸周书〉研究》，上海古籍出版社 2006 年版，第215—216 页。

第一章论及"不籍千亩"后，在第二章，郑、晋、齐、楚就开始出场，第三章则专论秦的兴起，这与史伯的叙史逻辑，应该也是一致的。不仅如此，史伯曾言，楚"天之所启""必光启土"；晋"可以大启"，于是在第二章中，遂有"楚文王以启于汉阳"，"晋人焉始启于京师"的叙述，在文句上有着明显的承接。当然，史伯的预言也有落空的。其中最重要的就是，嬴秦、姜齐本是作为"大"且"兴"的国家而相提并论，但由于姜齐在春秋中后期即被田氏架空，这样一来，"秦仲、齐侯，姜、嬴之隽也，且大，其将兴乎"的预言中，姜齐一条就无法兑现。有学者注意到："《系年》所述历史中，齐桓公霸业并没有得到重视。"① 这种现象的产生，其因非一，但有没有因为史伯理论的落空，遂使得《系年》撰作者淡化姜齐，从而加以修正的意味呢？也因此在第三章专言秦，而不及齐，是否也有这种考虑在内呢？

最后，如与同为清华简的《楚居》加以比较，可以发现，在叙述时，它们都截止于楚悼王。我们有理由相信，它们很可能出自同一派别，甚至出自同一人之手。而在《楚居》论及楚先祖时，是从季连开始的。揆之于史，这种叙述系统与楚人的一般习惯并不一致，且不说大家耳熟能详的《楚辞》首句："帝高阳之苗裔兮。"在战国时期楚人的祀典系统"三楚先"（老童、祝融、鬻熊）里，就没有季连的影子。笔者以为，在祭典如此重要的场合无季连，显示出季连在楚人意识形态中并不占最核心的位置。而由前已知，在传世文献中，唯有史伯最为重视季连。不仅如此，据学者考订，"季连一系早期所居的'隈山'（騩山），即位于密县、新郑与禹县之间的古之大騩（隗）山，正处于其先祖祝融曾长期活动的郑与嵩山之间"②。如果结合史伯策对可以发现，当他纵论天下时，其本位在于郑，而郑国所开拓的虢、郐之地，恰恰位于或临近于祝融始居，其后季连所在的隈山一带。也就是说，季连进入史伯的视野，与当时论郑国及天下大势密切相关。要之，季连与郑，与

---

① 许兆昌、齐丹丹：《试论清华简〈系年〉的编撰特点》，《古代文明》2012 年第 2 期。

② 徐少华：《季连早期居地及相关问题考析》，李学勤主编：《清华简研究》（第一辑），中西书局 2012 年版，第 279 页。

史伯有着某种关联，而这种关联很可能影响了此后的叙述逻辑。

倘将思考方向定位于此，不仅《系年》的历史学脉得以疏通，其"非楚性"特点也将豁然而解。进一步言之，因为这一史官系统来自宗周，当然不会囿于楚地认识，故而呈现出全国性的大眼光，在句法方面，出现周、晋风格，以及东周早期及西周故地——秦地的特点，也就在情理之中。至于少叙鬼神之事，则不正与推崇阴阳的史伯理论相合拍吗？总之，《系年》与史伯派之间具有知识关联与承接，应该说是合情合理的。

（三）现实关怀与《系年》成书

前已论及，除了知识立场，外在时势也是推动文本产生的重要因素。是什么样的现实关怀促使撰作者完成了此书，其间又包含了哪些家国情怀呢？下面，由成书时间入手来看这一问题。

翻检文本，《系年》所记诸侯名号，最晚的是楚悼王。由于悼王为死后的谥号，整理者据此认为，"此篇作于楚肃王或更晚的楚宣王之世，和《清华大学藏战国竹简》第一辑所收的《楚居》时代大致相同"①。笔者以为，如果更精细一些的话，《系年》的撰作时间应该是在楚肃王元年至四年，即公元前 380—前 376 年。理由在于，《系年》第二十二、二十三章所记史事，在时间点上已进入了韩、赵、魏三家把持，乃至分晋之后。习文史者皆知，公元前 403 年为三家分晋，立为诸侯之年，但直到公元前 376 年，三家才最终灭晋，晋国宣告消亡。然而在《系年》中，（1）撰作者不用三家年号，依旧以晋统称之；（2）在叙史时，不仅是对秦、晋等大国，就是对于蔡、卫这样的小国，也分记其世系与史事，而三家却无此待遇。《系年》对它们的排摈，固然有不加承认的意味，但更大的可能在于，在完成此书的时候，晋虽已被分，但尚未最后覆灭，在撰作者看来，三家不可与之同列。此外，对于郑国的记述一直未断，甚至有两章专言郑事，而我们知道，在灭晋一年之后的公元前 375 年，郑国才被韩国攻灭。这样，就有理由相信，《系年》应作于楚肃王所在的公元前 376 年之前。此外，由于出现了悼王的谥号，毫无疑

---

① 李学勤主编：《清华大学藏战国竹简（贰）》，第 135 页。

问，《系年》的撰作上限当为接续悼王的肃王初即位之时，即肃王元年（公元前 380 年）。这样，《系年》的成书时间就是公元前 380—前 376 年。

这样的时间点，正是楚国盛衰的一个关键期。具体说来，肃王即位之时，对外而言，此前几位楚王，在战争中常遭败绩，尤其是强大的三晋对楚国威胁尤大，虽说吴起变法后，使得楚国在悼王后期一度占据了若干优势，但总体表现并不是太好，《史记·楚世家》所载悼王时代的攻战之事四条，仅一条为胜绩。而且，据《楚居》的记载，此时还遭受大灾，被迫迁都郢郢。悼王死后，吴起被杀，国势更是大为跌落。肃王即位后，连蜀这样本无足轻重的方国都能伐楚，而且逼使楚国"为扞关以距之"①，强国之风荡然无存。而这一年正是关键的肃王四年，也就是在这一年三家灭晋，一年后韩灭郑国。蜀伐楚之役未知月份，是否在灭晋之前不得而知，撰作者是否看到了这次失败，自然是无法判定。但研判当时的形势，三晋风头正劲，而楚一片颓势，则是毫无问题。虽说吴起变法曾带来起色，但也使得国内的矛盾明朗化，悼王死后，吴起被旧贵族追杀，被迫附于悼王尸身之上，但也不能得免，最终遭乱箭射杀。《史记·吴起列传》载，肃王上台后，"尽诛射吴起而并中王尸者，坐射起而夷宗死者七十余家"。总之，悼王留给楚肃王的是一个充满创伤的楚国，社会动荡，一片凋敝。在外，强敌虎视，三晋，尤其是魏国风头正劲；内部则各阶层矛盾重重，一切都在调整之中。

毫无疑问，肃王初年的楚国，是一个生死存亡的关头。倘按照既定的路线走下去，对外用兵，对内征敛，则国势必危。对于《系年》的作者来说，历史上的周宣王时代就成为了一面镜子。宣王虽号称中兴，但由于在军政上以征战来维持强势，最终大败于千亩；在经济上"不籍千亩"，农业生产大受损害。总之，与宣王时代一样，楚国不需要扩张性的虚假繁荣，悼王时代的天灾，就犹如厉王时代的大地震，已是上天的警示。整顿政治，发展经济尤其是农业，做好休养生息，是楚国中兴的首要选择。事实上，楚国也正是肃、宣时期实施了正确的"休楚政

---

① 《史记》卷 40《楚世家》，第 1720 页。

策",对内发展,对外避免争端,使得楚国国力逐渐恢复,为后面的振兴打下了坚实基础。① 看起来,这样的选择是那时有识楚人的共识,作为"历史学家",《系年》的撰作者,不可能不看到这一点。所以,《系年》首章从周宣王开始,末章以三晋大败楚结束,不能不说意味深长,有着鲜明的政治指向。总之,撰作者以其知识修为和思考,接续史伯系统的内在理路,在时势刺激之下,超越当下,超越一般楚人的区域认识,在现实中架起了一座连接过去与未来的桥梁,从而创作出了这部具有时代感的历史作品。

三 从《系年》看早期史学的纪年方式

细绎《系年》,有两大要素最为凸显:一是历史时间;二是事件。整理者看到了前者在文本中的核心地位,于是,将其视作编年体史书。然而,问题的另一面是:"《系年》以事件为脉络。"② 有鉴于此,考察《系年》所处时代的史事编纂及事件意义,更成为了论题的关键。而这两大要素,也正是《系年》属于编年体还是纪事本末体的依据及争论焦点所在。笔者以为,在《系年》中,"事"与"时"虽紧紧地缠绕在一起,但"事"的意义大于"时",总的来说,《系年》是围绕着事件而展开的历史文本,时间只是说明事件的关键元素,在文本中是第二性的。所以,《系年》虽基本上按照年份先后编排史事,但这些年份并不齐全,存有大量的时间缺环,有时为了事件叙述的需要,还一度打破时间顺序。③

杜维运指出:"史学家最初注意的是事件,而不是时间与地点。"④

---

① 关于这一问题,可参看罗运环《楚国八百年》,武汉大学出版社1992年版,第282—286页。

② 陈伟:《清华大学藏竹书〈系年〉的文献学考察》,《史林》2013年第1期。

③ 关于这一点,参看许兆昌、齐丹丹《试论清华简〈系年〉的编撰特点》,《古代文明》2012年第2期,第61页。

④ 杜维运:《史学方法论》,台北三民书局1986年第8版,第23页。

由本论题出发，从历史书写的角度来解读，就可以发现，在早期史学的发展历程中，事件的意义优于时间，"事"，是历史书写的核心关键词。所以，在中国早期史学中，"史"与"事"之间，而不是与"时"之间，存在着更为密切的关联。《说文解字》说："史，记事者也。"直至魏晋之前，中国人论及史学时，大都以"事"为基本内核。例如，对于具有编年性质的《春秋》经，《孟子·离娄上》在明确"其文则史"，使用史书体例以著经时，① 首先讨论的就是"事"，所谓："其事则齐桓、晋文"，非如后世首重时间维度。又如，《史记》虽是以人物为中心的纪传体，但司马迁在论及作意时，却说："述故事，思来者"，② "事"的意义极为显然。要之，"事"在早期历史书写中占据核心地位，是史学的最初生发点。当然，任何"事"都是在特定时间内发生与完成的，就早期史学而言，时间的记载往往附之于事件之下，而且时间越清晰，史学意味越浓厚。从特定视角来看，各种相关事件只有在时间上前后相续，才能展现出历史的脉路，即梁启超所谓的"人类社会之赓续活动"③。就这个意义上来看，事件构成了历史，但有时间的记事才开创了史学。

习文史者皆知，要追溯古代中国的记事传统，可一直上溯到甲骨文、金文时代。它们开始脱离远古的传说，直接记载当下的事实，随着时间的推移，与史学之间产生了直接的关联。杜维运说："殷代卜辞、周代彝铭已现出史书的雏形，记事的历史最早出现，大异于希腊先出现史诗，也变成中国史学的一大特色。"④ 不仅如此，卜辞与彝铭中一般都有着明确的时间记载，这样的维度，尤其是年份的出现，为此后早期

① 笔者虽不同意《春秋》为史学著作，但不否认它在史学研究上的意义。诚如晁天义在《关于〈春秋〉性质的再思考》（《史学理论研究》2006 年第 3 期，第 152 页）一文中所指出的："既然《春秋》不是历史学著作，那么这是否便意味着它与史学无关，或者对于古代文化史、思想史研究毫无价值呢？事实恰恰相反，正如我们在上文指出的那样，《春秋》虽然不是史学著作，但却是重要的史料著作。"
② 《史记》卷 130《太史公自序》，第 3300 页。
③ 梁启超：《中国历史研究法》，华东师范大学出版社 1995 年版，第 2 页。
④ 杜维运：《中国史学史》第一册，商务印书馆 2010 年版，第 71 页。

编年史的创生，打下了最初的文本基础。① 当然，甲、金文中所记之事在时间点上一般都是孤立的，不存在连续性，从这个意义来说，它们只能是纪年，而不是编年。就这一问题，有学者论道：

> "纪年"与"编年"是两个不同的概念。纪年，仅记某王年发生某事，虽有年月，却是孤立记事，如青铜器中的"标准器"，而编年，则是将孤立的"纪年"连贯起来，按年进行编纂。②

由此严格说来，《系年》中出现的也只是纪年简，而不是编年。当然，由于《系年》在时间点上晚于《春秋》经，那时无论如何都已有了编年体。《系年》不用"编年"，而只有"纪年"简，主要原因在于史事编纂的需要，而非其他。具体说来，《系年》所载之事在年份上不相邻，不适合用编年史体。总之，综合各方面考量，《系年》应不属于编年体范畴。但需要指出的是，不能由此忽视《系年》文本中所呈现的年代意义。不仅不能忽视，恰恰相反的是，由于大量纪年简的存在，为揭示早期中国历史书写中的时间维度，提供了一个极好的范本和平台。下面，就以《系年》文本为切入点，具体讨论早期史学中的纪年方式问题。

（一）"不载日月"

一般来说，史学中的规范纪年方式为年、月、日俱全。秦汉以下，二十四史等史籍大致都是如此。这种规范在《春秋》经中已然出现，并为后世所遵从，杜预在《〈春秋〉序》中概括为：

> 《春秋》者，鲁史记之名也。记事者，以事系日，以日系月，以月系时，以时系年，所以记远近，别同异也。故史之所记，必表年以首事，年有四时，故错举以为所记之名也。

---

① 如刘节在《中国史学史稿》中指出："中国古代的编年史，殷代的卜辞是直接的渊源。"（第17页）"大体上与彝铭中的记事方式相近。"（第19页）中州书画社1982年版。
② 谢保成主编：《中国史学史（一）》，商务印书馆2006年版，第109页。

不仅如此，杜预在对《竹书纪年》进行考察后，认为它也与《春秋》体例一致，属于"编年相次"，进而推论道："其著书文意大似《春秋》经，推此足见国史策书之常。"① 然而，如果仔细考察早期史学，杜预所言并不严谨。不仅是《系年》材料，就是他所引以为援的《竹书纪年》，都可对其形成反证。质言之，那种在杜氏看来，年、月、日齐备的所谓"以事系日，以日系月，以月系时，以时系年"的纪年方式，并非"国史策书之常"。

如果对早期文本中的纪时方式进行简单溯源，可以发现，先是出现日，然后是有月有日，最后是有年月日或年月时日。所以，在早期甲骨文与金文中，仅有日或月日的出现；至殷商晚期，一方面，继续保持着日或月日的纪时方式；另一方面，在契文中出现了王年，但它置于文末，纪时方式成为了日、月、祀（年）相次。周初承接此风，但在穆、共之后，开始以王年、月序、月相、纪日干支为时间顺序，从此年月日的编排成为了一种完备而固定的纪时方式，②《春秋》经则沿用与发展了这一模式。需特别指出的是，由于孔子沿用史书原文并加以改造，所谓"因史文次《春秋》"③。西周中期以来至春秋时代的史书，应该都是与此同一范式。在这一时间段内，杜预所谓的"国史策书之常"，应该才可以成立。

但到了战国，情况又发生了变化，最关键的就是，史书类文本大多只署年，只有少数或关键地方才署月日。司马迁在《史记·六国年表》中曾说："《秦记》又不载日月，其文略不具。"加之在与《秦记》有文本渊源的云梦秦简《编年纪》④ 中，也是有年份而少日月，遂使学界长期以来认为，这种"不载日月"的书写方式只是秦人的习惯，六国史书必是与《春秋》经一样，为年月日齐备的另一种风格。学者评说道：

---

① 杜预：《〈春秋经传集解〉后序》，阮元校刻：《十三经注疏》本，中华书局1980年版，第2187页。

② 关于这一问题，可参看杜勇《从清华简〈耆夜〉看古书的形成》，《中原文化研究》2013年第6期，此处不再赘述。

③ 《史记》卷13《三代世表》，第487页。

④ 李学勤指出："《编年纪》当出于《秦记》。"见氏著《简帛佚籍与学术史》，江西教育出版社2001年版，第7页。

"与东方六国传统史书相较，这种史书形式无疑极为简略。""秦人以《秦记》作为其国史的主要形式，而取代了记载月日事件详备的鲁《春秋》等史书，这在中国史学的发展上，无疑是一种倒退。"① 然而，非秦系统的《系年》一出，可以发现，就"不载日月"这一点来说，它比《编年纪》有过之而无不及。由此，再来反观《竹书纪年》，其实也多"不载日月"，只是以前未多加注意而已。总之，与《春秋》经年月日基本齐备不同的是，这些史书都"以事系年"，但却未必，或者少有"以事系日月"。

这种缺失是当时史官疏漏，或史学水平低所导致的吗？答案是否定的。我们当然承认，有些缺失是原本阙如，无法补足所致，而大多数的，应该是被编纂者所省略。如《系年》仅在第二十三章有日月的记载，其他二十二章都没有，照常理，原始史料中不可能出现如此大面积的缺失。更为重要的是，《系年》中有些事件与《左传》重叠，如第九章见于《左传》文公六年，标示为"八月乙亥"之事。这就表明，事件的原始记录中载有日月，只是《系年》撰作者将它省略掉了。而不省略的，则应该具有特别的意义。我们注意到，《系年》第二十三章为末章，全部文本以楚国的战事败亡为结束，在此记下相关月日，不可谓没有深意。《竹书纪年》与《编年纪》也是如此。《竹书纪年》所记日月，大多与灾异及重大事件有关。如《晋纪》中献公二十五年："正月，狄人伐晋，周阳有白兔舞于市"；昭公六年："十二月，桃杏华"，《魏纪》中惠王六年："四月壬寅，徙都于大梁"；二十七年"十二月，齐田朌败梁于马陵"②。而《编年纪》中对于国之大事往往不载日月，而对于自己的家事，如生儿、出仕等详尽记录，如关于墓主人喜的出生，在昭王廿五年载道："十二月甲午鸡鸣时，喜产。"而喜的一个孩子出生时，也记道："（今）廿七年，八月乙亥廷食时，产穿耳。"③

① 吕世浩：《从〈史记〉到〈汉书〉——转折过程与历史意义》，台湾大学出版中心2009年版，第27、29页。

② 李民等译注：《古本竹书纪年译注》，中州古籍出版社1996年版，第155、182、103、112页。

③ 睡虎地秦墓竹简整理小组：《睡虎地秦墓竹简》，文物出版社1978年版，第5、7页。

　　总之，在战国时代，系年而不系日月，是当时主流的历史书写方式。这种"文略"，不是秦史的问题，而是当时的通例。就原始记录来说，秦及东方六国一样，都年、月、日齐备，没有不同。如《史记·廉颇蔺相如列传》载，秦、赵二国的御史随记史事，其时间规则为"某年月日"①。尤为重要的是，秦奉行法家政治，各项事务的记载以严密而著称。在日常的管理中，尚且要"明书年月日时"②，在史书中何以会例外呢？所以，日月这样的时间点原本存在，它应该是在史书编纂的时候才被省略掉的。不仅秦如此，六国也一样。这一点在《史记》中也能看出端倪。战国时代的资料，除了秦，关于六国的记载，文例相似，也属于少日月的"文略"类型。就一般认识来说，会认为这是因秦焚书，六国史书已经绝迹的后果。并认为司马迁作战国史时，在史籍上只能依靠《秦记》，而不会有六国史籍。③ 但此种论断过于绝对。赵生群曾作有《〈史记〉取材于诸侯史记》一文，以辨正此问题。④ 不仅如此，据阎鸿中对《史记·秦楚之际月表》的研究，发现在表中所载的有关项羽的二十余事中，许多重大事件，"《项羽本纪》等处一概未载时月"，他指出："这当然不会都是太史公无意间漏略。"⑤ 站在本论题的角度来看，笔者以为，这一情况说明，太史公极有可能受到了战国以来历史书写中"不载日月"的史风影响。

　　这样的系列事实，让我们看到，在春秋战国时代，历史书写中呈现出一种由重视日月，到重年份、轻日月的发展轨迹。这种事实，与史学作品发展的一般规律似乎相悖，但它却恰恰反映了那个时代的特殊性，是历史的某种必然。扩而言之，就重年份而言，它反映的是史学意识的

----

　　① 具体的旁证还可在《史记·秦楚之际月表》中找到，表中记有秦二世二年及三年的"端月"，司马贞《索隐》指出："秦避讳正，故云端月也。"这无疑来自秦的原始史料，但它是有日月的。

　　② 《商君书·定分》。此外，在秦法律文书中，也一般要署月日，如在《睡虎地秦简·封诊式》所载乡爰书（《睡虎地秦墓竹简》，第278页）中，就可见这样的体例。

　　③ 如杨宽说："司马迁所作《史记》，所凭战国主要史料，除《秦记》以外，惟有纵横家书。"见氏著《战国史》（增订本），上海人民出版社1998年版，第11页。

　　④ 录于氏著《〈史记〉文献学丛稿》，江苏古籍出版社2000年版，

　　⑤ 阎鸿中：《史记秦楚之际月表论考》，《台大历史学报》第23期，1999年6月。

逐渐成熟。具体说来，从纪时角度来看，由于日期或月日在不同年份中反复重现，它们在历史记录中是一种不确定"点"，这种"点"倘没有年份相配，后人就很难对其进行准确的"定点"考察，也就无法展现出历史的脉络。而只有年份出现，因其唯一性，才能为事件找到一个独一无二的时间坐标。由前已知，中国早期史学重"事"，从一定意义上来说，只有给这些事件标定出年份，才能在历史中获得"位置"，也才算真正具备了史学的意义。所以《周礼·春官·太史》载，太史的工作之一就是"正岁年以序事，颁之于官府及都鄙"。这虽然反映的是早期中国的朔政问题，但我们注意到，它对于早期史学具有意义的地方是："正岁年以序事"，即特别强调"序事"中对年份的确认，对于记事强调统一的年份。

而对日月的轻视，或许在于：（1）西周后期以来，史官制度不断遭到破坏，历史大事在年岁问题上，由于人所共见，错讹相对要少，而在月、日这样具体的时间点上，则可能因某些原因失载。《史记·历书》载："幽、厉之后，周室微，陪臣执政，史不记时，君不告朔，故畴人子弟分散。"《史记会注考证》引猪饲博彦曰："言史官失月、日而不书也。"（2）春秋以来，宗周统一历法遭到破坏，各国各行其是，在月日的时间记载上可能互不相同，较为混乱。所以哪怕是《左传》这样较为严谨的著述，在叙史时也往往有月日的混乱。① 我们注意到，《史记·三代世表》说："孔子因史文次《春秋》，纪元年，正时日月，盖其详哉。"特别提到的是"正时日月"，却没有"正年"，正说明，在孔子时代，"日月"这样的时间点常有错讹，而年份上则没有太大的歧异。

（二）介于谥号纪年和以事纪年之间

除了"不载日月"问题，《系年》的具体纪年方式也值得我们注意。

论及中国古代的纪年方式，一般人大概都会想到年号与干支纪年。

---

① 研究者指出："《左传》杂采各国史册，经传历日常有参差。"而其原因则在于："幽厉之后，平王东迁，周室微弱，陪臣执政，正朔不行于诸侯，列国各自颁历。《左传》作者所收集的史料来自各诸侯国，这可能是经传月日常有参差的主要原因。"见张培瑜等著《中国古代历法》，中国科学技术出版社 2008 年版，第 174 页。

但前者是在汉武帝之后才有，后者也是汉代才盛行，① 就早期史学来说，这二者的研究意义都不大。有学者对楚国的纪年法进行研究后，提出了三种纪年方式：一是序数纪年法；二是岁星纪年法；三是以事纪年法。②对于这一意见，笔者原则上赞同，但需要补充两点：一是这三种方式不仅适用于楚，也适用于其他地区，是纪年的通例；二是所谓序数纪年法，是以王或诸侯在位年数为序的纪年方法，笔者以为"序数纪年法"的提法不够贴切，而应改称王位或君位纪年法。由于第二种纪年法使用概率相对较低，下面就主要讨论王（君）位纪年法和以事纪年法。

《系年》是王（君）位纪年法还是以事纪年法呢？初看起来，毫无疑义就是前者。在早期中国，这种纪年法最为主流。《春秋》经用的就是这一方式，而"隹（惟）王×年"或"隹（惟）×年"在西周金文中，更是常见的句例。就君王名号来说，这种纪年又可分出两种：一是有谥号；二是无谥号。所谓谥号，乃是君王死后的称号，所以凡有此者，均作于或整理于君王过世之后。而无谥号，则是生前所记史料，一般写作"王（公）×年"或"×年"。《系年》属于前者。一般来说，史书中出现谥号纪年，以春秋战国之际为分水岭。杜勇将其称为"王号纪年"，并以《国语》《竹书纪年》出现这种格式为据，指出："用王号纪年的著作均成书于战国时代。"③ 然而，都是以谥号称年，《系年》与同在战国成书的《国语》《竹书纪年》又微有不同。具体说来，《国语》等书是以"×王（公）×年"来表述时间，而《系年》则通篇未出现这样的句式，它的表达方式是："×王（公）立×年。"这仅仅是一种细微可省略的差别，还是反映着两种不同的书写方式呢？笔者以为是后者。

《系年》的写法并非孤例，在《史记·秦始皇本纪》文后，附有自襄公以来的秦世系及简单叙事，《索隐》曰："皆当据《秦记》为说。"

---

① 研究者指出："干支纪年虽然从先秦就已开始，但到汉之前，这种纪年并不完整。"参见唐凌《历史年代学》，广西师范大学出版社 1992 年版，第 80 页。

② 刘彬徽：《楚国纪年法简论》，《江汉考古》1988 年第 2 期。

③ 参看杜勇《从清华简〈耆夜〉看古书的形成》，《中原文化研究》2013 年第 6 期。

其中在纪年方面，与《系年》一样，以"×王（公）立×年"的方式加以叙事，与正文中的"×王×年"或"×皇帝×年"明显有异。如"献公立七年，初行为市"；"（惠文王）立二年，初行钱"；"（昭襄王）立四年，初为田开阡陌"。不仅如此，在《史记·郑世家》中有"宣王立二十二年，友初封于郑"；《赵世家》有："襄子立四年，知伯与赵、韩、魏尽分其范、中行故地。"也与《系年》中的纪年方式完全一致。笔者以为，以上史书中所出现的表述，应该不是由"×王（公）×年"发生句式变形，随手写出，而应是东周所习用的另一种纪年法。

这是一种什么样的纪年法呢？它应该是介于以事纪年法向谥号纪年法过渡的中间类型。

前已言及，史书中出现谥号纪年，以春秋战国之际为分水岭，也即是说，在春秋时代，王（君）位纪年一般不用谥号，只能以西周以来的"隹（惟）王（公）×年"或者"×年"方式加以表达。有人或许会说，以谥号纪年，在春秋时代应该已经存在，在《春秋》经中不是有隐公元年、桓公元年等称谓吗？然而，这些应该都是战国中期以后所加，因为在正文中，只有"×年"的说法，而从无谥号出现。不仅《春秋》如此，现在一般认为应成书于战国中叶的《左传》中，① 仅在文公十七年中，载有一句郑国人的话："文公二年六月壬申，朝于齐。四年二月壬戌，为齐侵蔡，亦获成于楚。"它看似为谥号纪年，但这里表达的大致意思是，郑文公在即位之后，于二年六月壬申朝觐齐国；四年二月壬戌，求得与楚国和解。文公作为主语出现，而不是纪年称谓。剔除这条相似的句例，则在《左传》正文中，亦无严格的谥号纪年。易言之，谥号纪年法不仅出现于战国，甚至可推定，在战国中后期才开始广泛流行，战国早期可能还承接着春秋遗风。

值得注意的是，在《左传》的纪年方式中，虽无规范的谥号纪年，但与此相类的表达方式还是出现了，一种是"在×王（公）×年"，如襄公二十二年："在晋先君悼公九年，我寡君于是即位。"昭公二十六

---

① 关于这一问题的具体讨论，可参看沈建华《试说清华〈系年〉楚简与〈春秋左传〉成书》，陈致主编《简帛·经典·古史》，上海古籍出版社2013年版，第165页。

年："在定王六年，秦人降妖。"另一种用得更为广泛的格式则是："×王（公）之×年。"如闵公二年："（鲁）僖之元年。"文公十一年："齐襄公之二年。"这样的格式在《史记》的韩、赵、魏三部《世家》中也出现了，如《韩世家》有"晋景公之三年""晋悼公之七年"；《赵世家》有"晋献公之十六年""晋定公之十四年"；《魏世家》有："魏文侯元年，秦灵公之元年也"，等等。这种格式的出现，应是抄自原来的史书，而未加校改所致，如《赵世家》中除了有"晋定公之十四年"，更有"晋定公十四年"这样的主流纪年格式，很显然，后者就是对前者删削的产物。以上这些特殊纪年简的时间点，均为春秋晚至战国早中期，与《系年》处于同一时段。总的来看，这些纪年法，与《系年》文本中的"×王（公）立×年"的句式一样，虽接近于"×王（公）×年"的格式，却多少有些歧异，与前者的整齐相比，似乎不够规范。

尤为重要的是，这种表述方式多少带有些记事的成分，这就与西周以来的另一种纪年法——以事纪年法有了关联。根据史料及相关研究，以事纪年在周初就已存在，如周早期的《中方鼎》铭有"唯王命南宫伐反虎方之年"，《尚书·雒诰》载："惟周公诞保文武受命惟七年"，应该都能证明这一点。而这种纪年方法在春秋及战国中期之前，还一直十分兴盛，在战国楚简中，有着大量的这种纪年简，在《左传》的襄公九年中则有"会于沙随之岁"；襄公二十五年中有"会于夷仪之岁"；昭公十一年有"蔡侯般弑其君之岁"。夏含夷指出："春秋时代各个国家也使用了大事记录的纪年"，"这样的纪年不仅仅会起标志时间的作用，并且当作为国家的正式史书。"①

然而，一度兴盛的"以事纪年法"在战国中后期至秦汉后，就日渐退出历史舞台，统一于"×王（公）×年"或"×皇帝×年"这样的谥号纪年之中。而《系年》中的纪年方式，出现于春秋战国之间，它既有记事的特点，同时也接近于谥号纪年，笔者以为，作为介于它们之间的一种纪年法，它应该是一种过渡形态。长期以来，它掩埋在史书

---

① ［美］夏含夷：《纪年形式与史书之起源》，见陈致主编《简帛·经典·古史》，第43页。

之中，不为人所注意，这一次，凭借着出土文献所提供的信息，我们的认识可以进一步细化。

四 《系年》体例与早期史学中的 "行事""本事"问题

前已论及，在《系年》中虽然纪年或记时的特点极为突出，但由于它主要是围绕着"事"而不是"时"，来展开历史书写，故而不属于编年体。那么，它是否可归于有些学者所认定的纪事本末体类型呢？由具体文例来看，《系年》中的大量篇章的确是"纪事本末"的写法，但如果细绎文本，问题的另一面却是，其"因事命篇"的性质并不规整，甚至有明显的"破例"之处。习史者皆知，纪事本末体的优点在于，将时间跨度大、涉及人数多的大事件的脉络展现出来，从而解决编年体的时间、纪传体的人物要素将事件割裂的不足，所以，所谓"纪事本末体"中，必须要有时间轨迹，而不能仅仅以一个时间点上的事件为主题。然而，第九章所载的一件晋国史事，就只在一个集中的时间点上发生，人物也集中于此，所谓"本末"的体例也就随之不复存在了。所以，我们可以高度评价《系年》在"纪事本末体"成立与发展中的价值与地位，但倘要将其"作为我国第一部纪事本末体的成型史学作品"①，或许有些言之过甚，还有商榷余地。

众所周知，就史事的记载而言，勾勒出前后的脉络极为重要，即古人所谓"事之本末"，这是历史考察的重要指标。② 所以，"纪事本末"的史体虽出现在宋，但具体的书写方式早在先秦就已产生，章学诚认为它起自《尚书》，《文史通义·书教下》说："按本末之为体也，因事命篇……文省于纪传，事豁于编年，决断去取，体圆用神，斯真《尚书》

---

① 许兆昌、齐丹丹：《试论清华简〈系年〉的编撰特点》，《古代文明》2012 年第 2 期。
② 如《汉书·司马迁传》说："且事本末未易明也。"《地理志下》曰："终其本末著于篇。"

之遗也。"这一理路为很多学者所承接，如杜维运就将《尚书》视为中国最早的史书，认为："其在史学上所开创者，其一是其所创记言兼记事的传统，其二是其因事命篇、不拘常例的独特风格。"① 总之，就史学史的视野来看，纪事本末体虽晚起，但在《尚书》等典籍中已建立起"纪事本末"的基因，这种写法夹陈其间。

事实上，在早期史学类文献中，由于记事的需要，对于事之本末作交代，早已是文本常态，无论是《左传》，还是《史记》，不管编年还是纪传，我们都能找到纪事本末的痕迹。但是，这种纪事本末被牢牢地限定在编年或纪传的框架内，是某个年份或人物之下的变通书写。从严格意义上来说，在早期中国，整个文本都用纪事本末来贯通书写者，并未出现。《系年》在整个体例上已经十分接近后来的纪事本末体，但是还未最后突破。这里的关键点在于，纪事本末的史学意识应该还没有建立。具体说来，此时的史学意识还是以记事为核心，无论年份还是本末都是为它服务的。因为撰作者没有一定要将"本末"都交代清楚的自觉意识，"本末"的呈现，只能是在叙事过程中出现的一种自然后果。它或许只是一种方法上的自然运用，没有体例上的自觉主动为之。质言之，撰作者就是在叙事，没有创造新史体的意识。

总之，在《系年》的时代，还没有建立起成型的纪事本末体的书写意识。所以，从体例上来看，说《系年》是叙事之作毫无问题，但却未必就是成型的纪事本末体。笔者以为，在当时的历史书写中，在叙述史事的过程中，其内核不在于"本末"，而是另有关怀。它的关键词应该是——"本事"与"行事"。质言之，早期史学及历史书写乃是以"事"为核心，至于"本末"是否一定要交代清楚，则视具体情况而定，并不强求一律。就当时的记事史体而言，最为关键的是，随着时间的推移及史学意识的成熟，在类型上出现了"本事"与"行事"之别，二者互为表里，史书的叙事类型及水平日趋丰富，而《系年》则是这一阶段的史书中"行事"之作的代表。下面，具体论之。

我们知道，按照史学的一般性认识，在早期中国的历史记录中，素

---

① 杜维运：《中国史学史》第一册，第70页。

有"记事"与"记言"之别，并分别以《春秋》和《尚书》为载体。于是，当"言""事"并举之时，"事"主要指的是一种与"言"相对的"行"或"动"；这一观点的依据主要来自《汉书·艺文志》："左史记言，右史记事，事为《春秋》，言为《尚书》。"及《礼记·玉藻》："动则左史记书之，言则右史书之。"循着这一思路，有学者论道：

> （在殷周时代），国家机构中便有史官担任记录时事、起草公文和掌管文书的工作，他们当时的记载就是日后的历史资料，这些资料经过一定时期的积累，又加以整理、编纂而成为史书。就在记录史事和编纂史书的过程中，逐渐形成了记言、记事的观点和方法，与编纂史书的体例，产生了初期的史学。①

然而，这样的结论与先秦时代的史学有着不小的差距。翻检史籍，可以发现：（1）广义上的"事"不止于"行"，它应是言行并包。而在早期文献中，"事"的概念恰恰以广义居多，光《左传》中就有所谓"国之大事"（成公十三年）、"王事"（昭公十二年）、"诸侯之事"（僖公十七年）、"社稷之事"（昭公三年）等。（2）《尚书》并非仅仅"记言"，它常常被视为载事之书，而不是只有《春秋》载事。②

刘起釪指出，《书》在成为《尚书》专名之前，乃是"史官所'著于竹帛'的文献史料的通名"。在时人看来，它固然以"记言"为中心，但统而言之，它就是"记事"之书。随着各种史体的出现与细化，"原来作为各种史官记载同名的'书'，就剩下专指'记言'的词、诰等类书籍。于是'书'就由各种史籍通名，变成词诰之类记言体的专名"③。由此，可以得出的认识是，在很长一段时间内，作为史事的

---

① 杨翼骧：《中国史学的起源与奴隶社会的史学》，吴泽主编：《中国史学史论集（一）》，上海人民出版社1980年版，第15页。

② 如《庄子·天下》："《书》以道事"，"《春秋》以道名分。"《荀子·劝学》："《书》言是其事也"，"《春秋》言是其微也。"《春秋繁露·玉杯》："《书》著功，故长于事"，"《春秋》正是非，故长于治。"《史记·滑稽列传》："《书》以道事"，"《春秋》以道义。"

③ 刘起釪：《尚书学史》（订补本），中华书局1989年版，第5—6页。

"事"，对其理解当以广义为主，并以《尚书》为载体。翻检资料，就历史表达来看，狭义上的所谓无"言"之"事"，在西汉中期之前的文献中很少存在，一般只能用"行"或其他相近义表述，从而与"言"对举，构成"事"的两翼。

所以，倘再仔细观察《礼记·玉藻》，可以发现，它是用"动"与"言"对举，所谓："动则左史记书之，言则右史书之。"而不是"事为《春秋》，言为《尚书》"的"事""言"并立，而我们知道，"动"关联的乃是"行"。所以《易·大畜》象传在论及以往事为鉴时，也说道："君子多识前言往行，以畜其德。"质言之，"言""行"并举，是当时的思维习惯，而不是"言"与"事"。总之，在《汉书·艺文志》之前，"事为《春秋》，言为《尚书》"这样的表达方式并不准确，规范的表述应该是："行为《春秋》，言为《尚书》。"也所以，在文献中论及无"言"之"事"时，一般都要很明确地用"行事"这一概念加以点明。如《孟子·公孙丑下》："未尝与言行事。"《史记·太史公自序》：引孔子之言"我欲载之空言，不如见之于行事之深切著明也"。《孙子吴起列传》则有："论其行事所施设者。"

要之，考察早期史学中的"事"义，可以看到一条较为清晰的演化轨迹，即最早的"事"为包含各种事务的言行通称，载事者为"书"；而随着"书"成为《尚书》专名，"记言"性日益突出，《春秋》"事"义逐渐得以体现，史学史上的"事"，遂逐渐由广义走向了狭义。毫无疑问，它反映的是早期史学的一种观念变化，也就是，史之"记事"，由最早的言行并包，以言为主，走向了重视"行事"的意义。所以，考察早期史学的载事规律，又可以发现，在史官的历史记录中，包含"行"的"记言"之作，早于只有"行"而无"言"的"行事"记录。关于这一点，葛志毅做过专门研究，他指出："中国古代的史官早期偏重于记言之史的性质，其后经历了向记事之史的转变。"① 葛氏之论颇为精到，只是与众多史家一样，还沿袭着传统说法，"言""事"

---

① 葛志毅：《中国古代的记事史官与早期史籍》，见氏著《谭史斋论稿四编》，黑龙江人民出版社 2008 年版，第 74 页。

对举。所以，如要更为准确，应该是："中国古代的史官早期偏重于记言之史的性质，其后经历了向记'行'或'行事'之史的转变。"

然而，在春秋战国时代，"行事"的记录，又实在是太简略了。如在《春秋》经中，一条记事，少则几字，多则几十字。固然，从严格意义上来说，《春秋》经不是史书，但由于它沿用的是古史体例，"断烂朝报"后面反映的是一种简略的历史书写方式，它与另一种详尽记载事实的历史书写方式——"本事"互为表里。在周秦以来的传世文献中，前者以《春秋》类为代表，后者以《左传》类为典型。《汉书·艺文志》云："故论本事而作传，明夫子不以空言说经也。"

就史学角度来说，以"本事"形式来呈现历史足矣，何以在春秋战国时代会有这样提纲式的"行事"书写呢？笔者以为，这是西周以来礼法制度的需要与留存。在对"行事"的记录中，其意在于礼而不在于史。下面，可以通过一个大家熟知的历史事件来看这一问题。

《左传》宣公二年载，晋灵公昏庸无道，执政之卿赵盾（赵宣子）无力劝阻，甚至多次险遭毒害，最后，同族的赵穿将灵公杀死。按照当时的礼制规范，由于赵盾未出境外，又没有讨伐赵穿，史官董狐遂认为，赵盾应对国君之死负有责任，遂大书"赵盾弑其君"，"以示于朝"。赵盾对此不满，董狐反诘道："子为正卿，亡不越竟，反不讨贼。非子而谁？"对所书写的条目不做任何更改。孔子听闻此事，感慨道："董狐，古之良史也，书法不隐。赵宣子，古之良大夫也，为法受恶。惜也。越竟乃免。"

通过这一故事，可以看到，董狐所书"行事"极为简略，但它一定不是史官书写的全部，如果是这样，那么，《左传》所载"本事"，其来源何在？而且《仪礼·聘礼》明言："辞多则史，少则不达。"《论语·雍也》也说："文胜质则史。"这些都说明，"辞多""文"是史官的重要特点，也即是说，史官所记录的文字及事件，其特点不是少，而是多。从特定视角来看，董狐所书，与其说是史笔，莫若说是礼法。柳诒徵指出，先秦时代，"礼由史掌，而史出于礼"①。董狐所写下的行事

---

① 柳诒徵：《国史要义》，华东师范大学出版社 2000 年版，第 7 页。

需要"示之于朝",关涉着名分,有着明显的训示作用。习文史者皆知,朝堂是西周以来宣示礼法最重要的场所,在这里,史官所载,乃是礼的一部分,它言简意赅,意旨所向,在于理清伦理责任,详尽的叙事非其关注所在。但与此同时,具体的细节,应该别有记录,它们不需"示之于朝",让天下共讥评,而是如《左传》昭公四年所说的"书在公府"。作为原始档案,不仅必须妥善保存,必要时还可作为日后的一种法律依凭。如《左传》定公四年载,百余年后,当年的盟书不仅保存完好,且"可覆视也"。葛志毅评价道:"是为使所保存的文件作为一种法律证词,在日后供稽核考证时可凭信的有效依据。"① 而这些应该就是"本事"类史籍或相关原始资料。

就论题而言,在"本事"类史籍中,笔者在此特别关注春秋以来"志"书所透现的信息。作为"古代一种重要的史书"②,它记载的史事以"本事"为主,如《国语·吴语》载,申胥在劝谏吴王夫差时,引述了楚灵王的故事,事实详尽,言行具有。其中"此志也"一句,证明它来自"志"书,而且既是楚事,还应该就是"楚志",此类书籍属于"本事"类,应无问题。尤为重要的是,在清华简中也出现了这样的典籍,《金縢》,原篇题为《周武王有疾周公所自以代王之志》,就属于"志"书一类。不仅如此,在"本事"的记录中,除了记言,还可夹杂史官或编纂者的评论,如《左传》中的"君子曰"。需指出的是,《左传》这种书写体例并非自我发明,它就渊源于"志"书。《左传》征引的各种《志》文,都是评论。如成公四年引《史佚之志》说:"非我族类,其心必异。"史佚,被学界视为"周初史官的杰出代表"③,《史佚之志》作为史书类典籍应无疑问。这就说明,在西周以来,史官所载的"本事"之书中,可以有评论性的内容。而这些,在"行事"之书中却被省略了。

总之,"行事"作为纲要式的历史叙事,不仅是对历史行为最简洁

① 葛志毅:《试论〈尚书〉的编辑资料来源》,见氏著《谭史斋论稿续编》,黑龙江人民出版社 2004 年版,第 38 页。
② 王树民:《释"志"》,见氏著《曙庵文史续录》,第 126 页。
③ 许兆昌:《先秦史官的制度与文化》,第 286 页。

的描述，更是出于礼的需要而创设，由于它的简洁和特殊地位，遂使得与相关联的"本事"之间，有一种类似后世纲目体的关系。正如《春秋》与《左传》的关系一样，没有《春秋》的"行事"统摄于前，《左传》的意义要打折扣；而没有《左传》的"本事"书写，《春秋》所载的很多"行事"将成为不知所云的谜团。如果抛开经学思维，从史学史角度去看，这样的关系恰恰反映了春秋战国间历史书写的一种状态。即以"行事"为主、为纲；"本事"为从、为目。

而在称谓上，"行事"与"本事"类史籍间，最早可能还有着"经"与"志"的区分。与经学范畴内的经、传关系偏于义理阐释不同，它们应该是在事实层面上互证。《礼记·学记》载："一年视离经辨志。"王树民指出："以志与经并称，同为贵族子弟入学后必须学习之书。"[1] 如果考虑到《学记》是对西周以来贵族学习状况的描述，则此处的所谓"经"，绝不仅仅是后世的儒家经书，而只能是早于它们的重要典籍。需知一直到战国末期，"经"作为典籍及言说中的一个名词，都没有完全被儒家独断，如《墨子》《管子》《韩非子》中有"经"，还有"经说"。根据有关研究，在这些文本中，"'经'是提纲，'说'是解释或用故事来作证和说明"[2]。再考虑到"志"具有史书性质，属"本事"类史籍，那么，结合本论题来看早期史学的文本，一般来说，当"经""志"对举之时，前者当为"行事"类典籍，作纲要式的书写；后者则是"本事"类的史籍，不仅有详尽的叙述，更可以有史评、史论附于其间。

按照这样的理路，再来看清华简，就可以发现，《系年》以记录"行事"为主，为史书之"经"，而同为清华简的《金滕》及相关的"本事"类文本，则为"志"。在《系年》的二十三章文本中，出现记言的有九章，分别在五、六、八、九、十四、十五、十六、十八、二十二章。然而，（1）从整体数量上来看，无言的"行事"书写占

---

① 王树民：《释"志"》，见氏著《曙庵文史续录》，第126页。王氏还指出："郑玄注'离经辨志'云：'谓别其心意所趋向也。'按：'离经'、'辨志'为平列之二短语，经与志均为初入学者必须学习之典籍，郑注殊失原意。"《曙庵文史续录》，第132页。

② 杨伯峻主编：《经书浅说》，中华书局1984年版，第2页。

据了较大比例。（2）即使在这些有着"言"的简文中，记言数量也极少，几乎都是一、二则，没有超过三则的，文本总体上呈现"行事"书写的特点。（3）仔细分析这些记言，都不属于纯粹的对话型，故而与《尚书》的书写特点拉开了差距，与《国语》类的"记言"做比较，更是风格迥异。（4）这些"言"的出现，都是为了"行事"的完整和准确，除了第十五章有一则极短的话语录入，从一定意义上来看，其他"记言"在性质上，话语性并不充分，更多的反倒是一种事件行为，与"行事"之间有着重要的关联。或许撰作者认为，这些话语是不可或缺的"行事"补充，为了不影响主旨，不得不加入。具体说来，第五、六、八章为国家间的政治通告；第九章为朝堂之上的谋辞；第十六、十八、二十二章为盟辞；第十四章中，一为指令，一为誓词，一为献辞。必须指出的是，《系年》虽以"行事"书写为主，但毕竟有些变化，与《春秋》《竹书纪年》相较，已不严格。然而，这样的改变使得可读性增强，事件感更为清晰，这种变通或者新发展说明，至战国时代，在历史书写中，"行事"体例日渐存在不足，嬗变与过渡已不可避免。

总之，作为以事件为核心的历史作品，《系年》虽有纪事本末的笔法，但还称不上完整规范的纪事本末史体，这种史学意识在当时尚未建立。就史体而言，它应该是一种以记"行"为主的"行事"型的历史书写，但在体例上并不严格。这既反映了"行事"类型历史作品在当时的价值，同时也说明这种体例正处在改变与转型之中，《系年》的历史书写，反映的正是这一状况。

五 结 论

通过以上讨论，笔者以为：

（一）《系年》的成书问题，可从内在知识立场与外在时势上加以考察。由此可以看到的是，就地域而言，撰作者虽是楚人，但他或他们所承受的知识训练及意识，很可能来自楚地之外；就文化身份来说，撰作者与当时的史官群体关系甚密，细绎文本，应源自西周末期担任王室太史的伯阳系统。而《系年》文本产生的外部推动力量，则是楚肃王元年至四年的动荡所带来的刺激，它们颇似西周宣、幽之间的政治状况，撰作者选择周宣王作为叙史的起点，并结束于楚悼王，有着极具针对性的现实关怀。

（二）通过对《系年》的纪年方式进行考察，笔者以为，《系年》不属于编年类史书，文本整体上以"事"为核心，"时"是处于第二位的。严格说来，《系年》中只有纪年而无编年。而进一步深入研判，又可以看出两点：一是在战国时代，史籍重视年份，"不载日月"，并非只是秦的特殊体式，而是当时历史书写的常态。二是《系年》中的纪年简既不是以事纪年法，也不是谥号纪年，而是处在二者之间的一种过渡状态，它盛行于春秋战国之间，至战国中后期之后逐渐退出历史舞台。

（三）《系年》虽是以事件为核心的历史作品，但不是严格意义上的纪事本末体，"本末"的呈现，只是在叙事过程中出现的一种自然后果，没有体例上的自觉主动为之。就体例而言，那时的"记事"之作可分为"行事"与"本事"类，前者作为宗周礼法的表现与继承，对后者有着统摄的关系。由于其内在的不足，在春秋战国之际，处在改变与转型之中，《系年》作为一种变通的"行事"作品，反映的正是这种状况。

总之，《系年》为考察中国早期史学提供了一个重要的范本。笔者在对其文本进行研读的基础上，以《系年》的体例之争为切入口，围绕着文本中的两大要素——"时"与"事"展开讨论，对《系年》的成书、纪年及书写方式等进行了初步的考察，希冀以此为研究平台，进一步深化对早期中国的历史书写及史学意识的认识。

原刊于《古典学集刊》第三辑（石立善主编，华东师范大学出版社 2016 年版）

附记：本文初稿完成于 2014 年 9 月，在写作过程中，Yuri Pines

（尤锐）教授以大作相赠，并提出了许多宝贵意见。此外，L. Edward Shaughnessy（夏含夷）教授、罗运环教授也惠赠了大作，程浩博士提供了相关资料，而本文完成后，承蒙刘光胜博士惠赠《清华简〈系年〉与〈竹书纪年〉比较研究》（中西书局 2015 年版），谨此并致谢忱！

"邦风"问题再探：从上博简《孔子诗论》看《风》诗的早期形态

一　引言

近年来，上海博物馆藏战国楚竹书（以下简称上博简）《孔子诗论》[①] 受到了学界的高度关注，其中"邦风"一说尤为引人注目。据整理者的说法，邦风"就是《毛诗》的《国风》，《邦风》是初名，汉因避刘邦讳而改为《国风》"[②]。这一概念的出现及论述在第3、第4简中，现征引如下：

> 邦风，其内（纳）物也専（博），观人谷（俗）焉，大金（敛）财焉。其言文，其声善。（简3）
> 曰：诗其犹平门与？戋（贱）民而谷兔（逸）之，其用心将何如？曰：邦风是也。（简4）[③]

---

①　有学者不同意《孔子诗论》之名，如李零认为此篇应为《子羔》篇的"孔子诗论"部分，黄怀信则将其定名为《诗论》，以上观点分见：李零：《上博楚简三篇校读记》（中国人民大学出版社2007年版）、黄怀信：《上海博物馆藏战国楚竹书〈诗论〉解义》（社会科学文献出版社2004年版）。本文重点不在于此，故而不做新的讨论，在文中沿用约定俗成之名。

②　马承源主编：《上海博物馆藏战国楚竹书（一）》，上海古籍出版社2001年版，第129页。

③　此处用李学勤释文，见《中国哲学》第24辑，辽宁教育出版社2002年版，第138页。

众所周知,"国风"乃所谓《诗经》"三体"之一,沿承数千年而不改,此前"邦风"一词闻所未闻。它的出现,迫使我们不得不从一个全新的视角来重新审视《风》诗与《诗经》学,以及由此而来的一系列经学及传统文化问题。特别需要提出的是,在学界,认为"邦风"为初名,"国风"乃汉代避讳所致,已基本成为通识,虽也有少数学者对此表示过异议,但由于在论证上尚待深化,加之出土文献的权威性,遂使得"国风"避讳说不仅深入人心,而且很多研究者更由此认为,"邦风"之名优于"国风",如有学者这样评说道:

> 《风》,《诗论》谓《邦风》,较《国风》合理得多。马承源解释为"《邦风》是初名,汉因避刘邦讳而改为《国风》"。无论马氏解释是否准确,"国风"肯定是后起的,而且发生在"邦""国"概念混同使用之后。①

然而,事实果真如此吗?笔者以为,其间需细加思量者颇多。就论证所需的逻辑和事实来说,"邦风"避讳说要得以成立,至少在证据链上还需补足更多的核心缺环,很难说已成铁案。再进一步言之,既可以有"邦风"之名,何以就不能同时有"国风"之名呢?为何它们就一定是替换而不是并立关系呢?尤为重要的是,如果"邦风"为初名,何以自汉以来二千年间竟无人发觉与更正?十五"国"风之"国"置换为十五"邦",在语义和事实上能完全成立,且妥帖无误吗?这些问题并非可有可无,而是每一位研究者必须认真面对与思考的课题。由此向前推演,笔者以为,至少还有以下一些问题必须加以解决:(1)对汉代的避讳问题作出更有针对性的讨论,尤其需要探明的是,它与经学文本的关系如何,只有这样,相关讨论才能建立起坚实的知识基础。(2)"邦风""国风"在语义及历史流变中有何异同?(3)将"邦风""国风"的称名问题放至早期《诗经》结集的历史进程中加以考察。

---

① 蔡先金、赵海丽:《楚竹书〈孔子诗论〉中"邦风"及"夏"之名称意义》,《孔子研究》2003 年第 3 期。

（4）"邦风""国风"与宗周礼乐文化的关系如何？

这些问题以"邦风"为生发点，直接关联着《风》诗的早期形态，对于《诗经》文本及结集状况的研究也极为关键。① 总之，对"邦风"及相关问题再作全面、整体的历史审视十分必要，有鉴于此，笔者不揣浅陋，略陈管见，以就正于同道。

二 汉讳与经学文本："邦风"避讳 问题再论——以高祖之讳为核心

由前可知，随着上博简的发现，学界一般认为，"邦风"是初名，"国风"乃避刘邦之讳的产物。然而，如果深究汉代文献，则又会发现，汉帝名讳常常不避，其中就包括了刘邦之名，这一点东汉尤甚。在《说文解字》中，段玉裁在注释"祜"字时，特别注意到了这一现象，段氏以为，五世以上可不避，所谓："世祖以上虽高帝不讳，盖汉制也。"而陈垣在考察了一系列不避汉帝名讳的史例后，则得出了"汉时避讳之法亦疏"的结论。② 或许正是有了这样的认识基础，有学者对"邦风"避讳说提出了质疑，但基本点还只是在申说汉代不避讳的另一面事实。③ 这样的辩难固然有着积极的学术意义，然而又难免走入各执一端的境地，因为在既有避又有不避的状态下，正反两面证据俱备，"国风"到底是不是避讳的产物呢？双方都能找到对己有利的证据，在充满着弹性的论说中，谁都无法一言定谳。这就迫使我们必须认真思考

---

① 近年来，对于《孔子诗论》与《诗经》早期形态之间的关系进行研究的主要成果有：马银琴、王小盾：《上博简〈诗论〉与〈诗〉的早期形态》，（北京"上博楚简《孔子诗论》与先秦诗学研讨会"提交论文，2002 年 1 月，"简帛研究"网首发）；江林：《〈诗经〉传本及各编之编次定名新探》，《中州学刊》2003 年第 5 期；晁福林：《从新出战国竹简资料看〈诗经〉成书的若干问题》，《中国史研究》2012 年第 3 期。但以上成果因选题所限，均未对《风》诗的早期形态进行专题讨论，更未将"邦风"问题作为核心讨论点，故而剩义犹多，这也使得本文的研讨有其必要性。

② 陈垣：《史讳举例》，上海书店出版社 1997 年版，第 3 页。

③ 这方面重要的论文有：熊良智：《"邦风"讳为"国风"说献疑》，《社会科学研究》2006 年第 6 期；钟书林：《上博简〈诗论〉"邦风"避讳说献疑》，《文博》2008 年第 6 期。

如下的问题：在汉制中避讳原则到底如何？在实际操作中有何差异？再由此探明：经学文本与避讳原则之间关系如何？只有这些问题得以充分疏解，才能为进一步研究打下坚实的知识基础。

因论题所限，以下仅论高祖之讳，其他有关系者附带讨论。

我们从陈、段二位的论述开始。先看陈论，陈氏以为"汉时避讳之法亦疏"，然而，避讳既然是一项严肃的制度，就不可能"严""疏"随人，任意为之，尤为重要的是，西汉宣帝曾专诏论及此事，其文曰：

> 闻古天子之名，难知而易讳也。今百姓多上书触讳以犯罪者，朕甚怜之，其更讳询，诸触讳在令前者赦之。①

由此诏令，可得一基本事实，那就是：西汉以刑法来惩办不避帝讳者，且有牢狱之患，既上升到此一层面，那么，"避讳之法亦疏"的说法就值得推敲了。事实上，以陈氏文本为基础做再考察，可以发现，陈氏所给出的史例偏向性颇强，它们多为东汉文例，基本上是民间碑文，其他学者所举的所谓"不讳"之例，也多属此类。而前引诏令中的百姓"上书触讳"，应属官方系统，在此类文书中，避讳是很严格的。②以《史记》为例，除《律书》中有："吴用孙武，申明军约，赏罚必信，卒伯诸侯，兼列邦土。"以及少量直接引《诗》《书》等古人原文、原话的情况，其余"邦"字均避讳。尤为值得一提的是，对于《律书》，历来聚讼纷纷，其通篇论兵，遂使得研究者或以其为《兵书》之误，或疑为后世所篡。③总之，此篇疑点重重，或非完全出自太史公手笔。既然如此，刳除此篇，《史记》中无一处不避"邦"讳矣。不仅帝讳要避，西汉时代连太子名讳也要避，如入葬于文帝十五年的阜阳双古

---

① 《汉书》卷8《宣帝纪》，中华书局1962年标点本，第256页。

② 日本学者影山辉国对武威汉简、银雀山汉简、马王堆帛书进行研究后，亦得出官方避讳严格，而以上汉简"既为私人抄书，因此基本上没必要避讳"的结论。见氏著《关于汉代的避讳》，《简帛研究》2002、2003年，广西师范大学出版社2005年版。

③ 关于这一问题，可参看余嘉锡《太史公书亡篇考·兵书第八》，载《余嘉锡文史论集》，岳麓书社1997年版。

堆汉简中，其中的数术书居然避景帝刘启的名讳，由此完全可以说，汉代避讳制度是"严"而不是"疏"。

下面再看段玉裁的论述。也即是，在汉制中，是否如段氏所言，有着五世以上不避的世系差异呢？验之于文献，它也不能成立。以《汉书》为例，可以发现，西汉诸帝自惠帝以下，无论五世之上还是之下，无一避者，然而，"邦"字属例外，一般皆按例改为"国"，明显避高祖之讳。《汉书》中留存的"邦"字，皆有制度性的依据，没有任何破坏避讳原则之处，此点在后面将加以申论。看来除高祖外，东汉一般不避西汉帝讳。究其实，作为开国君王，刘邦是整个政治合法性的源头，东汉号称"复高祖之业""兴复宗统"①，高祖之讳贯串于整个汉代也就不奇怪了。至此，可以知道：在汉代尤其是西汉，对民间书写的管束虽有所宽疏，但在官方系统中，避帝讳，尤其是高祖之讳是很严格的。

有了以上的认识，下面重点来看看经学与避讳的关系。对于避讳，在《礼记·曲礼上》中有这样的提法："诗书不讳，临文不讳。"胡适认为，这种经学思维影响下的避讳原则为汉代所遵行。② 而所谓的"诗书不讳"，毫无疑义是将以经学为核心的典籍划至避讳范围之外。至于"临文不讳"，按照孔颖达的说法"为执礼文行事时也"。清儒孙希旦指出："愚谓临文，凡官府文书，国史记载皆是，非惟礼文而已。鲁定公名宋，《春秋》不讳宋。"这种规范的产生，其基本思路在于，避免因避讳改字而歪曲事本，也就是郑玄所说的："为其失事正。"③ 要之，为了不歪曲事实，在官文及史籍中照直实录，如《史记》中凡出现"邦"字者，皆为引古人原文、原话，其道理即在于此。质言之，所谓尊重事实也。然而，经学文献并不全载事实，何以也在避讳范围之外呢？因为在汉这样的"经学时代"，所谓的"事正"并不完全在于事实层面，更有内在价值要求，也即所谓"正论"，经学就是这样的载体。

---

① 《后汉书》卷14《宗室四王三侯列传·刘缤》，中华书局1965年标点本，第549页；《后汉书》卷1下《光武帝纪下》，第65页。

② 胡适：《两汉人临文不讳考》，见欧阳哲生编《胡适文集10》，北京大学出版社1998年版。

③ 孙希旦撰，沈啸寰、王星贤点校：《礼记集解》，中华书局1989年版，第90页。

文史研究者皆知，经学时代应从武帝朝算起，在"独尊儒术"之前，所谓的"诗书不讳"也就不可能做到了。

事实正是如此。以出土的经学文献为证，定州汉墓竹简《论语》一般被认为是汉高祖时代的写本，[①] 其中几乎所有"邦"字皆改作"国"[②]；而在下葬于文帝时代的马王堆帛书中，《周易》也因避高祖讳而改字[③]。由此可见，武帝之前的经书与其他文献一样，毫无特殊性，一样要避帝讳。然而，随着经学的神圣化，这种状况不仅不再发生，而且只要涉及经学问题，"邦"字就可以毫无顾忌地使用，这应该是使得学界误以为汉时避讳不严的一个重要原因吧。有一个有趣的比较，《史记》在转用经籍时，"邦"字均改，如《尚书·牧誓》："我友邦冢君。"《吕刑》："有邦有土。"《周本纪》中均以"国"代之。此外，亦有极少改为"封"字者，如《洪范》："邦诸侯"，《周本纪》作"封诸侯"。看来史迁时代经学权威刚刚兴起，太史公还保留着汉初以来对经学改字以避帝讳的传统，而《汉书》中不仅无此现象，连与经学有关的专有名词也不加避讳。如在《汉书·叙传下》中就有：

> 罪人斯得，邦家和同，述《昭纪》第七。……（王）尊实纠纠，邦家之彦。……述《赵尹韩张两王传》第四十六。

以上引文中的"邦家"云云，乃是经学中的常用语，如《诗经·小雅·南山有台》曰："乐只君子，邦家之基。""邦家之彦"则出自《诗经·郑风·羔裘》："彼其之子，邦之彦兮。"不仅如此，据《后汉

---

① 虽然它是宣帝时代的墓葬，但按照避讳原则，文帝以下皆不避，据有关学者的研究，此应为高祖时代写本。说见陈东《关于定州汉墓竹简〈论语〉的几个问题》，《孔子研究》2003 年第 2 期。又，在汉代出土的经学文献中，阜阳《诗经》简是最为重要的考察文本，但其中未出现"邦""国"字样，故不得不阙疑，以其他文本进行讨论。

② "邦"字仅出现在《子张》篇中："夫子得邦家……"但一则此处"邦家"为受到扰动残损之字；二则很可能为未改订干净的残存。

③ 由于它不避惠帝、文帝讳，故而一般认为其"抄写时间应在刘邦称帝之后，刘盈（惠帝）即位之前"。说见廖名春《〈周易〉经传与易学史新论》，齐鲁书社 2001 年版，第 185 页。

书·明帝纪》所载诏书："先帝受命中兴，德侔帝王，协和万邦。"其中"协和万邦"，来自《尚书·尧典》，诏书为当时最高政治文件，犹出现"邦"字，说明自"独尊儒术"后，经学所拥有的至尊地位使得政治避讳犹得为其让路。此外，班固在鼓吹大汉合法性的《典引》中，亦言道："日月邦畿，卓荦乎方州，羡溢乎要荒。"[1] 在《昭明文选》中，此句作"日月邦畿，卓荦乎方州，洋溢乎要荒"[2]。异文出现在其他句辞上，"邦"字反而毫无避讳，又"日月邦畿"一句不见他书，但"邦畿"一词出现于《诗经·商颂·玄鸟》："邦畿千里，维民所止。"《大学》亦引此句以证其说，看来因经学缘故，"邦畿"已成为了专有名词，这又一次说明，不仅经学文句不避帝讳，作为由经学所派生的专有名词，亦不在避讳之列，由此可以想见经学所居的无上地位。

此类文例在两汉典籍中还有，[3] 因篇幅及论题所限在此无法一一胪列，但由此可以得出的结论是：随着经学时代的到来，在避讳问题上，经学文本不仅有一个由避到不避的过程，更最终成为政治生活中压倒性的文件，"重稽古，求道真"[4] 成为了经学及政治的双重要求。而要达此目标，就务必保证经学文本的真实性。如何做到？任何的避讳都需为其让路，而且此前改过的经本需重新改回。

前已论及，西汉简帛本《论语》《周易》出于避讳原因，有"国"而无"邦"，但今本却二字皆存，其他经籍亦是如此。这说明经学时代之后，避讳本又被重新改回原貌。这里面的复杂性在于，汉时不因新权威本的出现，而删削或毁去旧本，而是既往不咎，新旧并存，再加上

---

① 《后汉书》卷40下《班彪传附子固传》，第1382页。

② 《文选》卷48《符命》，上海古籍出版社1986年版，第2164页。

③ 如在《后汉书·杜乔传》中，杜氏在奏章中言道："陛下越从藩臣，龙飞即位，天人属心，万邦攸赖。"《张衡传》则载有"实干周邦"之文，其中"万邦"来自《尚书·尧典》："协和万邦。""周邦"见于《诗经·大雅·崧高》："周邦咸喜，戎有良翰。"它们都作为经学专有名词而不加避讳。另外，在《后汉书·张奂传》中，载有这样的占辞："复临兹邦。"据《太平御览》引《东观汉记》文，"兹邦"作"此邦"（见吴树平校注《东观汉记校注》，中州古籍出版社1987年版，第750页）。而"此邦"者，又为经学专有名词，典出《诗经·小雅·黄鸟》："此邦之人。"

④ 《后汉书》卷3《章帝纪》，第145页。

"罔罗遗失，兼而存之"① 的需要，允许不同家派的文本流传。这样，虽有校雠之学随之涌现，汉传经籍中的异本异字也在所难免，要完全恢复原貌因此变得十分困难。如今本《周易》"师卦"上六爻辞中有"开国"一词，在阜阳汉简本中作"启邦"，马王堆帛书本作"启国"②。前者应写定于建汉前或汉早期，所以无避讳；后者则写定于高祖之后景帝之前，故而避高祖而不避景帝讳。但今本却是全避，这是避讳影响经学文本的例子，但这是特例。一般状况下即使出于某种原因用避讳本，但儒林所信从者，则是经过改定的本子。如在现残存之汉石经中，《论语》文句中的所有"邦"字皆写为"国"或"封"，但事实上，汉儒所普遍使用的并非是石经所用的避讳本，而是同于今本的原本或改订本。如《史记·仲尼弟子列传》中引《颜渊》篇："在邦无怨，在家无怨"；《汉书·息夫躬传》中引《阳货》篇："恶利口之覆邦家"，皆是如此。此外，《泰伯》篇中的"危邦不入，乱邦不居"，据唐写本郑玄注，此句不仅与今本全同，而且郑玄还在注中申论道："危邦不入，始欲往也；乱邦不居，今欲去。"③

　　总之，经籍改回原本为汉代政治与学术的基本要求。在《诗经》学史上，如果"邦风"确是最权威的初名，"国风"乃由此改动而来，此为经学大事，那么，再次改回为"邦风"，就不仅可能，而且势在必行。但在汉以来的史籍中，竟不留下一丝痕迹，这不是很奇怪的事情吗？另外值得一提的是，由于王莽篡国，在两汉之际，"邦"字完全不讳，甚至刘秀手下也一度沾染此风，以《后汉书》中所载的几封书信为例，《马援列传》："奈何欲以区区二邦，以当诸夏百有四乎？"《冯衍传》："惜全邦之实。"《朱浮传》："职典大邦。"而在《汉书·王莽传中》所载的新莽诏书，却有"《诗》国十五，布遍九州"，以及"《殷颂》"云云的说法。这是王莽以《诗经》文本改制。其中《殷颂》与今本《商颂》的说法微有不同；而颜注所举的"十五国"两种说法中，

① 《汉书》卷88《儒林传》，第3621页。

② 韩自强：《阜阳汉简〈周易〉研究》，上海古籍出版社2004年版，第49页。

③ 王素编：《唐写本论语郑氏注及其研究》，文物出版社1991年版，第95页。

第一种也与今本不一致。文史研究者皆知，王莽是一个"动引经义以文其奸"①的复古狂，《汉书·食货志下》说他："每有所兴造，必欲依古得经文。"此人对于经学及经籍古本已到了偏执迷信的地步，前引莽用《诗经》之体例与今不同，很可能就是新莽的权威古本。加之新朝乃篡夺汉家天下而来，那么，如果"邦风"为正宗的初名，王莽一定会恢复古貌，为什么还要说"国（风）十五"，而不是"邦十五"呢？而且刘秀手下尚不避邦讳，他又有什么理由为高祖讳呢？

这样只能说明一点，"国风"不可能是避"邦风"之讳而来，因而"国风"之说也就不可能是汉人的创造。进一步言之，"邦风"之说在战国的权威性及信从度未必高，它很可能不是学林所公认的唯一权威说法，故而未能留存后世。因而，"国风"胜出，"邦风"消失，既然不是政治的原因，很可能就是学术自然淘汰的后果。

三 "邦国"之诗与《风》诗之名：从两周 政治中的"邦""国"语义流变看 "邦风""国风"的基本意义指向

要探明早期《风》诗状况，"邦风"和"国风"的语义及所处时代，是必须要加以关注的问题。众所周知，就《风》诗的产生来说，"绝大部分是春秋初期至中期的诗，一小部分是西周后期的诗"②。而《风》诗之称名则主要是战国时代的事情了。这就要求研究者对两周以来的政治了然于心，才可能深入其中，抉隐探赜。

"邦风"一词出现于战国简牍，经科学测定，"（竹书）标本的时代均为战国晚期……是楚国迁郢以前贵族墓中的随葬物"③。加之简文上下贯通，明显是先秦风格，其真实性为学界所公认；而"国风"之名在《孔子诗论》发现之前，几千年来，作为文史常识也早已深入人心，

---

① 赵翼：《廿二史札记》卷3《王莽引经义以文其奸》，王树民：《廿二史札记校证》（订补本），中华书局1984年版，第74页。

② 夏传才：《诗经研究史概要》（增注本），清华大学出版社2007年版，第12页。

③ 马承源：《上海博物馆藏战国楚竹书（一）》，前言。

直至上博简"邦风"一词出现，才开始对其形成颠覆性的冲击。有学者断言："'邦风'的提法是符合《诗经》在先秦、特别是西周春秋时期'风'诗的客观存在，'风'诗的称谓应为'邦风'。"反之，"国风"之名则不符合或不尽符合《风》诗的时代性格，"概念有着失误之处"①。

　　照此说来，难道"国风"之称就只是数千年来的一个错误吗？答案是否定的。

　　由前可知，"国风"一词的出现并非政治原因，换言之，就学术角度而言，其存在亦有相当的合理性。与"邦风"一样，"国风"称谓其实在战国时代已经产生，《荀子·大略》说："《国风》之好色也。"因"邦风"的先入为主，有学者认为："在《荀子》著作，提到'国风'的概念仅仅一例，而称'风'者则多。……'国风'的概念是汉人阑入的，并不是战国时《荀子》文章的原意。"② 这种说法失之于武断，何以"国风"之辞仅见就不能是原意？汉人阑入的证据又何在呢？对于《大略》篇，杨倞注云："此篇盖弟子杂录荀卿之语，皆略举其要，不可以一事名篇，故总谓之《大略》也。"则《大略》篇是弟子所载荀子之语，按照《大略》"言而不称师谓之畔，教而不称师谓之倍"的荀门规矩，弟子不仅应该如实照录荀子的话，荀子所言也应渊源有自，这由当时的"师法"所决定，加之此句在上下文之间通顺合理，毫无外间嫁接的痕迹，说它为汉人"阑入"，实无理据。不仅如此，《韩诗外传》卷5 亦载有一段孔子与学生的问答："子夏问曰：'《关雎》何以为《国风》始也？'"众所周知，《韩诗外传》的成书在汉代，其间或夹杂了一些时下观念，但其资料应来自先秦，此与大、小戴《礼记》的道理是一样的。③ 而且由前可知，在汉代，引前人之言是不避讳改字的，《史记》中就是如此，此处"国风"一词绝非讳改则可知矣。那么，至少在荀子时代，"国风"概念就已提出。尤为重要的是，就汉代

---

① 周建江：《从"邦风"到"国风"：上博馆〈孔子诗论〉"邦风"辨析》，《中国古典文献学丛刊》第3卷，香港国际炎黄文化出版社2003年版，第38、46页。

② 同上书，第45页。

③ 《礼记·表记》中亦三引"《国风》曰"。

今古经学而言，在今文派中，除了《韩诗》，在《史记·屈原贾生列传》中，司马迁也提到"国风"；在《汉书·匡衡传》中，有"《国风》之诗"的说法；而古文派《毛诗》中则有"国风"名目，冯浩菲说：

> 司马迁所习为《鲁诗》，匡衡所习为《齐诗》。汉代经学各派家法甚严，今古文经学之间的壁垒更加分明……汉初四家《诗》都有"国风"名目，当然说明《诗经》分类上的"国风"一目既不始于汉代，也不创于战国，它像雅、颂一样，古已有之。①

冯氏论证"国风"一目不始于汉代，理据充分。但是，由于在《论语》《左传》等典籍中，并无明确的"国风"提法，为了审慎起见，笔者以为，将"国风"作为流行于战国时代的名词，而最好不要上衍，较为稳妥。由此，至少可以认定的是，在战国时代，"国风"与"邦风"之名是并存，而非替换的关系。

要之，"邦风""国风"作为动态的历史概念，在对其进行疏解的过程中，务必注意到《风》诗所处的特定历史环境。再进一步言之，研究者在立论之前固然应了解：

（一）"邦"与"国"在语义上有所差异。所以要思考的是："邦"与"国"的本义及引申义是什么？它们的差别在哪里？

但更应知道：

（二）"邦风"与"国风"乃指称同一类事物，既如此，它们在概念上就有互通性。故而在《说文解字》中，邦、国二字互训，邦即国，国即邦。那么，它们何以可以互通？与所处时代的政治状况有何关联？对于理解《诗经》的称名有何意义？然后，在此基础上，再来考察"邦风""国风"的基本意义指向，并由此来评断"邦风""国风"之得失优劣。要之，既看到"邦风"与"国风"作为差异性的一面，也要看到其共名的另一面，这两面的结合点则是两周的政治流变。而这其

---

① 冯浩菲：《历代诗经论说述评》，中华书局 2003 年版，第 177—178 页。

中极为关键性的问题是："邦国"概念的出现与发展。

下面先从第一点展开讨论。

首先看"邦"的字义。在甲骨文中，邦作，王国维认为，它"从丰从田"，与"从丰从土"的"封"字"本系一字"。后来"邦"字又有加"邑"旁者，如《毛公鼎》之"邦""从土又从邑"①。王氏所论大概受到过段玉裁的影响，在《说文解字注》中，段氏言道："邦之言封也，古邦封通用……邦谓土界。"

在王、段所论中，关键点在于，"封"有"封疆"之义，此点是作为"土界"之"邦"所存在的地理基础。在《左传》僖公三十年中，杜注曰："封，疆也。"《左传》昭公七年："天子经略，诸侯正封，古之制也。封略之内，何非君土？食土之毛，谁非君臣？"对于"经略"，杜注曰："经营天下，略有四海。"孔疏则言道："此略亦为疆也，经营天下，以四海为界，界内皆为己有。"对于"正封"，杜预意见是："封疆有定分。"孔疏则说："言正封，谓不侵人，不与人，正之使有定分。"② 简言之，"邦"就是在"封疆"之内行使权力的政治实体。自西周王朝以来，四海之内皆归周天子管辖，在其统一领导下，各"邦"必须对各自的封疆进行"正封"，从而层级清楚，各有"定分"。然而，随着历史的演进，"邦"的政治意义不断强化，二者在字义上逐渐分离，而分离的关键，则在于"邦"与城邑之间的紧密联系。赵伯雄指出："邦、封二字在古虽然音同义同，但到了西周时代，二字可能已经分家了。……（西周金文中的邦）从邑，与封字全然不相混……应是与邑有关的事物。"③ 于是，在宗周政治中，"封邦"与"建国"紧密结合，成为了周制中相辅相成的两翼。

---

① 王国维：《史籀篇疏证》，见谢维扬、房鑫亮主编《王国维全集》第5卷，浙江教育出版社、广东教育出版社2010年版，第42页。

② 杜预注，孔颖达疏：《春秋左传正义》，阮元校刻《十三经注疏》本，中华书局1980年影印版，第2947页。

③ 赵伯雄：《论三代国家的结构特征》，《河北师院学报》（社会科学版）1997年第4期，第111页。很多学者甚至认为，"封""邦"二字在甲骨文时代就已经意义各异，如晁福林说："甲骨文邦字是指都邑而言的，与邦字不同，封的古义则偏重于疆域。"见氏著《先秦社会形态研究》，北京师范大学出版社2003年版，第343页。

而"国"（國）原为"或"字，在甲骨文中作、，表示执戈而守，后来再加上"囗"形，意为城也，与加"土"形的"域"为一字孳乳。简言之，"国"之初义是由守卫土地引申而来的城邑。而习史者皆知，西周所谓的"邦"以筑城为基础，这城就是"国"。按照学界的一般通识，"以一个大邑为中心，包有周围的土地和人民。周王分封诸侯，首要之事就是在封地内建一座城"①。此后，"国"又由城邑之义，逐渐延伸出地域、地区，以及"国家"的意义。翻检各类资料，虽在国家政权的指称上，在西周以至于春秋时代，在一般场合，"邦"主要指国家政权，"国"则是以都邑为核心的地区，但与此同时，由"邦"至"国"的趋同轨迹也十分明显。

关于这一问题，具体再看第二点。

前已论及，"邦""国"二字在概念上互训互通，自西周以来，"国"字除解为都邑，也逐渐拥有了国家政权的意义，至战国时代，对国家政权的称谓，就逐渐以"国"代"邦"了。有学者不明白这个道理，为了论证"邦风"之名优于"国风"，遂提出："我们说'邦'、'国'的区别点在于：'邦'是诸侯封地的总称，指广袤的土地以及在土地上形成的政治结构，'国'指城邑所在地，指政治中心所在地。"②这是完全不了解，自西周以来，"国"的"城邑"意义逐渐扩大，直至成为了国家政权的代称。所以，否认"国风"具有各个国家、地区之"风"的意义，而仅认作"诸侯国城邑之'风'"，无疑是一种非历史主义的考察。

"国"具有国家政权的意义，从而与"邦"义互通，固然在战国时代最为典型，但这一趋势从西周时就开始了，"国"先是突破城邑之义，成为"地域"的代名词，然后与"邦"义趋同。以《诗经》为例，在西周诗篇《大雅·常武》中，有"惠此南国"一句，所谓"南国"绝非指南方都邑，而是大片的南方地域，在此"国"与"域"义同。

---

① 赵伯雄：《论三代国家的结构特征》，《河北师院学报》（社会科学版）1997 年第 4 期。

② 张双田：《"邦风""国风"刍议》，《南都学坛》2007 年第 6 期。

在《尚书·召诰》中，亦有类似的"二国"说法，季旭升指出："二国本当作'二或'，即'二域'。《商颂·玄鸟》及《长发》有'九有'一辞，《韩诗》作'九域'，'二国'和'九有'的组成方式应该是同类的吧。"① 此外，在西周青铜铭文中，《宗周钟》有"南或（国）"；《毛公鼎》有"四或（国）"的称谓。以上文例皆足以证明，"国"乃"域"也，② 而非仅指都邑。与此同时，在西周初年的《尚书·召诰》中有如下文字：

> 皇天上帝改厥元子，兹大国殷之命。惟王受命，无疆惟休，亦无疆惟恤。呜呼！曷其奈何弗敬？天既遐终大邦殷之命……今王嗣受厥命，我亦惟兹二国命。

从上述引文可以看出，"大邦"与"二国"文例相类，则"邦"与"国"所指为同类。这种趋势的出现绝非偶然，它与两周政治的演进相生相成。从一定意义上来看，"国"是人群聚落的放大和高级化，它的关键要素是土地和民众。所谓"封邦"，必须建立在对"国"也即土地，各地域有效的军政控制之上。一般来说，有"国"才有真正的"邦"，周天子是在可控制的"国"内划分疆界，正定名分，封赐各邦，如前引《左传》昭公七年之事，即是此种表现。这种有效的控制对于整个周的国家制度极为关键，是不可动摇的政治基础。简言之，"邦"需落实于"国"之中方有真实意义，否则就只是空头支票。不仅"邦"之主体地方诸侯需要可控制的地盘；周天子也需要直接控制的王畿，即"周邦"，来完成各项政治目标。也即是，在当时的政治架构中，一方面，周天子作为最高统治者拥有整个天下；另一方面，他又要有一块实际控制的"周邦"作为"万邦"之首，这两种"邦"同时并存。而这两大类型的"邦"由于最终要落实到土地之上，于是，也就逐渐有了

---

① 季旭升：《诗经古义新证》（增订版），台北文史哲出版社1995年版，第244页。
② 杨树达指出："六朝唐人尚以域字为国字。"见氏著《积微居金文说》（增订本），中华书局1997年版，第255页。

"王国""邦国"的概念，《周礼·天官·冢宰》曰："惟王建国，辨方正位……乃立天官冢宰，使帅其属，而掌邦治，以佐王均邦国。"贾疏云："《周礼》以邦国连言者，据诸侯也，单言邦，单言国者，多据王国也。"关于"王国"与"邦国"的性质，研究者已明确指出："'王国'与'天子之邦'（周邦）意思无别。""《周礼》的邦国是指（诸）侯国。"① "王国""邦国"的称谓在地上、地下文献中有众多文例，② 在特定的历史环境中，其具体所指或稍有差异，笔者无意深究于此，仅就本论题提出一点：所谓"王国""邦国"者，正说明"国"具有更大的容纳性，"邦"须扎根于"国"。

有了以上认识，现在再次回到《诗经》问题上。众所周知，《风》诗为地方诗歌，蒋伯潜说："采自各国民间，可以考见各国之民风焉……今语所谓'民间文学是也'。"③ 为此，历来有民间采诗一说，其中，《公羊传》宣公十五年何休注说："使之民间求诗。乡移于邑，邑移于国，国以闻于天子。"《礼记·王制》则云："命大师陈诗，以观民风。"虽然学界有人对此提出异议，但笔者以为，采诗形式、名称等各方面的细节容或有异，但《风》诗由下而上，层层献纳，直至在中央系统加以整理，有其合理性。这一点在《孔子诗论》中也能得到映证，简3中的"邦风，其内（纳）物也専（博），观人谷（俗）焉，大金（敛）财焉"，反映的正是对《风》诗的采风、观俗。④ 此外，在《左传》中，赋《诗》之例极多，在襄公二十九年所载的"季札观乐"一事中，所论及的《风》诗体例完备，与今本已大同小异，没有国家系统参与其中，这样的结果是不可想象的。不仅如此，《风》诗在先秦被

---

① 赵伯雄：《周代国家形态研究》，湖南教育出版社1990年版，第17页；彭林：《〈周礼〉主体思想与成书年代研究》，中国社会科学出版社1991年版，第222页。

② 如《诗经》之《六月》《文王》中都有"王国"之称，《晋公盆》中亦有"王国"一词；而"邦国"在《周礼》中频繁出现，在《诗经·大雅·崧高》中，则有"邦国若否"的句子。

③ 蒋伯潜：《十三经概论》，上海古籍出版社1983年版，第194页。

④ 马承源主编：《上海博物馆藏战国楚竹书（一）》，第129—130页。此说得到很多学者的认同，如廖群说："应该说的确为周代采风之制、为《国风》多为采风所得，提供了更为可靠的证明。"见氏著《先秦两汉文学考古研究》，学习出版社2007年版，第208页。

称为"乡乐",《仪礼·燕礼》说:"遂歌乡乐《周南》。"而这不正与何休所言的由"乡"而"邑";由"邑"而"国"的系统相吻合吗?而这种"国"当为"邦国",《毛诗序》论及《风》诗时说道:"风天下而正夫妇也。故用之乡人焉,用之邦国焉。"这说明《风》诗起点为"乡",集结点为"邦国",当它们分类之后再汇总至中央,进行统一整理。①

如果着眼于"邦国"在"采风"中的意义,再来看本论题,则可以发现,作为从民间采集而来的"邦国"之诗,称其为"邦风"或"国风",从语义上来说皆有可能,都可成立。稍可进一步说明的是,十五"国"非十五"邦",其中周南、召南、王、豳,是否可冠之于"邦"名,皆有争议。而以"国"冠名,亦可解为"十五个地区",语义上不会产生纠纷。如阜阳汉墓简本《诗经》中,"国风"部分以"某国"字样标出,除了有"卫国""郑国"等邦、国合一之地,亦有"豳国"字样,② 由于此墓下葬于汉文帝十五年,它反映的是汉初甚至战国晚期的《诗经》文本状况。此外,《汉书·地理志上》亦云:"《诗》豳国,公刘所都。"称名"国风"既可指称政权之"邦",又可指地域概念,较为灵活。而从"邦风"角度来看,《风》诗乃由"乡"到"邦"完成采集工作,或许在定名者看来,无论十五"国"是否皆为一个邦,但诗最后都是由"邦"献纳而来,"邦"是核心单位。例如,"周南邦"自然不存在,但《周南》之诗皆由周南整片区域上的各邦采集、献纳而来,从这个角度来说,言之为"邦风"也合情合理。只不过"邦风"在语义上的纠纷明显多于"国风",这是否为后来采纳"国风",而"邦风"不为学林所从的一个原因呢?

---

① 傅道彬曾精辟地指出:"就周室而言国风代表诸侯的邦国,因此称为'国风'或'邦风',反映一个诸侯邦国的政治与礼俗。"(见氏著《诗可以观:礼乐文明与周代诗学精神》,中华书局 2010 年版,第 224 页)惜因论题所限,未做考订。

② 胡平生、韩自强著:《阜阳汉简诗经研究》,上海古籍出版社 1988 年版,第 109—110 页。

四 "风""邦风""国风"：春秋战国的
《风》诗结集与称名问题

从特定视角来看，本文所讨论的实质上是《风》诗称名问题。也即是，在历史上"邦风""国风"称谓的合理性与真实性。笔者认为，此一问题与《诗经》尤其是《风》诗的结集密切相关，质言之，《风》诗及其名目的出现，乃是《诗经》文献形成、发展、定型的产物。从一定意义上说，考察《风》诗结集及相关问题，是探究"邦风""国风"真实状况的必要前提。

此一问题又涉及两大层面：首先是《风》诗出现、结集及称名的时代。习文史者皆知，《风》诗主要作于春秋时代，并留存少量西周诗篇，在年代上晚于《雅》《颂》。学界一般公认，其下限为春秋中期至晚期，[①] 但《诗经》定本成于何时呢？至今尚无共识。然而，有两大事实却是众所公认的。一是将孔子时代作为分水岭。因为不管是否承认孔子删诗，儒门传诗毕竟是一基本事实，它既是《诗经》文本的重要基点，更是汉代以来《诗经》学的真正起点。而事实上，"邦风""国风"称名问题也正是以此为支点延伸而出。再进一步言之，我们要思考的是，以孔子为起点，在春秋晚期儒门传《诗》、论《诗》之后，至汉代"国风"成为定名之前，战国时代的《风》诗称名情况到底如何？此一问题的解答，关涉整个论题的讨论及展开。二是见于《左传》襄公二十九年的"季札观乐"一事。那一年孔子只有八岁，然而季札所论及的《诗经》篇章及次序却与今本大同小异，作为考察孔子之前《诗经》文本的核心材料，它历来为学界所看重。故而，笔者将以此为基点，上推西周，下延战国，对孔子之前的文本形态进行动态追踪。要之，在以

---

① 对此问题，学界集中在《株林》《击鼓》《黄鸟》三诗的作年而展开争论，其中共识较多的《株林》，一般认为在鲁宣公十年（公元前599年）作成。参看洪湛侯《诗经学史》，中华书局2002年版，第35—36页。

下论述中，笔者将以春秋战国为核心时段，以上述两大事实为支点，考察《风》诗结集及称名问题，以期得出有价值的认识。

其次，西周以来，尤其是春秋战国时代的引《诗》情况是另一关注点。一般来说，引《诗》称名的方式有三种：（1）总名，即先秦文献中常常出现的所谓"《诗》云"。（2）诗名，即具体的《诗经》篇章，如《关雎》《云汉》，具体的文例如：《论语·八佾》："《关雎》乐而不淫，哀而不伤。"《孟子·万章上》："《云汉》之诗曰"，等等。（3）类名。即引《风》《雅》《颂》之类。如《墨子》的《尚贤中》有："《周颂》道之曰"；《兼爱下》："《大雅》之所道。"在以上三种称名中，笔者将以"类名"为关注核心，具体考察春秋战国以来《风》诗在结集过程中，其称名所呈现的规律及变化。通过考察，笔者以为，总的来说，《邦风》《国风》成为《风》诗之类名，虽有一个变化演进的过程，情况也较为纠缠复杂，但其最后之得名乃在战国时期，而且无论"邦风"还是"国风"，都不是正规称谓，在战国时代，总的来说，此种类名还处于摇摆不定之中，直至战国晚期至汉代，以《国风》来称谓《风》诗才成为一种通识。

下面具体来论述以上问题。

由前可知，"国风"一名产生于战国，那"邦风"呢？上博简所属时代虽是战国，但这是它的下限，那么，是否战国之前就有"邦风"之称呢？就现有的材料来看，答案应该是否定的。或许有人会说，在《孔子诗论》中，"邦风"来自"孔子曰"，[①] 这不明明白白地就是孔子之言吗？不正可以说明"邦风"来自孔子所在的春秋时代吗？笔者以为，此一结论之所以不能成立，其症结在于不明周秦古书体例。余嘉锡早已指出，周秦古书与汉以后大不相同，一书为一学派所撰记，后学弟子的观点往往附益先师之名以传之。为此余氏特别论述道：

即其称为某氏者，或出自其人手著，或门弟子始著竹帛，或后

---

① 第4简上端残缺，"曰"之前缺字，按文例应增补为"孔子曰"。

师有所附益，但不能失家法，即为某氏之学。①

正是在这个意义上，战国以来许多以"孔子曰"传世的论点，虽出于儒门，秉持孔子理念，却未必都是夫子本人所言，其中各代弟子附益者不在少数。尤为重要的是，《孔子诗论》与《孔丛子·记义》中的一大段《诗论》内容极为相似，李存山指出："有着内在的关系，可以将它们视为同一个体系而相互参释和补充。"② 我们注意到，在《孔丛子》中有一引述孔子之言的关键人物——子思，作为孔子嫡孙、曾子门徒，其所引孔子言论本应最为权威。然而，在《荀子·非十二子》中，荀子却对此学派宣扬"此真先君子之言也"的作风痛诋不已，在《孔丛子·公仪》中，鲁穆公曾问子思："子之书所记夫子之言，或者以谓子之辞。"对其所引孔子之言也表示怀疑。子思的回答是："臣所记臣祖之言，或亲闻之者，有闻之于人者，虽非其正辞，然犹不失其意焉。"也即是，我所说的孔子之言，有些是我亲自听到的，有些得之于人，但即使不是原话，意思都是孔子本人的。陈桐生说："子思是孔子之嫡孙，他的书中所记载的孔子言论尚且真伪并存，其他先秦两汉儒家著作中的孔子言论也就可以想见了。"③ 特别需要指出的是，上博简《孔子诗论》与《孔丛子》既然归属同一体系，或至少密切相关，既知子思所记孔子之言有"非真"者，那么，《孔子诗论》中的孔子言论，又怎么能保证同样不是后学"闻之于人者"，从而增添出来的呢？

事实也正是如此。如果检视《论语》中的夫子之言可以发现，除了大量的"子曰"，还有少量的"孔子曰"。二者区别何在？简言之，前者是嫡传弟子亲闻于夫子，以"子曰"示之；后者则是"闻之于人者"，故以"孔子曰"区别之。《孔子诗论》中无一"子曰"，皆为"孔子曰"，这也就很清楚地表明，这些孔子言论都是"闻之于人者"。不仅如此，更有学者通过文例研究，得出《孔子诗论》成书于战国时

① 余嘉锡：《古书通例》，《余嘉锡说文献学》，上海古籍出版社2001年版，第182页。
② 李存山：《〈孔丛子〉中的"孔子诗论"》，《孔子研究》2003年第3期。
③ 陈桐生：《〈孔子诗论〉研究》，中华书局2004年版，第49页。

代，为再传弟子所撰的结论。① 总之，"邦风"一词应不是孔子定名，与同一类型的"国风"之称一样，都是战国时代的产物。

然而，又有学者根据"季札观乐"一事，抬升《国风》得名时代，认为："季札既称'风'，称'国'，可知虽未见'国风'之名，'国风'之义实已包涵其中。"② 为了方便讨论，先将原文胪列如下：

> 吴公子札来聘。……请观于周乐。使工为之歌《周南》《召南》……为之歌《邶》《鄘》《卫》，曰："美哉，渊乎！忧而不困者也。吾闻卫康叔、武公之德如是，是其卫风乎？"为之歌《王》……为之歌《郑》……为之歌《齐》，曰："美哉！泱泱乎！大风也哉！表东海者，其大公乎！国未可量也。"为之歌《豳》……为之歌《秦》……为之歌《魏》……为之歌《唐》……为之歌《陈》……自《郐》以下无讥焉。为之歌《小雅》……为之歌《大雅》……为之歌《颂》，曰："至矣哉！……五声和，八风平，节有度，守有序，盛德之所同也。"

通过引文可以看到，在季札观乐中，"为之歌《周南》、《召南》""《邶》、《鄘》、《卫》"云云，但没有《周南风》，或《邶风》《卫风》等称谓，"歌《周南》、《召南》"在体例上与歌《雅》《颂》一致。换言之，各国之诗是分别独立地与《雅》《颂》类共存，而非归并为一个总类《风》来加以称谓。至于文中所出现的"是其卫风乎""大风也哉"，其中之"风"义，实为乐调之通称，在《诗经》学史上，"风"有广狭二义，高亨曾指出："风一方面是乐曲的通名，一方面又是风诗的专名。"③ 而在这里，毫无疑问，它是前者的性质。因为在后面论及《颂》时，亦有"五声和，八风平"的表述，由此，可以得出的结论

---

① 黄怀信：《从〈诗论〉看战国时代的〈诗〉》，载葛志毅主编《中国古代社会与思想文化研究论集》，黑龙江人民出版社2006年版；黄怀信：《上海博物馆藏战国楚竹书〈诗论〉解义》，前言。
② 熊良智：《"邦风"讳为"国风"说献疑》，《社会科学研究》2006年第6期。
③ 高亨：《诗经简述》，载氏著《诗经今注》，上海古籍出版社1980年版。

是，在孔子之前的季札时代，不仅"国风"之名没有出现，甚至连作为总类的"风"诗概念都没有定型。从文本角度来看，虽后世的"十五国风"规模已定，《诗经》基本完成了结集，但可以确定的是，此时的《风》诗并非一个整体。

翻检史籍，季札时代的《风》诗状况实际上是沿袭西周而来。众所周知，作为《诗经》文本的《风》《雅》《颂》，它们本自单行，最后合集为一。三者稍有不同的是，《雅》《颂》文本在西周时代已经出现，在《国语·周语上》中，载有周厉王时代的引诗："故《颂》曰：'思文后稷，克配彼天。立我烝民，莫匪尔极。'《大雅》曰：'陈锡哉周。'"这是《雅》《颂》文本已经产生的有力证明。而此时，《风》诗尚未归为一类，犹在动态发展之中，这不仅由于录诗的下限到达了春秋中晚期，而且由前可知，当时已成型的《风》诗也不能称为"风"，因为"风"还只是那时乐曲的通称而已，《风》诗"专名"尚未诞生。那么，当时此类诗篇怎么称名呢？以国称之。有学者对典籍中的引《诗》状况进行研究后发现，"各地的诗则常冠于地名，或统称之为《诗》"。"那个时候，只有周王朝诗歌称之为'周诗'，地方诸侯的诗歌不能称之为'周诗'。"① 所谓"周王朝诗歌"，指的是大、小《雅》，地方之诗则自然是《风》诗了，如《国语·晋语四》中，楚成王引《曹诗》，姜氏引《郑诗》；《左传》襄公二十年中引《卫诗》，而所谓的《曹诗》《郑诗》《卫诗》者，就是《风》诗中的《曹风》《郑风》《卫风》。但特别要提请注意的是，它们只能以"《曹诗》"等称之，不能像后世那样称为"风"。细究文本可以发现，"季札观乐"时，情况就是如此。在《孔子诗论》中，亦有《邶·柏舟》篇题，很显然，这是为了与《鄘风》中的同名诗篇加以区分，李学勤指出："（这）是国风分国的明显证据。"② 这种现象实质上所传达的是，这些诗篇原本都是各国单独

---

① 王泽强：《简帛文献与先秦两汉文学研究》，中国社会科学出版社 2010 年版，第 26—27 页。关于这一点，高亨在《诗经引论（一）》中也有略论，见董治安编《高亨著作集林》第 9 卷，清华大学出版社 2004 年版。

② 李学勤：《〈诗论〉与〈诗〉》，氏著：《中国古代文明研究》，华东师范大学出版社 2005 年版，第 256 页。

成一系统，易言之，非以《风》诗与《雅》《颂》并立，而是《曹诗》《郑诗》等分别与《雅》《颂》共存。

"风"成为专名类称，与"雅、颂"并立首见于《左传》，隐公三年引"君子"曰："《风》有《采蘩》、《采苹》，《雅》有《行苇》、《泂酌》。"由于"君子"身份不明，无法确证具体的时代，但有两点值得指出，一是翻检《论语》，孔子对《风》诗篇章虽赞赏有加，但就类名而言，却只有言及"雅""颂"者，对"风"未置一词，而仅以"《周南》、《召南》"名之（《阳货》）。因而，此"君子"是否与孔子有关联，又是否此时《风》已作为《诗经》类名，只能阙疑而已。二是战国中晚期，"风"作为《诗经》类名已开始广为接受。最直接的证据是《荀子·儒效》，其中说道："《风》之所以为不逐者，取是以节之也；《小雅》之所以为小雅者，取是而文之也；《大雅》之所以为大雅者，取是而光之也；《颂》之所以为至者，取是而通之也。天下之道毕是矣。"此后《毛诗序》所论及的"风、雅、颂"顺序，与此一致，《史记·孔子世家》中亦是如此。质言之，由战国中晚期至秦汉，"风雅颂"的排序开始成为《诗经》学的通例，并延传至今。

然而，我们的问题是：既然已经有了"风雅颂"的排列，为何又要有"邦风""国风"之称呢？笔者以为，这是因为"风"义有广狭，为了更明确所指，故称"邦风"或"国风"。故而有学者说："'风'既不是乡土之音的专名，也不是列国之音的专名。正因为如此，故《毛诗》在'十五国诗'前不单标一个《风》，而标明《国风》，以示区别。"[1] 细究起来，从体例来看，《国风》在词性上，与《雅》《颂》实非对应关系，即使从类目中的子目来看，大、小《雅》，《周颂》等所对应的也应该是《周南》《召南》，而非对应《国风》。故而在一般的文献表述中，"风雅颂"为正称，无"邦（国）风、雅、颂"连称者。质言之，"邦风""国风"是非规范的称谓，它们一般不与《雅》《颂》同时并立。揆之于理，所谓的"邦风""国风"云云，应该是在《风》

---

① 章必功：《"六诗"探故》，见章必功主编《先秦两汉文学论集》，学苑出版社 2004 年版，第16—17 页。

诗结集之后，"风"之称谓已成为专称的产物。

这一点从今传本《诗经》中也可以看出端倪。今传《毛诗》虽得自汉儒，但其祖本由春秋战国而来，在其篇目中有"毛诗国风"字样。于鬯在《香草校书》卷十一中指出：

> 窃谓旧题当作"风诗"二字。不但无"毛"字，亦无"国"字。何以知之？《序》云："风，风也，教也。风以动之，教以化之。诗者，志之所之也。在心为志，发言为诗。"先释"风"字，次释"诗"字，明旧题是"风诗"二字。释"风"释"诗"而不释"国"，明无"国"字也。

于氏所论理据充沛，信而不诬，刘毓庆为此评述道：

> 于鬯说有理。《国风》之名，不见于《左传》、《论语》、《孟子》诸书，当非孔氏编诗旧名。《礼记》、《韩诗外传》虽有孔子言《国风》的记载，然为后人追述，不可为凭。疑其初只曰"风"。《国风》之名起于战国，故《荀子》、《礼记》得引述之。①

刘氏所言虽仅就"国风"而论，也适用于"邦风"。概而言之，自孔门传经以来，在《诗经》称名中，"风"是类名之正称，"邦风""国风"皆为后起，是非正规的称谓。那么，有些学者所认为的："《诗经》'风'类正名为'邦风'。"② 也就失去了理据。再进一步言之，在《诗经》编为定本时，只有"风"才是正称，邦风、国风皆无正称资格，但随着时间的推移，"国风"逐渐为人所接受，遂《国风》《风》混而不分，这样的结果，当然不是因避汉讳改窜"正名"所造就，而应是学术的一种自然选择。

----

① 刘毓庆等：《诗经百家别解考（国风）》，山西古籍出版社 2002 年版，第 2 页。
② 蔡先金、赵海丽：《楚竹书〈孔子诗论〉中"邦风"及"夏"之名称意义》，《孔子研究》2003 年第 3 期。

五 "国人"之风与"观诗"之礼：对"邦风""国风"的一种文化审视

由前可知，"邦风""国风"是战国时代并存的两种称谓，在最直接的意义上指的都是"邦国"之风，说起来在语义上并无本质差异，只是"国风"在概念上更有容纳性而已。那么，仅此一点，就决定了"国风"渐被接受，而"邦风"之名湮没无闻吗？在"邦国之义"以外，是否还有别的因素使得"国风"之名最终胜出呢？当笔者结合《孔子诗论》简，以西周至春秋时代的礼乐文明为视角，从《风》诗的作者及受众群角度加以考量时，一种思路最终浮出了水面。笔者以为，"国风"应是"国人"之风，在礼乐活动中承担着观民风的功能，从这一点来看，较之"邦风"，"国风"之名显然更能与《风》诗的特性相匹配。

此一问题须先从"国"及"国人"的意义说起。由前已知，"国"之本义为城邑，相对而言，城外则为野；"国"内所居者为"国人"，居于"野"就是"野人"了，二者的对立并存关系，构成了先秦史上所艳称的"国野制度"。

"国人"与《风》诗之间关系密切。在《毛诗序》中，言明为"国人"所作者有数十篇，其他诗篇与"国人"之间的联系也不绝如缕。作为一个庞大的作者群，"国人"身份到底如何，成为了理解《风》诗的一大关键。朱东润较早注意到了这一问题，他认为："《诗序》言国人所作者凡二十七篇，故国人二字之的训，实为最关重要之事。今就《诗》之本文及《序》、《传》考之，则国人实与国之君子，国之士大夫同义，亦为统治阶级之通称。"① 郭人民也曾论及于此，他指出："从风诗体裁上说，既名之为'国风'。'国'是指的国和都而言，它不包括鄙野，说明这些诗的作者是'国人'而不是'野人'。从

---

① 朱东润：《诗三百篇探故》，上海古籍出版社1981年版，第13页。

诗篇中所记附的地址说，多是发生在国都的城网和国都周围的河、流、丘、池附近。"① 但同样的，他亦将"国人"视为贵族，将"野人"看作奴隶。朱、郭氏所提出的问题弥足珍贵，尤其是郭氏明确将《风》诗作者归之于"国人"，可谓卓识。但遗憾的是，他们所论及的"国人"身份问题，与先秦文献多有不合，质言之，"国人"身份庞杂，难以用"统治阶级"一词涵盖之，更不好说是什么奴隶主阶级之类了。如《左传》襄公二十九年载："郑饥而未及麦，民病。子皮以子展之命，饩国人粟，户一钟，是以得郑国之民。"此处所言"国人"需政府救济，其为平民无疑，根本没有统治阶级的痕迹。

简言之，所谓"国人"，实质上是西周"封邦建国"的产物，周人入居城中，是为国人，原土著则为野人。许倬云说：

> 国人或邑人也就是原先殖民队伍的成员及其子孙。对于分封的国君，这批人是亲信的自己人；对于当地原来的居民，这批人是统治者。②

需要特别指出的是，笔者所说的"周人"，非仅指周部族，而应从政治和文化两方面加以考量。"周人"的人群范围固然以姬周部族为核心，但一方面，随周而来的那些部族也应包含在内，如姜姓部族，甚至早期臣服的殷人等，亦在此范围内。故而杨宽指出："（周公）把殷和方国的'士'一级成员，分批配给一些主要的封君，让封君带到远处封国去，使成为封国的'国人'。"③ 另一方面，受周"褒封"的土著部族，由于逐渐接纳周文化，在入居"国"内的进程中，开始"周化"④，在观念及身份上渐与周人无异，他们也是"国人"。要之，在周

---

① 郭人民：《从西周春秋时代的家庭婚姻制度说〈诗经·国风〉言情诗的性质》，《河南大学学报》（社会科学版）1979 年第 4 期。
② 许倬云：《西周史》（增订本），生活·读书·新知三联书店 2001 年版，第 302 页。
③ 杨宽：《西周史》，上海人民出版社 1999 年版，第 375 页。
④ 《春秋公羊传》隐公元年何注："有土嘉之曰褒，无土建国曰封。"前者是对服从于周天子的原土地上的臣服者给予名义；后者则是周天子系统中的诸侯国在天子允可下开疆辟土。

宗法制度之下，"国"内之贵族平民都可纳入"国人"范围，这是广义之"国人"。就狭义来说，"国人"一般指贵族之外的平民阶层，如果对《风》诗进行考察，也能验证这一点，有学者对《风》诗中有关"国人"作者问题进行再研究后，得出了如下结论："为人民、民众之意，并非朱先生所言皆为统治阶级之通称。"①

在审读上博简时，有些学者由于对以上问题了解不足，遂提出了如下观点：

> 我们可以辨别出"邦"与"国"之间的异同，"邦"显然可以内涵"国"与"野"，"国"是特指城廓之内，"邦"为泛指国境之内，一邦之内也许存有几"国"，即"域、封同义，城国同义"。《诗经》采以"邦风"，而非仅指"国风"，"风"以封域划分其类，而非以"国"划归其类。这是显而易见的，"国风"之名具有很大的局限性，不能统称所有风类诗，显然"野风"已被排除在外。②

《风》诗中有无"野风"？答案是否定的。前引郭氏之论已回答了这一问题。当然其论点中稍有不足的是：（1）郭氏观点提出在数十年前，还不能看到今日的简牍，更不能意识到"邦风"的提出。他将"国"限于"国邑"意义，没有看到"国"更有"邦国"之义，"邦风""国风"能够并存。（2）郭氏将"国人"视为贵族，"野人"视为奴隶，未从周宗法制度与礼乐文化视角加以考量，很多具体的"民间之诗"因此难以解释圆满。（3）郭氏所论未充分展开，尤其是未对"国人""野人"的具体关系，及"野风"问题加以论及。在此，我们要补充的是，"国风"之名，一方面可有"邦国"意义，此与"邦风"意义互通；另一方面，"国"又可指"国人"之风，而此种"国人之风"非仅指作者为国人，"国风"也是"国人"精神生活的重要组成部分，为

---

① 鲁洪生：《关于〈国风〉是否民歌的讨论》，载中国诗经学会编《第二届诗经国际学术研讨会论文集》，语文出版社 1996 年版，第 644 页。

② 蔡先金、赵海丽：《楚竹书〈孔子诗论〉中"邦风"及"夏"之名称意义》，《孔子研究》2003 年第 3 期。

"国人"群体所适用，由周代礼制所规定。通过查验《诗经》，《风》诗的确是此种品性之"风"，而非"野风"。

为何没有"野风"呢？简言之，《诗经》是周人之诗，是周代礼制文化的代表，"野风"不属此范围。按照《礼记·经解》的说法，《诗经》特点是"温柔敦厚"，因而，《风》诗虽属于全体"国人"，但在宗周文化氛围下，它的指向却是君子之风，《曹风·鸤鸠》说："淑人君子，正是国人。正是国人，胡不万年。"这正与儒家的理想丝丝入扣。所以在《论语·八佾》中，孔子才会赞叹道："《关雎》，乐而不淫，哀而不伤。"对周"郁郁乎文哉"钦慕不已。而反观"野风"，多有粗鄙质直之处。《左传》定公十四年载有一首"野风"："既定尔娄猪，盍归吾艾豭。"较之《国风》，雅致与野旷之别甚明。总之，"野"能纳入"邦国"领土范围，"野人"也能得到一些权利，但在礼乐文明的周部族看来，"野风"是不能入流的。

与此同时，在基层社会，《风》诗作为"国人"之诗，成为"国人"进行礼乐活动的重要载体，并造就了宗周社会的"文质彬彬"之景况。而这一点当由"国人"中的"士"或"士君子"所主导，在"观诗"之礼中加以展开。

一般来说，"国人"虽范围宽广，但有一核心人群，即士阶层。童书业指出，"'士'为'国人'中之上层，在国都之城内，或人数最大"。所以，其影响与地位也最为重要。重要到什么地步呢？童氏论道：

> "国人"（主要为士）在西周后期及春秋时地位极为重要。国之盛衰、胜败，国君及执政之安否，贵族之能否保其宗族及兴盛，几悉决定于"国人"[1]。

所以，以士为核心的国人之意见和动向，统治者不得不加以关注。如何关注呢？观其议论，听其心声。《左传》襄公三十一年载："郑人游于乡校，以论执政。"所谓"乡校"正是国人议政所在，或许是意见

---

[1] 童书业：《春秋左传研究》（校订本），中华书局 2006 年版，第 128 页。

太过尖锐，有人建议毁掉它，但子产却坚持不毁乡校，由此赢得美誉。在对"国人"意见的采纳中，除了直接的言论，诗歌也是一种重要形式。如《诗经·陈风·墓门》载："夫也不良，国人知之……夫也不良，歌以讯之。"而这种情形的发生，乃是植根于西周以来的礼乐文明之上，"观诗"之礼亦由此得以展开。由于此种礼仪的存在，于是《诗经》便有了超越于文学之外的政治及社会功能。孔子所谓的"《诗》可以兴、可以观、可以群、可以怨"①，就主要是在这个方向上加以展开。对于"观"，《穀梁传》隐公五年说："常事曰视，非常曰观。"傅道彬指出："'观'不是寻常的查看，而盛大的非同一般的礼乐活动。"因而，

　　　通过观诗，可以观礼，可以观政，可远观志，也可以观美，观诗可以观察一个国家的政治，一个人的心志，可以观察一个民族的礼俗，也可以观察一个时代一个地域的艺术与审美风格。②

　　而在"观诗"之中，《风》为核心所在，这不仅由于《风》诗来自各地，能产生"王者不窥牖户而知天下"③的效果，更在于《风》诗可以反映中下层民众的声音。在周代礼乐中，与《雅》《颂》相比，《风》诗属于中下层的"乡乐"。《仪礼·燕礼》郑玄注曰："乡乐者，《风》也。《小雅》为诸侯之乐，《大雅》、《颂》为天子之乐。""乡"是城内"国人"社区，乃周代礼乐文明下的基层组织，它与战国秦汉以来的"乡里"性格有绝大差异。因为在这些"乡"之内，不仅有后世的行政管理，更主要的是它居于"国"内，而非"野"，并在"乡"中，按照血缘组织聚族而居，构成了周代所谓"邦家"之"家"的层面。从一定意义上说，周代宗法与礼乐要得以展开，有赖于"邦"；"邦"则有赖于"家"，而"家"则归属于"乡"。所以，在《论语》中专门有《乡党》篇，在《仪礼》中有《乡饮酒礼》《乡射礼》篇，在那里不仅

---

　　①　《论语·阳货》。朱熹在注释此章句时说："学诗之法，此章尽之。读是经者，所宜尽心也。"《四书章句集注》，中华书局 1983 年版，第 178 页。

　　②　傅道彬：《诗可以观：礼乐文明与周代诗学精神》，第 24—25 页。

　　③　《汉书》卷 24 上《食货志上》，第 1123 页。

礼制繁复，而且礼之中的观诗、用诗已成为精神生活的常态，这些都反映着"乡"对于礼乐文明的重要性。

由于这一层关系，"乡乐"成为了周代礼乐的重要内容。《礼记·乡饮酒义》引孔子言道："吾观于乡，而知王道之易易。"要之，"邦国"之风由"乡"而起，它的根在民间，作为"乡乐"，最后结集为《国风》，与代表天子和贵族之乐的《雅》《颂》一起在不同层面反映着周代礼乐文化的面貌。众所周知，在周代宗法制下，家国一体，家为国本。在儒家系统中，更是不遗余力地鼓吹"人伦"及家族理念，在它所强调的"克己复礼"中，"平天下"由"修身齐家"展开，亦即所谓："天下之本在国，国之本在家，家之本在身。"① 因而《风》诗日益受到推崇，汉儒总结为："室家之道修，则天下之理得。故《诗》始《国风》，礼本《冠》、《婚》。始乎《国风》，原情性而明人伦也。"② 于是，《风》诗作为乡土社会之音，由家达国，由贱至贵，由小到大，成为了所谓的《诗》始。在《仪礼》所载的合乐中，亦因此而用"乡乐"，郑玄解释道："夫妻之道，生民之本，王政之端，此六篇（《风》诗）者，其教之原也。"③ 这种景况，在《孔子诗论》"邦风"简中也得以反映。第3简："其内（纳）物也専（博），观人谷（俗）焉"，正反映着观诗、观礼之风向，而"其言文，其声善"，不正说明"国风"的温柔敦厚，与"野"而不"文"的"野风"划清了界限吗？第4简："戋（贱）民而谷兔（逸）之。"则说明《风》诗扎根于百姓平民，由此，黄怀信说："《国风》正是出自下层百姓，描写下层百姓之诗……唱其歌无疑可以与下层百姓同乐。"④

总之，地上、地下的二重证据都可以说明，"国风"之要义，不仅在于它代表邦国之音，更在于按照宗周礼乐的要求，在乡土社会中承担了观民风的礼仪功能，使得"邦"与"家"在"温柔敦厚"的诗与礼

① 《孟子·离娄上》。又，《论语·颜渊》："克己复礼为仁。"《大学》："身修而后家齐，家齐而后国治，国治而后天下平。"
② 《汉书》卷81《匡衡传》，第3340页。
③ 《仪礼·乡饮酒礼》郑注，阮元校刻《十三经注疏》本，第986页。
④ 黄怀信：《上海博物馆藏战国楚竹书〈诗论〉解义》，第258页。

中得以沟通。"国人"则作为《风》诗的作者和受众群，在礼乐活动，传播推扬着周代的礼乐精神，使得诗歌超越了一般的文学功能。概而言之，"国风"乃"国人"之风，反映着宗周文化品格，此实非"野风"可比，更与"野人"的精神生活迥异。因而它日益受到儒家的推崇，在《诗经》体系内，《风》遂逐渐居于《雅》《颂》之前，《国风》亦因而成为了"风"之定名。

六　结论

通过以上考察，笔者以为，将"邦风"作为《风》诗初名，认定"国风"乃汉代避讳所致，是一种错误的认知。"邦风"是战国时代与"国风"并存的《风》诗之名，只不过随着时间的推移，"国风"广为接受，"邦风"则被淘洗。这一说法得以成立有以下理由：

（一）在汉制中，以"经学时代"为分水岭，在汉代官方系统中，避帝讳，尤其是高祖之讳是很严格的，故而汉初经籍中的"邦"字要讳改为"国"。此后，随着"经学时代"的到来，在避讳问题上，经学文本不仅有一个由避到不避的过程，更最终成为了政治生活中压倒性的文件。于是，经籍改回原本，成为了汉代政治与学术的基本要求。在《诗经》学史上，如果"邦风"确是最权威的初名，"国风"乃由此改动而来，此为经学大事，那么，再次改回为"邦风"，就不仅可能，而且势在必行。然而，此一变化不仅未在汉代发生，连"好古"狂王莽在篡汉之后，以经籍改制之时，也没有将"国风"改为"邦风"，无论从制度、事实还是逻辑层面看，都足以说明："国风"一名并非是避讳的结果。

（二）就"邦""国"的语义来说，二者既有差异，更是共名。在国家政权的指称上，从西周以至于春秋时代，在一般场合，"邦"主要指国家政权，"国"则是以都邑为核心的地区，但与此同时，由"邦"至"国"的趋同轨迹也十分明显。否认"国风"具有各个国家、地区之"风"的意义，而仅认作"诸侯国城邑之'风'"，无疑是一种非历史主义的考察。尤为重要的是，在宗周政治中，作为周制中相辅相成的两翼，"封邦"与"建国"虽紧密结合，但对"国"的实际控制却是最为关键性的。简言之，"邦"需落实于"国"之中方有真实意义，因而自西周以来就有所谓"王国""邦国"之名，这正说明"国"具有更大的容纳性，"邦"须扎根于"国"。而《风》诗的起点为"国"中之"乡"，集结点为"邦国"，当它们分类之后再汇总至中央，进行统一整理。故而作为"邦国"之风，称"邦风""国风"都有其合理性，但"邦风"在语义上的纠纷明显多于"国风"。

（三）通过考察春秋战国以来《风》诗的结集与称名，笔者认为，总的来说，《邦风》《国风》成为《风》诗之类名，虽有一个变化演进的过程，情况也较为纠缠复杂，但其最后之得名乃在战国时期，而且无论"邦风"还是"国风"，都不是正规称谓，在战国时代，总的来说此种类名还处于摇摆不定之中。也即是说，在《诗经》编为定本时，只有"风"才是正称，邦风、国风皆无正称资格，但随着时间的推移，"国风"逐渐为人所接受，"邦风"则被排挤，此后遂《国风》《风》混而不分。

（四）从春秋时代所承继的宗周礼乐文明来看，作为"乡乐"，《风》诗与"国人"之间关系密切。"国风"应是"国人"之风，而不包括有些学者所说的"野人"之风——"野风"。此种"国人之风"是"国人"精神生活的重要组成部分，为"国人"群体所适用，在礼乐活动中承担着观民风的功能。并由"国人"中的"士"或"士君子"所主导，在"观诗"之礼中加以展开，并使得"邦"与"家"在"温柔敦厚"的诗与礼中得以沟通，并可与《孔子诗论》中的"其言文，其声善""戔（贱）民而谷兔（逸）之"相互发明。因而，在礼乐文化背景下，较之"邦风"，"国风"之名显然更能与《风》诗的特性相匹配。

总的来说，本文乃是循着出土文献所引发的问题，对传世文献进行的一次再审视。结论能否成立，有待于同道的评判。然而，或许更有意义的是，它同时促使笔者产生了方法论上的思考。要而言之，在学术进入新阶段的今天，对于出土文献必须高度重视，因为它反映了古代世界的一种基本事实，其研究意义不可估量。然而，在具体研究的过程中，对于出土文献本身也应有一个审视过程，进一步言之，是否只要是出土文献，就更为权威，毫无争议呢？当它与传世文献之间出现不一致时，是进行一元性的替换，还是平等地还原到历史现场，共同接受学术审核呢？这一问题值得每一位学者认真思考。王国维在清华讲学时高度强调文献材料中的"一面之事实"，其实，无论地上、地下文献，这一性质皆可适用。也唯有确立此种意识，"二重证据法"才能发挥最大效用，从而以"事实决事实"①，将学术研究推进到更高的层面。

原刊于香港中文大学《中国文化研究所学报》第 59 期（2014 年 7 月），第 29—52 页。荷蒙该刊同意转载，并蒙匿名审稿学者惠赐宝贵意见。本文初稿曾提交于上海大学大学古代文明研究中心主办、中国先秦史学会协办的"古史史料学研究的新视野：出土文献与古书成书问题"学术研讨会（2013 年 10 月 26 至 27 日），得到与会专家的指正与鼓励，后收录于谢维扬、赵争主编《出土文献与古书成书问题研究："古史史料学研究的新视野研讨会"论文集》（中西书局 2015 年版）。谨此并致谢忱。

---

① 王国维说："百家不雅驯之言，亦不无表示一面之事实。""吾侪当以事实决事实，而不当以后世之理论决事实，此又今日为学者之所当然也。"分别见氏著《古史新证：王国维最后的讲义》，清华大学出版社 1994 年版，第 2 页；《观堂集林》卷 1《艺林一》，《观堂集林（外二种）》，河北教育出版社 2001 年版，第 25 页。

从墨子《诗经》学看儒、墨的文化分际

一　引言：墨子重《诗经》与儒、墨争衡

根据冯友兰在《中国哲学史》中的看法，中国古代思想文化的发展可分为"子学时代"与"经学时代"两大阶段。其中"子学时代"围绕着"百家争鸣"而展开，不仅为后世奉献了绚烂的思想果实，也构筑出中国文化的基线。此种局面的形成，首涉孔子，具体言之，儒学的创立及六艺的传播，不仅使得私学兴盛，亦树立起"百家"中的第一门派，故而冯友兰说："孔子实占开山之地位。"[1] 然而，既是"争鸣"，势必要有不同的声音，墨子及墨学遂应运而生。作为"孔子的第一个反对者"——墨子，[2] 他一方面开创了先秦时代儒、墨并称"显学"的局面；[3] 另一方面也因有了墨学的"非儒"，遂使得子学时代真正得以开启。从这个意义上来说，"子学时代应该是从春秋、战国之际孔子与墨子算起……自孔、墨起，中国古代思想史才算真正地进入了划期的时代"[4]。不仅如此，墨子之后，孟、荀"辟墨"，后墨排儒，儒、墨之间既交锋又融和的互动关系，贯串、交织于整个战国时代。要之，

---

① 冯友兰：《中国哲学史》上册，华东师范大学出版社 2000 年版，第 19 页。
② 冯友兰：《中国哲学简史》，北京大学出版社 1996 年版，第 44 页。
③ 《韩非子·显学》说："世之显学，儒、墨也。"
④ 侯外庐、赵纪彬、杜国庠：《中国思想通史》第一卷，人民出版社 1957 年版，第 40 页。虽然道家的老子在时间上可能与孔子并时，但由于"其学以自隐无名为务"（《史记·老子韩非列传》），道家学派在战国早期的影响并不大，真正热烈的学术文化之争始于儒墨。

"百家争鸣"由儒、墨立异开始，儒、墨争衡为先秦时代关键性的文化事件。

职是故，查考史籍，孔、墨或儒、墨之异昭昭可见，从一定意义上说，孔子所创儒学，乃是墨子据以别立新宗的标尺或靶子，从另一路径超越儒学，是他的最大学术目标。韦政通指出："墨子的思想是存心与儒家立异而发展出来的，而且立异的程度也似乎是完全走向另一个极端。"① 然而，问题的另一面是，儒、墨不仅仅止于立异，更有异外之同，其中最核心的是：所选用的思想材料同本共源。也即是，一方面儒、墨都孜孜以求西周及其以上的"先王之道"②；另一方面，都依凭西周以来的《诗》《书》典籍展开论说。对于这种文化取向，侯外庐称之为承接西周的"缙绅先生"风格，再进一步言之，在春秋战国之际，孔子是早期的"缙绅先生"，墨子则是"一位后起的邹鲁缙绅先生"③。故而，在诸子之中，除了儒家，墨家也一样引经据典，《诗》《书》运用得十分娴熟，王国维指出："《书》与《诗》又为儒、墨公共之学。"④ 要之，在先秦时代，儒墨虽激烈争衡，却有着共同的文化之根，就此点来说，它们可谓同根而异枝，是《诗》《书》土壤上生长出的异样果实。那么，这种由同趋异的走向是如何形成的？其背后的文化内涵及差异何在呢？

带着这种问题意识，在本文中，笔者将聚焦于墨子与《诗经》的关系，进行专题考察。

由前已知，墨子重视《诗经》或者《诗》《书》，结合儒墨争衡之背景，有学者指出：

> 《墨子》之所以想通过征引诗来阐明自己的思想，起到很好的

---

① 韦政通：《中国思想史》，上海书店出版社 2003 年版，第 73 页。

② 王桐龄说："儒家推崇尧、舜、禹、文、武为模范君主，墨家亦然。"（《王桐龄论墨子》，蔡尚思主编：《十家论墨》，上海人民出版社 2004 年版，第 52 页）

③ 侯外庐：《中国古代思想学说史》，岳麓书社 2010 年版，第 14 页。

④ 王国维至罗振玉的信（1916 年 8 月 10 日），见干春松、孟彦弘编《王国维学术经典集》下卷，江西人民出版社 1997 年版，第 410 页。

论证效果，是由于《诗》、《书》在当时的社会中，已经被广泛称引，具有了一定的权威性，大家能够普遍地认同它们，否则《墨子》在引用时绝不会如此得言之凿凿。①

墨子所处的时代为战国初期，此时春秋时代赋诗言志及重视《诗》《书》的风尚犹在，② 但倘由此认定，墨子好征引《诗经》乃受此遗风影响，实为一种极有限的事实。另一面的事实是，墨子的处世性格本就异类，不仅不为世风所牵绊，往往还要矫枉过正，最典型的表现就是：他本为缙绅先生，"为了矫正时代，不惜蓬发、短褐、木履、步行而为'天下先'，故意扮演出'贱人之所为'"③。所以，墨子重视《诗经》或者《诗》《书》，根本性的原因不在于世风，内在的文化理念之驱动才是主因。

笔者以为，此点必须从儒、墨争衡的学术背景中去加以寻求。需知在春秋战国之际征引《诗经》虽蔚为风气，但对《诗经》或《诗》《书》拥有话语权威的，却是孔子及其儒家学派。《墨子·公孟》载有这样一段对话，墨子的论敌提出："今孔子博于《诗》、《书》，察于礼、乐，详于万物。若使孔子当圣王，则岂不以孔子为天子哉？"因《诗》《书》所加护的权威，竟使得孔子拥有了无上的地位，此点绝不能为墨子所容忍。很自然的，他对此进行了驳斥，但他无法去除的是：孔子与《诗经》或者《诗》《书》的密切关系，及由此所附加的巨大影响。由此一端即可见，《诗》《书》对于儒墨相争所具有的重大作用或意义。故而，对于同为"缙绅先生"的墨子来说，如何将《诗经》等典籍从儒家的日益独断中抢夺出来，使之转为自己的思想资源，从而达到入室操戈之功效，就成为了一种迫切的学术文化需要。

也正因为如此，儒墨同是征引、使用《诗经》，背后的思想文化立

① 叶文举：《〈墨子〉、〈庄子〉、〈韩非子〉说诗、引诗之衡鉴：简论战国时期非儒家诗学思想》，《安徽师范大学学报》（社会科学版）2004 年第 1 期。

② 顾炎武曾论及春秋战国风气不同，其中之一就是"春秋时犹宴会赋诗，而七国则不闻矣。"顾炎武著，黄汝成集释：《日知录集释》，岳麓书社 1994 年版，第 467 页。

③ 侯外庐：《中国古代思想学说史》，第 16 页。

场却大相径庭。无论是在文本的选择、诗义的解释，还是《诗经》的价值定位等方面，儒、墨几乎处处立异，甚至针锋相对。我们有理由相信，这是墨子有意为之，从本质上来看，这或许也正是他非儒、抗儒的一种手段，质言之，墨子重《诗经》与儒、墨争衡有着巨大的关联。下面，笔者将以此为切入口，对此现象背后所反映的儒、墨文化分际及相关问题做一考察，以就正于方家。①

二 "先王之书"与"先质后文"：墨子《诗经》文本及相关问题考辨

任何典籍的研究，都绕不开对文本的讨论，《诗经》自不例外。就论题所及，可以看到，墨子称引《诗》所使用的文本与儒家颇有差异。主要表现在三个方面：第一，与儒家传本不同，墨家用的是儒家之外的另一种本子。② 第二，与儒者好称引《风》诗不同，墨子在引《诗》时，只引《雅》《颂》，而不引《风》诗。第三，儒、墨引《诗》之文句，在风格上颇有出入。笔者以为，这些差异的出现实非偶然，乃由儒、墨文化理念的不同所致，同时也是儒、墨争衡在《诗经》学上的一种具体表现。概言之，出现以上差异很大程度上是墨子有意为之，他

---

① 就笔者目力所及，20 世纪 90 年代以来，有学者开始对于墨子与《诗经》的关系进行专题研讨，主要成果有：陆晓光：《墨子非儒不非〈诗〉论》（《中州学刊》1990 年第 3 期）；王长华：《墨子的〈诗经〉观》（《文艺理论研究》2000 年第 2 期，后收入氏著《诗论与子论》，学苑出版社 2001 年版）；叶文举：《〈墨子〉、〈庄子〉、〈韩非子〉说诗、引诗之衡鉴：简论战国时期非儒家诗学思想》（《安徽师范大学学报》（社会科学版）2004 年第 1 期）；[日] 荻野友范：《〈墨子〉引诗考》（早稻田大学《中国文学研究》第 30 号，2004 年 12 月）；郑杰文：《墨家的传〈诗〉版本与〈诗〉学观念——兼论战国〈诗〉学系统》（《文史哲》2006 年第 1 期，此为氏著《中国墨学通史》中之一部分，人民出版社 2006 年版）；薛柏成：《墨家思想与〈诗〉的关系》（《齐鲁学刊》2006 年第 1 期）。以上成果虽对墨子的《诗经》学进行了多角度的探研，但由于论题所限等原因，将墨子与《诗经》问题放置儒墨争衡的背景下进行专题考察，从而对其背后所体现的儒、墨分际作出文化解读者，尚付之阙如。

② 郑杰文经过细致的研究后，认定："墨家引《诗》所据版本确实与儒家传〈诗〉版本不同。"（见氏著《中国墨学通史》，第 80 页）而罗根泽在《由〈墨子〉引经推测儒墨两家与经书之关系》中亦对此有论及，文见《罗根泽说诸子》，上海古籍出版社 2001 年版。

力图在文本上与儒家划清界限，就上层目标而言，可使《诗经》由儒家之《诗》转为"先王之书"；从文本的接受角度来说，通过去"文"用"质"，减损文本的士大夫气，从而与墨家的学术性格合拍。下面具体论之：

首先，用儒家之外的《诗经》版本，实质上是对儒家学术文化权威的一种否定。由前可知，在墨子时代，孔子及儒学已事实上拥有了《诗经》话语权，这样，当时所流行的《诗经》文本应该就是孔子所删定的儒家本。但众所周知，孔子成年之前，如季札观乐时，已有与今本相类的本子，① 很多学者更进一步认为，从西周宣王时代开始，就多次整理结集《诗经》，只是至孔子时文本得以定型而已。② 总的来看，在墨子时代，一方面孔子的《诗经》学权威已经树立；另一方面，前孔子时代的《诗经》文本尚存。既然要与儒争衡，墨子当然要以后者为主，这不仅表现着儒、墨之别，更为关键性的是，墨子通过将《诗经》文本推至孔子之前，使得《诗经》的归属权及解释权归入"先王"名下，从而以"先王之书"的名义重建起一种非儒家的文化权威。质言之，用"先王"这样的"圣人"来替换掉"博于《诗》《书》"的孔圣人。所以在《墨子》中，所引《诗经》往往被冠之于"先王之书"的字样，如《尚同中》："先王之书《周颂》"；《兼爱下》："先王之所书《大雅》"；《天志下》："先王之书《大夏（雅）》"。要之，在墨学理念中，所谓"先王之书"绝非简单的文本问题，而是有着严肃的政治及历史意义。

不仅如此，治学术史者皆知，墨子以所谓的"三表法"来衡定是非高下，《墨子·非命上》曰：

> 何为三表？子墨子言曰：有本之者，有原之者，有用之者。于何本之？上本之于古者圣王之事。以何原之？下原察百姓耳目之实。于何用之？废以为刑政，观其中国家百姓人民之利。此所谓言

---

① 见《左传》襄公二十九年。

② 可参看刘毓庆、郭万金《〈诗经〉结集历程之研究》，《文艺研究》2005 年第 5 期。

有三表也。

　　韦政通指出，"三表法"是墨子思想的"出发点"和"论证的基础"①。而从特定视角来看，"先王之书"实为此种"基础"之基础。

　　具体言之，所谓"先王之书"乃"古者圣王之事"的载体，是"本之于古"的文本依据，从一定意义上说，实为真理之代名词。这样一来，墨子版的《诗经》就很自然地成为了"三表法"的重要基石。一再鼓吹"本之于古者圣王"的墨子，可以通过称引"先王之书"的《诗经》，来强化自己的地位，并在祭出不同于儒家文本的过程中，宣告己"真"儒"伪"。那么，由此进一步推论，孔子所承接的"圣统"及"圣人"地位就失去了根基，取而代之的，自然是"真正"代表"圣王"的墨学了。

　　其次，墨子不引《风》诗，不仅体现着与儒家的立异，更反映着两家政治理念的不同。众所周知，《诗经》由《风》《雅》《颂》三部分构成，其中《风》诗的分量与影响最大，并排序在前。但这种状况的出现晚于春秋，且与儒家的推扬息息相关。

　　就《风》《雅》《颂》产生的时间来说，现在一般都公认先《颂》，后《雅》，再《风》，与今本次序正好相反。有学者通过对《国语》西周史料的研究发现，西周时代称引《诗》时，不以《诗》来加以称名，但已出现《颂》和《大雅》的称谓，他推断道："周初可能编成'颂'文本和'大雅'文本。"② 而对于《风》，我们知道，"绝大部分是春秋初期至中期的诗，一小部分是西周后期的诗"③。毫无疑问，《颂》《雅》与所谓"先王"关系密切，而《风》则疏远得多，甚至可说本无干系。再就诗源而论，《风》诗多来自民间，《雅》《颂》则是朝堂之音，郑樵说："风土之音曰风，朝廷之音曰雅，宗庙之音曰颂。"④ 故

----

　　① 韦政通：《中国思想史》，第 70 页。
　　② 张中宇：《〈国语〉、〈左传〉的引"诗"和〈诗〉的编订——兼考孔子删诗说》，《文学评论》2008 年第 4 期。
　　③ 夏传才：《诗经研究史概要》（增注本），清华大学出版社 2007 年版，第 12 页。
　　④ 郑樵：《通志·总序》，载氏著，王树民点校《通志二十略》，中华书局 1995 年版。

而，在先秦典籍中常常会明示或暗示"先王"曾制作《雅》《颂》，①它们来自西周王官，是神圣的典籍。查考《论语》也能发现，孔子虽一再称引《风》诗，但其所"正"者却是《雅》《颂》，《论语·子罕》曰："吾自卫反鲁，然后乐正。《雅》、《颂》各得其所。"此处不言《风》"得其所"，一则《风》诗作为一类文本，流传时间不长，很多篇章或许还在动态之中；二则它们多在民间口诵，也即《汉志》所谓"不独在竹帛"，故而错乱较少，当时无须"正"之。而《雅》《颂》则原有文本及乐声，时间一长，礼崩乐坏后，则非正之不可。故而《汉书·礼乐志》说："王官失业，《雅》、《颂》相错。孔子论而定之，故曰：'吾自卫反鲁，然后乐正。雅、颂各得其所。'"

基于以上的认识，墨子不引《风》诗，就绝非偶然。因为墨子并非不知《风》，如在《墨子·三辩》中，就提及过《风》诗中的《驺虞》，加之在春秋时代称引《诗经》时，已越来越趋向于引《风》，朱自清对《左传》中引用《诗经》的情况进行过统计与分析，得出了如下结论：

《左传》所记赋诗，见于今本《诗经》的，共五十三篇，《国风》二十五，《小雅》二十六，《大雅》一。引诗共八十四篇，《国风》二十六，《小雅》二十三，《大雅》十八，《颂》十七。重见者不计。再将两项合计，再去其重复的，共有一百二十三篇，《国风》四十六，《小雅》四十一，《大雅》十九，《颂》十七。②

毫无疑问，至墨子时代，称引《风》诗已为一代风气，此风之下，他又岂能无动于衷？不用《风》诗，只能说是有意为之。笔者揣测，其基本原因在于：

第一，通过用《雅》《颂》来表明自己遵循的乃是"先王"之道，

① 如《荀子·乐论》载："先王恶其乱也，故制《雅》、《颂》之声以道之。"
② 朱自清：《诗言志辨》，见氏著《朱自清说诗》，上海古籍出版社1998年版，第64页。

进而抢夺儒家话语权。前已言及，春秋战国时代有《雅》《颂》为"先王制作"之观念，加之很可能周初即有《颂》《大雅》文本，所以可注意到的是，墨子引《诗》时，一再凸显与"先王"或"本之于古"有所关联的诸种元素。具体言之，除了出现"先王之书"的字样，还有《周颂》《周诗》的提法。由前已知，《周颂》《大雅》已被墨子认定为"先王之书"，而《周诗》在当时则是大、小《雅》的一种总称。① 根据王长华的统计，墨子所引《诗经》，"3 处逸诗除外，《墨子》8 处引《诗》中涉及作品有《小雅》2 处，《大雅》5 处，《颂》1 处"②。今查考 8 处引《诗》，其中 3 处出现"先王之书"，1 处称名《周诗》，1 处称名《大雅》，还有 1 处称名《皇矣》者（《天志中》），与《天志下》所引的"先王之书《大夏》"为同一诗句，这样就只剩下 2 则没有出现类似字样，但其中《尚贤中》在引"《诗》曰"之后，论述道："此语古者国君诸侯之不可以不执善。"《尚同中》则是在引述"先王之书《周颂》"之后，再引"《诗》曰"，对"当此之时"加以申论。由此可知，这仅剩的两则亦为论证"先王"及"古者国君"之事，与三表法中的"本之于古"遥相呼应。这样，8 处引诗竟毫无例外地都与"先王"及"先王之书"相关联。

第二，不引《风》诗，乃是墨家国家主义的体现，从而与儒家的家族主义相抗衡。众所周知，儒家以"修身齐家"为治道之本，鼓吹："天下之本在国，国之本在家，家之本在身。"③ 而《风》诗多体现世情冷暖，社会忧乐，与个人及家庭紧密相关。其中特为儒家推崇的《周南》《召南》中，更是"有一半是婚姻和爱情诗"④。《毛诗序》云："风之始也，所以风天下而正夫妻也，故用之乡人焉，用之邦国焉。"汉儒更是总结为："室家之道修，则天下之理得。故《诗》始《国风》，

---

① 朱东润指出，西周以来，大、小《雅》就被称为《周诗》，以与地方诗歌——《风》相对应。氏著：《诗三百篇探故》，上海古籍出版社 1981 年版，第 54 页。

② 王长华：《墨子的〈诗经〉观》，见氏著《诗论与子论》，第 71 页。

③ 《孟子·离娄上》。又，《论语·颜渊》："克己复礼为仁。"《大学》："身修而后家齐，家齐而后国治，国治而后天下平。"

④ 夏传才：《诗经研究史概要》（增注本），第 38 页。

礼本《冠》、《婚》。始乎《国风》，原情性而明人伦也。"① 于是，《风》诗作为乡土社会之音，由家达国，由贱至贵，由小到大，成为了所谓的《诗》始。应该说，这是由儒家的治国教化之路径使然。然而，墨家讲求兼爱、尚同，成员们在墨团中一起生活，极具宗教化色彩，夫妻之情、家庭之爱是单薄的。故而，《孟子·滕文公下》讥其"无父"，可谓一针见血。但"无父"并非"无君"，只是择"君"弃"父"而已，并表现于"尚同"理念之中。因为"尚同"在世俗社会的集聚点就是国君与天子，其基本准则是：天下皆与其保持一致。《墨子·尚同上》说："国君之所是，必皆是之；国君之所非，必皆非之。""天子之所是，必皆是之；天子之所非，必皆非之。"《尚同下》还要求："治天下之国，如治一家；使天下之民，如使一夫。"或许可以这么说，儒家以家族为本位，由家至国；而墨家则是通过国家主义的路径，以最高统治者为核心，由上而下地来统一管束整个社会的思想及人群。这样，那些反映民声甚至是有所"怨"的《风》诗，就无法与"尚同"目标相一致，它们与国家意志、"先王"思维必有抵牾，摒弃《风》诗也就理所应当了。所以，不仅是墨家，同样是国家主义的维护者法家也不引《风》诗，这绝非偶同，而实在是它们内在的思想气脉息息相通。

第三，如果要对儒、墨引《诗》文句在风格方面的差异概而论之，应该是儒"文"墨"质"。众所周知，儒家以培养典雅君子为重要目标，故而特别强调"文"的作用，《左传》襄公二十五年引孔子之言道："言之无文，行而不远。"表现在《诗经》上，就特别要求用《诗》的雅致来润饰和造就君子气度。所以在《论语》中，《季氏》篇有"不学《诗》，无以言"的说法。而《诗》的学习，又当以《国风》，尤其是以《周南》《召南》为主，所以《阳货》篇中有"人而不为《周南》、《召南》，其犹正墙面而立也与"的教诲。总之，自孔子以来，对于君子的"文"之修养，儒家特别注重通过《诗经》中的"风""雅"，尤其是《国风》部分以达成。概言之，它们在语言上讲求雅致、含蓄，蕴藉着人文主义的品质。这种语言风格被傅道彬称之为"新文

---

① 《汉书》卷81《匡衡传》，中华书局1962年标点本，第3340页。

言"，与旧文言——主要是《尚书》《颂》等在风格上颇有差异。它们的显著特征是："表现方法自由灵活，风格华美；善于修饰、修辞手段广泛应用；语言鲜活生动、典雅蕴藉。"与"颂体诗篇基本上保留了青铜韵语的古奥庄重的特点"迥然有别。①

由前已知，墨家对于《国风》的态度是排摈的，除了其与"先王"关涉疏远的缘故，文本风格差异亦是关键所在。与儒家要求"温柔敦厚"的君子风范不同，墨家自居为"贱人"，孙中原评述道："墨子在穆贺面承认自己是贱人，自己的学说是贱人提出的（见《贵义》）。荀子在《王霸》篇也曾把孔子学说看作君子之道，把墨子学说叫做役夫之道，即干粗活之人的道理。……说墨子是一位平民思想家，也不为过。"② 墨子是否为"平民思想家"先可存而勿论，但就论题所及，一个基本事实是，在那个王官失学，学术下民间的时代，从一定意义上说，儒、墨学术思想得以壮大并迅速成为"显学"，都仰赖于平民因素，在这点上二者没有本质的差别，如果没有大量平民的加入与支持，它们的发展是不可想象的。

然而，同为"缙绅先生"之学，就平民的接受角度来说，二者路径可谓背道而驰。儒家要求庶人向君子靠拢，通过学习使自己得以提升。所以《论语·宪问》说："下学而上达。"《荀子·王制》则说："庶人之子孙也，积文学，正身行，能属于礼义则归之卿相大夫。"要之，儒家的策略是向上拔，所以，儒学中充斥着君子、小人之辨，时时提醒人，如果德性、学行不够，就很可能堕落。在《诗经》等典籍的学习上也是如此，所以诗文的典雅雍容就不可或缺，因为它是君子所必备的要素，不能因为要迎合下层而有所降格。与这种讲求向上提升的路径不同，墨学注重实际的"质"，对于"文"很不以为然，《说苑·反质》引墨子之言道："先质而后文，此圣人之务。"所以，随着春秋之后，"学《诗》之士逸在布衣"③。墨家不"文"反"质"，其中一个目

---

① 傅道彬：《诗可以观：礼乐文化与周代诗学精神》，中华书局 2010 年版，第 129、131 页。

② 孙中原：《墨者的智慧》，生活·读书·新知三联书店 1995 年版，第 10 页。

③ 班固：《汉书》卷 20《艺文志》，第 1756 页。

的应在于加强普通人的理解，也正因为如此，它才得以与儒家抗衡，赢得了"显学"的地位。我们注意到，墨子所称引的《诗经》文句明显不如儒家雅致，侯外庐说："多经其散文化或方言化，好像现在通俗化的古文今译。"也正因为如此，它就与儒家有了"君子儒与小人儒之分别。"① 所以，墨子所引诗文不仅力求大众化，所征引的文句也力求简明，如《周颂》等篇章本义古奥，但他所选择的都是相当容易理解的部分，这种有意安排不仅造就了儒、墨的文本差异，也赢得了大众对自己的理论接受。

然而，万事皆有利弊。墨子在文本上的选择固然为自己赢得了与儒家抗衡的知识基础，但与此同时，其片面性和功利性却使得其日渐远离《诗经》及诗学的核心。诗终归是高雅的艺术，既要扎根于乡土，以赢得地气；又要凝练为"文"，打造为回味无穷的精神产品。它不是"先王"的专利，而是独立的艺术品，其生命力更不寄托于大众的一时理解。故而墨子的此种路径只可行于一时，随着时间的推移，终究愈行愈窄，无法抗衡于儒学。

三 "蔽于用而不知文"：墨子用《诗》中的 "非乐"问题与"历史主义"走向

冯友兰指出，墨学是"有所为而为"的"功利主义"哲学，目标性极强，"功利"是其"根本意思"。② 所以，在墨子眼里，凡是无用的行为和事物，皆没有存在的必要与价值，"无用"之"文"，就是这样一种应归于取消的事物。具体说来，"文"必须牢牢地从属于"质"，否则就是无用之物，应该被放弃，甚至禁绝。而所谓"文"，从狭义来看，是指《诗经》等在内的各种文学样式；由广义来说，则包含了一切文艺或文化活动。众所周知，儒家重"文"，在形而上层面，以追求

---

① 侯外庐：《中国古代思想学说史》，第14、15页。
② 冯友兰：《中国哲学史》上册，第70—71页。

超越性的人文精神为旨归；落实到有形的载体，则主要表现为"礼"与"乐"。《论语·宪问》说："文之以礼乐，则可以成人矣。"陈良运指出：

> 这种"文"，后来又演变为两种比较固定的形式，那就是"礼"与"乐"。……"文"的观念之于儒家学者，最重要的表现在于礼乐，礼乐是国家、朝廷"文"的形式，个人修身也是"文之以礼乐"①。

然而，墨子并不作如是观。在他看来，纯粹的文化艺术活动，将损害事物之"质"，尤其是"礼乐"，根本就是无用之物，不仅没用，甚至还有害。《韩非子·外储说左上》载："墨子之说，传先王之道，论圣人之言，以宣告人。若辩其辞，则恐人怀其文，忘其直，以文害用也。"这无疑是典型的功利主义态度，故而《荀子·解蔽》说："墨子蔽于用而不知文。"在这种价值取向下，就《诗经》学而言，墨子从一开始就有意地与儒家的重文主义拉开距离，直至取消或扭曲诗性文化的意义，从而带来了一种很不一样的《诗经》学。它主要在两大方向上加以呈现：一是"非乐"，或者说《诗》与礼、乐的分割；二是采取所谓"历史主义"的风格，以与诗性对立。

文史研究者皆知，在中国传统文论，尤其是古代诗学中，一直存在着"质文之辩"。作为"贯穿中国诗学之全局"的"基本范畴"②，一般来说，"质"为体，"文"为用；"质"承载内容，"文"表达形式。在这一文学的体、用之争中，讲求功用的墨家，明显重"质"轻"文"，而作为其对立面的儒家，则是文、质并重，《论语·雍也》说："文质彬彬，然后君子。"从特定视角去看，与儒家体、用二分的"中庸"立场不同，墨家采仅持一端的态度，认定有用则为体。也就是说，有用就是事物的本质，质即为用，用即为质。反映在文质观上，"文"

---

① 陈良运：《文质彬彬》，百花洲文艺出版社 2001 年版，第 20、29 页。
② 陈伯海：《"文"与"质"：中国诗学的文辞体性论》，《学术月刊》2006 年第 1 期。

不仅没有任何的独立作用，而且与"质"处于事实上的对立状态，所以"文"的存在就必须进行最大限度的压缩，极端情况下甚至可以抛弃或取缔。与此同时，"质"则等同于"质用"，并以此为标尺，来衡量各种相关事物的价值与意义，对于这种"质"的规定性，有学者称之为"现实功利本体"①。前引墨子所谓"以文害用"，就很鲜明地体现了这一点，再进一步言之，"以文害用"就是"以文害质"，在墨子眼中的所谓"文""用"对立，实质上是以现实的"用"来替换或者异化"质"。

在这样的思维下，对于各种事物墨子都要问一个有用与否，"有用"，则有其本质或本体意义，否则就应予以抛弃。一般来说，墨子所谓的"有用"在两大层面上加以展开，按照《墨子》的说法，一是与"古圣王"之事相契合；二是符合国家和百姓的利益，也即《尚同下》所谓的"上欲中圣王之道，下欲中国家百姓之利"。如以"三表法"来对应，则前者为"本之于古者圣王之事"；后者则是在"原之""用之"的范畴之内。然而，所谓"圣王之道"有一终极取向，即明鬼、天志。《尚贤中》说："（圣王）取法于天。"《非乐》则说："上者天鬼弗戒，下者万民弗利。"很显然，墨子的"圣王之道"实质上是上天或鬼神意志的表现，属于与"天"相合之道。而所谓的"国家百姓之利"不是别的，乃是有形的现实物质利益，它以"衣食之财"为核心，视"亏夺民衣食之财"为罪大恶极之事，再扩而展之为"国家之富，人民之众，行政之治"②。总之，纯粹的文化或艺术活动在这里没有任何的合理性和存在空间。众所周知，要让所谓的"文"或"文学"产生"衣食之财"，自然是笑谈，那么，在墨子看来，"文"的质用或价值就只有一条路可走，那就是"中圣王之道"，也即是符合"天志"了。总之，能否符合"天志"，几乎成为了衡定"文"不可逾越的唯一标尺，不符合者不惟没有存在的价值，甚至应该大力加以禁绝。

① 舒建华：《文与质的符号：文化学阐释——儒道墨三家文质观综论》，《学术月刊》1992年第12期。

② 分见《非乐》《非命上》。

在墨子看来，"礼乐"就是这样一种事物。因为它不提供任何具体的物质产品，且"亏夺民衣食之财"，浪费社会财富，对于社会治理更是毫无价值。而且更为重要的是，所谓"礼乐"形式及精神皆来自西周宗法社会，据说由周公所创制。从某种角度来看，此种"制礼作乐"是作为宗教化的对立面而出现的，反映的是人际关系的调整，它表明社会开始由"神治"走向"人治"。杨尚奎指出，宗周礼乐文明实质上"从'天人之际'转到了'人人之际'，逐渐抛弃了天而走向人"①。毋庸置疑，它与墨子的"天志"实难相容，由此，我们也就可以明白，为什么"同是尧舜"的儒家极力推崇周公，而在《墨子》频繁称道的"尧舜禹汤文武"圣王序列中，则没有了周公的位置。质言之，在墨家看来，由周公制作，又被儒家推扬的"礼乐"，既偏离"天志"，又不能创造具体的物质财富，所谓"弦歌鼓舞，习为声乐，此足以丧天下"（《墨子·公孟》）。实在是上"不中圣王之道"，下"不中国家百姓之利"，是"以文害用"的典型。故而墨子特提出"非乐"理论加以贬斥，并在《墨子·非乐》篇中以决绝态度宣称："乐之为物，将不可不禁而止也。"

然而，诗与歌舞音乐，有着天然的联系，它们很早就结为一体，难以分离。朱光潜指出："诗歌与音乐、舞蹈是同源的，而且在最初是一种三位一体的混合艺术。"② 西周礼乐文化的建立，更是从形式到精神上，将诗与礼乐紧紧地连接在一起，从而呈现出一种"郁郁乎文哉"的境况。在墨子时代，虽然由于"礼崩乐坏"，诗义与礼乐开始呈现出若干分离的倾向，但总体上还是"《诗》《书》、礼乐"并存。尤为重要的是，在孔子及儒家的推扬下，《诗》与礼乐的结合不仅获得相当程度的恢复，还日渐得到了社会的承认，它们更由此成为了儒家重要的学术文化资源。③ 所以在《墨子·公孟》中，才有孔子"博于《诗》《书》，

---

① 杨向奎：《宗周社会与礼乐文明》（修订本），人民出版社1997年版，第359页。
② 朱光潜：《诗论》，上海古籍出版社2001年版，第7页。
③ 所以《论语·泰伯》有"兴于诗，立于礼，成于乐"的论述，《子罕》篇则说："吾（孔子）自卫反鲁，然后乐正。《雅》、《颂》各得其所。"《史记·孔子世家》载"三百五篇，孔子皆弦歌之，以求合《韶》，《武》，《雅》，《颂》之音，礼乐自此可得而述"。

察于礼、乐",从而可以"为天子"的说辞。基于功利主义的学派立场,一方面,墨子本就以从《诗》学中驱除礼乐为己任;另一方面,既然孔子及儒家将礼乐与《诗》这么紧密地联系在一起,并由此赢得了高度的社会承认,那么,"非儒"的墨子能不愤而反击,并反其道而行之吗?故而在《公孟》篇中,墨子反诘道:"诵诗三百,弦诗三百,歌诗三百,舞诗三百,若用子之言,则君子何日以听治?庶人何日以从事?"毫无疑义,墨子对于"诵诗""弦诗""歌诗""舞诗"之举是毫无保留地反对,甚至是忧虑和厌恶。有学者据此说:"他对儒家的思想是持鄙弃的态度,所以连儒家所整理的要籍《诗》也受到了一定程度的攻击。"① 但如果准确地说,墨子所攻击的并不是《诗》,而是与《诗》密不可分的礼乐歌舞,他的工作是将"有用"的《诗》与"无用"甚至有害的"乐"分离开去,这是墨子《诗经》学中的一大核心任务。

从一定意义上来说,墨子将《诗》与礼乐进行分割,就是将儒家之《诗》转为"先王之书"的过程。因为只有"非乐",才可真正地抛弃儒家色彩,《诗》也才可为我所用,从而进一步成为自己的理论利器。那么,从礼乐文化中切割出来的《诗经》有什么作用呢?按照墨学的逻辑理路,自然是要将其打造为能"中圣王之道",并可求得"古者圣王之事"所"本"的文献资料。基于这样的趋向性,在墨学中,《诗经》就不再需要吟唱涵泳,它只要证明"先王"之行事,并进而认定墨学理论的正确性。这样的话,《诗经》就实质上成为了一种为墨学量身定做的历史文本,基于此点,学界已越来越注意到墨子《诗经》学中所具有的历史主义气息。有学者说:"墨子确实具有'以《诗》为史'的《诗》学观念。"并认为:"战国儒家《诗》学属于孔子开创的'诗教《诗》学系统',而墨家《诗》学应属于传统的'历史《诗》学系统'。"②

---

① 叶文举:《〈墨子〉、〈庄子〉、〈韩非子〉说诗、引诗之衡鉴:简论战国时期非儒家诗学思想》,《安徽师范大学学报》(社会科学版)2004 年第 1 期。
② 郑杰文:《中国墨学通史》,第 81、91—92 页。

文史研究者皆知，古典诗歌有巨大的历史探研意义，因为作为历史的产物，通过对其深入的研判，能从中钩稽陈迹，从而被后世史家有效利用，所以在学界，"以诗证史"早已成为一种普遍接受的研究路径。但问题的另一面是，从本质上来看，诗歌终归是表达情感的文化载体，载史求真非其所长。在《诗》《书》并称的时代，这种证史求是的功能主要由《尚书》来加以承担。可以看到的是，一方面《诗》《书》因其同质性而常常并称；但另一方面，就典籍属性而言，它们又各有特点。二者的分际，在先秦儒家那里总的来说是明确清晰的。《荀子·儒效》云："《诗》言是其志也，《书》言是其事也。"一般来说，与《尚书》载事不同，《诗经》的历史故事隐藏在诗人的情志背后，它晦暗不明。《春秋繁露·精华》说："诗无达诂。"故而，从诗歌中寻觅历史的痕迹固然无可非议，但若要将其当成严谨真实的历史资料来利用，将是十分危险的。

不仅如此，诗作为一种特殊的文体，音乐性自始至终都存在着，概言之，诗有其韵律铿锵之美，且不说歌舞相伴，至少在声调上总要朗朗上口。朱自清说："（诗）的兴味在声调，声调是诗的原始的、也是主要的效用。"① 否则诗文无别，诗的个性被取消，也就实质上取消了诗之本体。墨子虽一再强调以"质用"来衡定价值，但"非乐"之后的诗，可以说既无其质本，又失其效用，诗不成其为诗，仅仅是一种文字资料而已。从这个意义来说，墨子之用《诗》，实质上是在取消《诗》。

有学者认为："墨子引《诗》基本符合诗句原意。"② 简言之，在墨子用诗中，虽然诗性已无，但看起来在这种"以诗为史"的历史主义取向中，似乎还是很能达到"求真"一路的。然而，如果细究起来，这种思路却问题较多。首先，《诗经》的音乐性及艺术性被取消后，就必然成为精神残破的文本，在对其整体理解上不可避免地会有所偏离，质言之，失去诗性的《诗经》文本，最终难以与历史的气质相契合。其次，墨子有所偏颇的用诗方向，使得《诗经》中与"先王"无关的

---

① 朱自清：《论诗学门径》，《朱自清说诗》，第 173 页。
② 王长华：《墨子的〈诗经〉观》，载氏著《诗论与子论》，第 72 页。

内容处于闲置甚至禁绝之列，至少《诗经》中大量的"钟鼓乐之"及男女相慕之类的诗句，是决然不能出现的，而这样的《诗经》还是《诗经》吗？最后，偏失的墨子《诗经》学绝不可能客观真实。墨子的历史主义取向具有强烈的立场选择性，诚如罗根泽所指出："其对《诗》的态度亦只是一种利用而已。"质言之，"求真"非其目标所在，所谓的历史主义说到底只是其理论的工具。所以，墨子对于《诗》事实上也就在"断章取义"，并不可避免地将自己的理论夹杂在诗句之中。① 这种改造与赋诗言志型的"断章取义"根本不同在于，前者在"诗无达诂"中追求一种意境的营造，作为君子风度和雅致之事，它无须承担历史性的解释功能。而墨子用诗似乎在于"求真"，这种改造却必将走向历史主义的反面。质言之，《诗》《书》的性质需有所区别，历史主义的诠释路径不完全适应于《诗经》文本。两汉以来的经学家往往想从《诗经》中求得本事、本义，最终被后世学者所诟病，很大原因就在于此，而事实上墨子在这方面倒是导夫先路了。

总之，由功利主义所导致的"非乐"损害了诗性，随之而来的"历史主义"路径也就不可避免地要走向历史的反面，《诗经》或诗学最终只能成为理论的附庸和工具。说起来，墨子的目的是防止"以文害用"，确保事物之"质"，然而，"蔽于用而不知文"的后果，损害的恰恰是"质"本身，在功利主义的大旗下，诗的个性和色彩正在急遽褪色。

四　不同的"诗言志"：孔、墨诗学中美育主义与宗教主义的对立

习文史者皆知，中国古典诗学理论以"诗言志"说为开端，它源自《尚书·尧典》："诗言志，歌永言，声依永，律和声。"作为"中国

---

① 罗根泽：《中国文学批评史》，上海书店出版社 2003 年版，第 41 页。

诗学传统中经久不灭的信条"①，此说甫一出现，即广为流布与接受，在先秦时代已成为了"一种普遍看法"②。"诗言志"说源自儒家典籍，自然也契合着儒家理论，要之，"诗言志"乃是有着极深儒家烙印的诗学理论。就本论题而言，最值得关注的，乃是此说所拥有的人文品质，即在儒家之道下，对人之情志加以审美性的肯定与推扬。简言之，作为一种基于人文理念之上的美育主义，所谓"言志"，与之紧密相连的，是"美"对人性的陶冶。从孔子时代始，这一基调已大抵确立，所以在《论语·八佾》中，孔子用善和美来评价诗乐，最高境界乃是"尽美尽善"，它不追求单向度的价值之"善"，而必须配之于"美"的存在。

而墨子诗学，则站到了此理论的对立面，这种对立主要体现在两大方面：一是"美"的缺失；二是以"天志"代"人志"。就前者而言，以"功利主义"为特征的墨学，为了"兴天下之利"，最后走上了苦修主义，直至将"功利"和"美"对立了起来，③ 其最终结果是："企图极大地限制甚至取缔人们除基本生存需要之外的一切消费。"④"美"作为一种精神消费，自然也就不能符合其要求了。所以，在墨子的诗学中，"善"与"美"决裂了，再进一步言之，在墨子的精神世界中，只有所谓"善"的需要，形上之"美"踪迹难觅。翻检《墨子》，他所谓的"美"，只滞留于具体的浅层感官之上，如在反映其文艺思想的《非乐》篇中，⑤"美"不过是"文章之色""食饮""衣服"。由此再向前推演，按照墨学逻辑，在无须考量"美"之存在的前提下，人的审美性要求被扫在一旁，"人志"被忽略，至高的"天志"成为了善之代

---

① 陈伯海：《释"诗言志"：兼论中国诗学"开山的纲领"》，《文学遗产》2005 年第 3 期。

② 袁行霈、孟二冬、丁放：《中国诗学通论》，安徽教育出版社 1994 年版，第 18 页。

③ 在李泽厚、刘纲纪主编的《中国美学史》（第一卷）（中国社会科学出版社 1984 年版，第 171 页）中，指出："墨子在衣食住行问题上都明确主张只要功利，不要美。"

④ 李泽厚：《墨家初探本》，载氏著《中国古代思想史论》，天津社会科学院出版社 2003 年版，第 50 页。

⑤ 张少康说："墨子的文艺思想，非常集中地体现在他的《非乐》篇中。"见氏著《试论墨子的文艺思想》，载中国文学理论学会编《古代文学理论研究丛刊》第 2 辑，上海古籍出版社 1980 年版，第 100 页。

表。由前已知，在墨子看来，《诗经》的价值乃在于与"天志"相吻合，从而在"尚同"的旗号下，通过国家主义的路径，达到与"圣王"意志相一致，最终由上而下地来统一管束整个社会的思想及人群。所以从一定意义上来说，墨学亦有"诗言志"，只是此"志"非人之情志，而是"天志"。

总之，儒家诗学是一种以人文理念为本的美育主义；而墨子的"言志"，乃是基于功利考量之上的一种忽略人性的宗教主义。墨与孔的歧异，一个重要的理论基点，乃在于其功利主义的价值观及人性态度。所以王国维指出：儒墨的重要差异在于，"（墨子）全从功利上立论，与孔子之从人情上立论大异"①。

众所周知，人乃血肉之躯，情感所系，各种得失欲求萦绕于心，往往令人苦闷徘徊，不知所从。王国维说："于是内之发于人心也，则为苦痛；外之见于社会也，则为罪恶。"② 如何消除这种利害之念呢？宗教是一种重要选择。从一定意义上来说，由于宗教的存在，可以将一切得失欲求皆托之于天，从而造就无欲之我，墨子的"天志""尚同"即是从这个方向上来加以立论的。在他看来，人的欲求皆有碍于"善"，易造就出"恶"，要得以解脱的根本办法是与"天志"保持一致。于是，从天子开始层层"尚同"，全民思想统一，人的情志最终归于"天志"之上，在"天志"代替"人志"的过程中，实现"善"的统一。所以《墨子·法仪》说："天性欲人之相爱相利，而不欲人之相恶相贼也。"也即是，让至善的"天性"来建立规则（法仪），而这实质上是在将"人性"的自发性加以消弭。质言之，在"天志"与"人志"、"天性"与"人性"的问题上，后者只有服从与顺应。所以《墨子》的《天志中》说："爱人利人，顺天之意，得天之赏。"《天志下》更明确提出："必为天之所欲，而去天之所恶。"对于文艺活动来说，这一取向亦坚定不移。《墨子·天志中》说："为文学，出言谈也。观其行，

① 王国维：《墨子之学说》，谢维扬、房鑫亮主编：《王国维全集》第14卷，浙江教育出版社、广东教育出版社2010年版，第53页。
② 王国维：《孔子之美育主义》，载谢维扬、房鑫亮主编《王国维全集》第14卷，第14页。

顺天之意，谓之善意行，反天之意，谓之不善意非。观其言谈，顺天之意，谓之善言谈，反天之意，谓之不善言谈。"有学者评价道："天意、天志应该是为文学、出言谈的宗旨和准则。"①

就论题所及，这种取向的要害，乃在于将诗歌与人之情感甚至人性加以隔离。推至极端，诗歌不再以表情达意为核心，实质上使得所有的人类情感要求，都没有行文之必要，而只能按照"法仪"的要求，与"天志"合一，从而最终实现自上而下的"天性""人性"之统一。于是，诗歌的形上之美消解了，彻彻底底地成为了一种完成"崇高"任务的工具。也正因为如此，一个不容否定的事实是，虽说墨子心怀天下，有着近乎悲天悯人的"兼爱"思想，然而事情的另一面却是，这种宗教性的走向使其不断走向人性的对立面，推至最后，人性中的一切爱欲与情志在他看来似乎都是多余，故而《墨子·贵义》鼓吹道："必去喜、去怒、去乐、去悲、去爱。"对于这种矛盾与"不近人情"，郭沫若直斥为"把人民看成工具的反人性的宗教思想家"②。

然而，没有情志的自然抒发，诗歌必将枯亡。叶嘉莹指出："诗歌之所以异于散文者，除去外表的声律之美外，更在于诗歌特别具有一种感发的质素。诗歌是诉之于人的感情的，而不是诉之于人的知性的。"③当墨子将诗歌仅仅作为一种证道或论辩工具时，实质上是在用一种偏执的"知性"来衡定诗歌的价值及功用，可是他忘了，诗歌的根基乃是基于人性与情感之上，需内在于人心，要有感而发。质言之，诗歌乃是心灵的自由吟唱。故而，在中国传统诗歌理论中，无论是"缘情"也好，"性灵"也罢，无非是心灵之真的袒露，生命意识的活泼与绽放。要之，它所流露出的情愫虽说是感物而来，但却发自心，来自情。由此，世界万物有了不同的色彩和生命，身外的山水、自然以及各种镜像也由此打成了一片，在诗歌世界里，人的心灵不仅获得了最大自由，更

① 景明：《〈墨子〉的文学观》，《渤海大学学报》2007 年第 2 期。
② 郭沫若：《青铜时代》，载氏著《中国古代社会研究（外二种）》，河北教育出版社 2004 年版，第 362—363 页。
③ 叶嘉莹：《中国古典诗歌中形象与情意之关系例说》，载氏著《迦陵论诗丛稿》，河北教育出版社 2007 年版，第 9 页。

成为了一切的主宰。在这样的一种心灵放歌中，在那种"风乎舞雩、咏而归"（《论语·先进》）的境界中，自己的情感与自然及宇宙真正得以畅快的交流与沟通。

正是在这样的人性要求下，儒家就特别重视以诗歌礼乐来养情怡性，与墨家以"天志"来管束"人志"、人性正相反，儒家要求在诗歌的吟唱中，使情志得以抒发，德性得以涵养，从而造就出"温柔敦厚"的君子品性，直至最终进入天人合一的境界。也即是说，所谓的"天人合一"之道，乃是从人情、人性的舒张开始，郭店简《性自命出》说："道始于情，情生于性，始者近情，终者近义。"晁福林指出："（这种）说法，可以说早期儒家实认为社会发展道路是由人的'情'所衍生的。……孔子对于'人情'是十分重视的，把人情提到与'天理'、'仁义'等同的地位。"①

在这样的理论基础下，诗无疑有了极大的用武之地。

因为就"诗言志"而言，"'志'是一种渗透着理性（主要是道德理性）或以理性为导向的情感心理。它本身属于情意体验，所以才能成为诗的生命本根"②。质言之，"志"生发于"情"，"志"就是"情志"，它是根植于人情之上的一种诗性表达，诚如有学者所指出的："'情'与'志'正是一而二，二而一的东西。'情'侧重在主观直观感性的感受，'志'则更多强调已经超越主观直观感性的客观理性的成分。"③ 由于"言志"自"人情"而来，在推至社会及哲理层面时，通过"人同此心，心同此理"的人性判断，私人性与普遍性才得以沟通。儒家鼓吹："民之所欲，天必从之。"（《左传》襄公三十一年）既然诗歌是情的最真体现，那么就完全可以从中发现"民之所欲"，于是，所谓"采风"，所谓"兴、观、群、怨"等，皆在于由"情志"扩展至"治道"乃至"天道"。于是，在儒家的理论世界中，就理所当然地铺就出了一种"求道"的诗学路径。这样，"诗言志"就不再只是个体情

---

① 晁福林：《先秦儒家"诗言志"理论的再探讨》，《江汉论坛》2008 年第 1 期。
② 陈伯海：《释"诗言志"：兼论中国诗学"开山的纲领"》，《文学遗产》2005 年第 3 期。
③ 方铭：《经典与传统：先秦两汉诗赋考论》，人民文学出版社 2003 年版，第 97 页。

志的抒发，这不过是，或仅仅是它的原始出发点，其最高目标是由普遍人性扩而展之的"道"，于是诗歌有了沟通天人的意义。① 所以《毛诗序》说："正得失，动天地，感鬼神，莫近于诗。"

再如果由此对儒墨进行比较，也可以这么说，儒家是"民之所欲，天必从之"，以诗歌来抒发"民欲"，进而来感天地、泣鬼神，实现由人至天的"体道"之路；墨家则是"天之所欲，民必从之"，民之情感无条件服从天意，正好是颠倒的路径。儒家是以"言志"而进入"天人之道"；墨家则是将"天志"高悬来同一情感、人性，前者由下而上，为"和"的境界，后者则自上而下，乃绝对的求"同"。比之墨家，儒家无疑是一种诗化的哲学理路。它以诗歌之美冲淡功利得失之念，陶冶人性之善。简言之，与墨家去情欲不同，儒家乃是顺情制欲，对于人之情志、欲求不是加以管束，而是在平和的氛围中加以引导，所以《荀子·乐论》说："以道制欲，则乐而不乱。"《礼记·乐记》则说："致乐以治心。"这与墨子计较功利得失，从而最终走向宗教主义就截然不同了。王国维针对"美之为物，不关于吾人之利害者也"，指出，孔子的诗乐之教以美为重要指标，它超越得失利害，为一种美育主义，其显著特点为："美育与德育之不可离……其教人也，则始于美育，终于美育。"②

美何以可以超越得失利害，"不关于吾人之利害者也"呢？因为它关乎人的普遍体认，它润饰人心，发自人类的基本情感。而诗歌无疑是其中最具代表性的载体，它与"乐"相配，愉悦人心，陶冶人情，成为礼乐文化的重要组成部分，这一点为儒家理论所再三致意。具体说来，在其所鼓吹的"礼乐"之中，"礼"强调的是差异和规范，"乐"则是人心、人情之同。《礼记·乐记》说："乐者为同，礼者为

---

① 事实上，"诗言志"自提出以来就有这方面的取向。曹建国指出："当舜向他的乐官夔说出'诗言志'的时候，其目的是要达到'神人以和'的效果。'神人以和'理应包括'神和'与'人和'两方面，神人关系的融洽依赖于言志之诗，实则沟通神、人的是'志'。"见氏著《楚简与先秦〈诗〉学研究》，武汉大学出版社 2010 年版，第 233 页。

② 王国维：《孔子之美育主义》，载谢维扬、房鑫亮主编《王国维全集》第 14 卷，第 16 页。

异。……礼义立，则贵贱等矣；乐文同，则上下和矣。"《正义》曰："乐和其内，是合情也。"毫无疑问，人类有追求普适的特征，它的"同"在哪里呢？墨家定位于"天志"之上，儒家则从普遍的人性出发，在顺应人情，节制情欲之中，"和"与"同"得以协调，从而实现一种"中和"的礼乐之美。

所以自孔子始，儒家就特别强调人性及生活、生命的美感，君子在"志于道"中求美和致乐，它植根于内在的人心、人性之上，通过诗性的陶冶，最终锻造出君子气度。故而，礼乐与诗歌须臾不离，为君子所必备，《论语·泰伯》说："兴于《诗》，立于礼，成于乐。"傅道彬指出："诗是中国文化的基本要素，也是周代礼乐文化的根本精神。""礼乐文化是经典文化的实践土壤，将经典文化转变成周人的人格修养和艺术精神。"[1] 在一定程度上来看，儒家要求学《诗》，即是在陶冶人性中，涵养君子气度，《诗经》的指向就是君子之风，《曹风·鸤鸠》说："淑人君子，正是国人。正是国人，胡不万年。"它不是以外在的法仪来管束，而是由内在人情加以切入，以君子的范式加以引领，在"思无邪"的吟唱中浇灌人性之花，培植出雍容的礼乐精神。故而，唐君毅在论及"礼乐精神之重要"时，特别指出：

> 人之德性自内显发，欲使之显发，必赖陶养。经陶养而能自动显发，不能自己，方为真德性。陶养之道，不重在互相批评、检责、监督，使人皆不敢为非，此是第二义以下。乃是人各以其善互相示范，互相鼓励，互相赞美，互相欣赏，互相敬重。艺术之生活使人忘我，使人与物通情，使人合内外，而血气和平，生机流畅，最能涵养人之德性。[2]

要之，儒家的"诗言志"所带动的，乃是人性之上的德性陶养。作为君子的养成，诗的品性与人的品性息息相关，并在一种雍容礼让的

---

[1] 傅道彬：《诗可以观：礼乐文化与周代诗学精神》，第22页。
[2] 唐君毅：《人文精神之重建》，台湾学生书局1974年版，第57页。

内驱力下，由人道达天道，完成知天乐命的个体进程与礼乐社会的完成。或者说，儒家用诗歌来感发人心，在美的镜像中，注重内在的感动与体认，人的心灵得以安顿舒张。而墨家则以最高律令——天志来威严地压服人心，使人在灵魂的紧张中"理屈"匍匐，在这一进程中，《诗》就成为了其"证道"的工具。所以，当墨子以"天志"主张来整齐划一直至取消人情时，就诗歌等文艺活动来说，它不仅使得感性、直觉等无所依附，其风格的峻急迫切，亦与儒家的雍容迥乎不同。要言之，墨子的文风从来与诗性不相容，他是直辩型的。所以，翻检典籍可以看到，墨子特别注重辩论效果，故而有学者说："墨子的学说实际上是在辩论中产生，又在辩论中发展完善的。"① 而这样的一种取向，则使得墨家从"讲究功利的立场出发，重视言辞的论辩作用，注意论辩方法的严密，着眼于言辞的实有"②。一般来说，墨家对于隐喻，虚、实交错等不加考量，忽视感性表达，而仅取理性主义；不在乎典雅文辞，而致力于直辩效果。在目标论下，诗之精神蕲向直指"天志"。然而，仅就语言表达来说，"文辞有时而穷"，所以诗歌中有着太多的"只可意会，不可言传"。从一定意义上说，诗歌正是借助着隐喻和比兴等，才能够心心相通，心领神会，在"情不自禁"中与达成人性的共鸣。这是"直辩"或理性主义所不能及的。

总之，儒家的"诗言志"乃是一种人性之上的美育主义，它由个体情感出发，在普遍的人性认同中，以"人道"至"天道"，最终实现天人合一之道。它通过美育主义的手段，在礼乐中和的氛围中，得失两忘，心性陶养，从而使得内在的君子气度及外在的礼乐社会得以整合建构。作为一种诗性哲学，它的风格是温柔敦厚的，"意会"和隐喻在语辞中占据核心地位。而墨子则高悬"天志"来统一人性、"人志"，如果他也有"诗言志"的话，所谓的"诗言志"不过是对最高律令——"天志"的呼应。在这种宗教主义的诗学氛围中，灵魂被威严的神意所

---

① 张永义：《墨子与中国文化》，贵州人民出版社 2001 年版，第 268 页。
② 袁晖、宗廷虎主编：《汉语修辞学史》（修订本），山西人民出版社 1995 年版，第 11 页。

震慑，与儒家由内向外的路径不同，它所要求的是心灵对外在律令的无条件接受。于是，其语言风格以峻急直辩为主，舒缓的隐喻之言是没有地位的。从这个角度来看，正是由于墨子《诗》学对于人之情性忽略甚至取消，它使得诗失去了生长的土壤，特质无法显现。可以说，没有情性滋养，美感润饰的《诗》学，从一开始就注定了其必将走向终结的命运。

五　结论

通过对儒、墨争衡背景下的墨子《诗经》学进行研讨，笔者得出如下结论：

第一，为了建立与儒家相抗衡的知识基础，墨子在称引《诗》所使用的文本上与儒家立异，主要表现为：（1）不用儒家传本，进而通过"先王之书"的定位，否定儒家《诗经》话语权，增强墨学理论力量。（2）与儒者好称引《风》诗不同，墨子在引《诗》时，只引《雅》《颂》，而不引《风》诗。这既反映了其反儒的国家主义立场，又与墨学系统"先王之道"相契合。（3）墨子引《诗》之文句，在风格上与儒家颇有出入。即通过去"文"用"质"，减损文本的士大夫气，从而与自己的学术性格相合拍。

第二，墨子以功用主义为理论基石，在以"用"为"质"中，对于《诗经》学所具有的礼乐部分进行了否定和切割，并进而走向了所谓的"历史主义"路径。于是，这就与儒家的重文主义拉开了距离。由于"蔽于用而不知文"，由功利主义所导致的"非乐"最终损害了诗性，随之而来的"历史主义"也不可避免地走向了历史的反面，此种路径下的《诗经》或诗学失其独立性，最终成为了墨学理论的附庸和工具。

第三，就诗学理论而言，儒家强调诗乃人之情性的自然呈现。所谓的"诗言志"，乃是由个体情感出发，在普遍的人性认同中，以"人道"至"天道"，最终实现天人合一之道。作为一种人性之上的美育主义，它强调得失两忘，心性陶养，从而使得内在的君子气度及外在的礼乐社会得以整合建构。与儒家的诗性哲学不同，墨子《诗》学以峻急的直辩为特色，通过高悬的"天志"来统一人性、"人志"，墨学的所谓"诗言志"只是对最高律令——"天志"的呼应。在这种宗教主义的诗学氛围中，灵魂被威严的神意所震慑，与儒家由内向外的路径不同，它所要求的是心灵对外在律令的无条件接受。

　　总之，《诗经》学在儒、墨相争中具有重要的意义。墨子力图在推翻儒家学术权威的同时，通过非儒家的《诗经》学路径，使自己的思想文化理念得以树立与传播。这既是一种非儒、抗儒的一种手段，同时也反映了儒、墨背后深刻的思想文化差异。

　　　　　原刊于《中国经学》第十三辑，广西师范大学出版社 2014 年版

墨学与周道：先秦儒墨关系的一种文化审视

一　引言：从墨子"背周道"说起

在先秦学术史上，墨学与儒家学派既抗衡又融合，被时人并称为"显学"①。它们有同有异，关系复杂。就立异而言，墨学"非儒"，孟子"辟墨"；就趋同来说，"同是尧舜，同非桀纣，同修身正心以治天下国家"②。这些既成为了"百家争鸣"中精彩的一幕，也促使一代代学人对于"墨"之历史文化渊源及与儒学的关系展开热烈的讨论。其中，尤以墨子"背周用夏"说最为代表，它自战国秦汉以来即竞腾于口，如《庄子·天下》说："非禹之道，不足谓墨。"《淮南子·要略》则说：

> 墨子学儒者之业，受孔子之术，以为其礼烦扰而不悦，厚葬靡财而贫民，久服伤生而害事，故背周道而用夏政。

按照这种理解，儒学乃是承接礼乐文明的"周道"而来，而崇尚"禹之道"的墨家自然是在"周道"对立面上开掘资源，另立新宗。由此，有学者论道："法周之奢侈礼乐，与法夏之简朴实用，不但成为墨

---

① 《韩非子·显学》说："世之显学，儒、墨也。"

② 韩愈：《读墨子》，载马其昶校注，马茂元整理《韩昌黎文集校注》，上海古籍出版社1986年版，第40页。

家与儒家历史观的区别，也是墨家与儒家在社会制度改革方面的主要区别之一。"①

然而，细加考量，此说却颇存疑窦。清儒汪中指出：

> 墨之道与禹同耳，非谓其出于禹也。……其则古昔，称先王，言尧舜禹汤文武者六，言禹汤文武者四，言文王者三，而未尝专及禹。墨子固非儒而不非周也，又不言其学出于禹也。②

如以汪中之论为基点，扩而展之，可以注意到如下的问题：（1）墨子在称言"先王"时，"周"之比重最大。不仅言禹时必及"文、武"，而且还专门言及"文王"，如此用心，怎么可以说"背周道"了呢？（2）墨子"不言其学出于禹"，只是"墨之道与禹同"，如遵行严密的逻辑推断，是无法直接得出墨子"用夏政"之结论的。在此应费思量的是，"墨之道与禹同"是什么原因造成的呢？与"周道"有关吗？（3）汪氏说："墨子固非儒而不非周也"，那么，"儒道"与"周道"关系如何？它们又如何影响着墨家之道呢？

笔者以为，以上问题的解答，主要围绕着墨子"背周道"而展开，墨学背"周道"了吗？如果没有"背"，其与儒家之"周道"关系如何？由此引发的思考，对于理解儒墨关系及先秦以降的学术文化走向，有着深刻的意义。从文化史层面来看，墨学与"周道"之考察，乃是解读儒墨关系的一大关键，也为更深入的研究提供了一种极佳的学术视角。就笔者目力所及，对于墨学与"周道"问题，学界同道虽有所涉及，但一方面仁者见仁，共识不多，很多问题尚需廓清；另一方面，所论多为随文而出，专题性的研究尚付阙如。为此，笔者不揣浅陋，对此问题做一探研，幸冀博雅君子正之。

---

① 郑杰文：《中国墨学通史》，人民出版社 2006 年版，第 6 页。
② 汪中：《墨子后序》，载孙诒让《墨子间诂》附录，中华书局 2001 年版，第 671 页。

二 关于"周道"：儒墨视野下的文化审视

"周道"是什么？或许从来就没有统一的答案。但是几千年来，作为西周政治文化的结晶或象征，它一直与孔子及儒学紧密地联系在一起。萧公权说："（孔子）思想又由先王之道陶融以成"，"奉周政为矩范"，"不失为旧制度之忠臣。"① 不仅后世评价如此，此点在夫子自道中同样清晰可见，《论语·八佾》曰："周监于二代，郁郁乎文哉，吾从周。"毫无疑问，儒学乃是建基于宗周文化之上的学派，尤其对于"文、武、周公"，可谓反复致意，孜孜以求。故而在《论语·子罕》中，孔子才会有"文王既没，文不在兹乎"之叹，冯友兰评价道："惟其'从周'，故孔子一生以能继文王、周公之业为职事。"② 而与之相对的墨学，从外在表现来看，不仅没有这么鲜明的周色彩，似乎就是在背道而驰了。墨子及其门徒黜文而尚质，《庄子·天下》载："以自苦为极，曰：'不能如此，非禹之道，不足谓墨。'"这种比照，遂使得后世学者生出"于礼则法夏绌周"③ 的结论。然而，如果从"周道"的承继与发展来看，问题又远非如此简单，所谓"法夏绌周"很难说是一种准确的表述。再进一步言之，从本质上来看，墨学不仅没有"绌周"，它本身就是周文化的一种变体，与儒学一样，建基于"周道"之上，只是在春秋战国这个大时代里，因路径不同，愈行愈远而已。它与儒学的种种对立，不仅不反、不背周道，甚至还都可统一于"周道"之上，或者说，是由"周道"发之，时代推引而呈现出的相反相成。

要明了这些，就必须把握孔、墨时代"周道"之基本内核，并在此基础之上，来观察这一概念及相关理论对于墨学生成、发展的意义。

从语义上来看，所谓"周道"，本指西周时代的道路，它在《诗

---

① 萧公权：《中国政治思想史》，辽宁教育出版社1998年版，第51—52、49页。
② 冯友兰：《中国哲学史》上册，华东师范大学出版社2000年版，第50页。
③ 孙诒让：《墨子传略》，载氏著《墨子间诂》附录，第683页。

经》中屡次出现，如在《小雅》的《大东》篇中有"周道如砥"；《何草不黄》有"行彼周道"，它们都是道路之意。要之，在西周时代，作为治国理政意义的"周道"并未出现，此种政治文化概念，乃后人总结确立。由前引《淮南子》可知，在汉代，"周道"已成为政治文化方向的专有名词，故而在《史记·太史公自序》中亦有"周道废""周道衰废"云云，毫无疑问它已完全属于政治或哲理意义上的表述。查考传世文献，这种表述可以准确追溯的源头，应该是荀子学派，《荀子·解蔽》曰："（孔子）一家得周道，举而用之。"① 此时已是战国末期，临近秦汉。然而，就概念的内涵指向来说，"周道"在秦汉之前的春秋时代应已产生。因为孔子所谓的"吾从周"之"周"即是"周道"，而非其他，只是在表述上它却不像后世那样直接明晰。② 而在《礼记·表记》中，有所谓"殷周之道"；《论语·子张》中有"文武之道"，它们也与"周道"的表述大同小异。总之，在春秋战国时代对于"周道"的体认已弥散于政学两界，但在概念上不像汉以后那么鲜明确指。那么，其内在缘由何在呢？

笔者以为，这一问题需从东周的政治意识形态上去加以寻求，或可直截了当地说，"周道"实质上是东周之后的一种精神产品。简言之，是东周以来对西周政治文化道路进行总结的产物，故而它逐渐清晰，呈现一种动态的发展。如果着眼于东周以来的社会现实，从某种视角来看，"周道"之出现与理想化，乃因时代催逼而来。众所周知，春秋以来"社稷无常奉，君臣无常位"③。在一个"高岸为谷，深谷为陵"④的时代，人们一方面迷信武力，遂使得讲求"以力服人"的"霸道"

---

① 此外，西汉经学传承大多与荀子学派有所关联，汉代盛行"周道"之说，应该就是来自于此。徐复观指出："西汉在武帝以前，荀子的影响甚大则确系事实，西汉经学与荀子有各种关连，则是可以推论而得的。"见氏著《徐复观论经学史二种》，上海书店出版社 2002 年版，第 38 页。

② 如《礼记·乐记》引孔子之言道："周道四达，礼乐交通。"虽孔颖达解释为："周之道德四方通达"（郑玄注，孔颖达疏：《礼记正义》，阮元校刻《十三经注疏》本，中华书局 1980 年影印版，第 1543 页），它既难以坐实为孔子之语，此"周道"究竟是道路还是理论，也语意模糊，难以确知。

③ 《左传》昭公三十二年。

④ 《诗经·小雅·十月之交》。

随之出现；另一方面，又厌倦当下，迫切追求一种有道德讲规范的生活，对现实的不满，遂使得人们开始对过去的图景加以理想化。于是好言"古"，以"古"为黄金时代，成为了不可遏制的思潮。在这一进程中，西周为"古"之基点，层层上推，愈言愈古，以至于真伪参半甚至荒诞不经的"古事"也随之出现，此风绵延至汉，一直影响着后世。从一定意义上说，这才是"王道"或"周道"得以成立的现实土壤。《孟子·公孙丑上》说："以力假仁者霸。"而"霸道"之对立面则是"王道"或理想化的"周道"。赵歧《孟子章指》阐发道："王者任德，霸者兼力，力服心服，优劣不同。"要之，从某种程度上来看，"周道"乃由"霸道"刺激而出，为当时"托古"的核心环节，随之又扩展为"王道"。在那个大时代里，就"道"之抉择而言，孔、墨对"霸道"虽有所褒扬，但总体上都以否定为主，他们所孜孜以求的是西周及其以上的"先王之道"，所以王桐龄说："儒家推崇尧、舜、禹、文、武为模范君主，墨家亦然。""儒家理想之教主，为尧、舜、禹、汤、文、武。墨家亦然。"① 由此价值取向可以断言，既然墨家与儒家一样，其政治文化理念建基于"霸道"之对立面，它就不可能不与"周道"发生密切的关联。

从本质上来看，"周道"既是一种理想化的精神产品，那么，就其内容来说，就必然会有所取舍。众所周知，后世之"周道"以"文、武、周公"为核心，然而，西周近四百年天下，又岂是那一小段辉煌所能涵盖？自中后期始，王室衰微，礼崩乐坏，"变风变雅"随之出现，当年宗周礼乐之雍容华盛已日渐陵替。《史记·周本纪》载："王室遂衰，诗人作刺。"显然，比之周初的光荣，西周大部分时间反倒是好景不长。倘以中后期以来的"变风"时代作为"周道"的表征，则此"周道"谁将信从？故而，转至东周，一方面学者好谈"三代"，将夏、商、西周合而论之，从一定意义上说，宣告了原初"周道"时代的终结；另一方面，"周道"的概念与内涵不断在被有选择性地加以改造，

① 王桐龄：《王桐龄论墨子》，载蔡尚思主编《十家论墨》，上海人民出版社2004年版，第52—53页。

并日渐成为"王道"之代表，① 当此种"周道"得到确认时，它已成为"文、武、周公之道"的代名词，尤其经过儒家的一代代鼓吹，直至出现了"王者莫高于周文"的普遍认知，② 秦汉以后，它更是成为了"德政"或"德教"的同义词。③ 要说起来，后世之"周道"实在只是聚焦于西周前期政治的一种认知——所谓"文、武、周公之道"是也。总之，就概念的发展来说，作为"王道"代表的"周道"有一演进嬗变的过程。在孔墨时代，不管称之为"殷周之道"还是"文武之道"，它所透现出的信息是，"周道"概念虽日渐走向独立，但一开始并不明晰显著。所以从大的方面来说，它是"三代之道"的一部分；由小的方面而言，需聚焦于"文、武"之上。与此同时，必须注意的是，既然"王者莫高于周文"，遂使得在春秋战国以来，无论如何追溯圣王谱系，"文武之道"与周代之前的"圣王之道"乃连为一体。换言之，"文武之道"是"周道"的内核所在；而"周道"则是当时三代或者圣王之道的核心生发点。

　　然而，问题是："周道"既然是对西周时代政治文化的总结，而东周时代又早已是"礼崩乐坏"，"道"之不存，那么，此种"周道"又怎样展现？以何为载体呢？一般来说，它分载于两大层面，一是《诗》《书》系统，即由宗周所传的文化典籍上加以寻绎；二是残存的典章制度，它主要留存于周公之邦——鲁国，这也是导致孔子"宗鲁"的重要原因。在这两大层面之上，结合时代因素和自身的文化价值取向，遂有了正统的"周道"承接者——儒学，以及"周道"之别宗——墨学。当然，必须指出的是，所谓"正统"绝非是全盘复旧。需知在那个时代，儒学固然最为"周道"代表，但这种"周道"又何尝是照搬不动，原汁原味呢？自孔子以来，它早已经过了时代的各种洗礼与改造，同

---

① 《淮南子·要略》说："文王欲以卑弱制强暴，以为天下去残除贼而成王道。"
② 《汉书》卷1下《高帝纪下》，中华书局1962年版，第71页。
③ 《汉书·元帝纪》载："（汉元帝）八岁立为太子。壮大，柔仁好儒。见宣帝所用多为文法吏，以刑名绳下，大臣杨恽、盖宽饶等坐刺讥辞语为罪而诛。尝侍燕从容言：'陛下持刑太深，宜用儒生。'宣帝作色曰：'汉家自有制度，本以霸王道杂之，奈何纯任德教，用周政乎？且俗儒不达时宜，好是古非今，使人眩于名实，不知所守，何足委任！'乃叹曰：'乱我家者，太子也。'"

理，"周道"在墨学的改造中由于面目模糊，遂被认为是一种背弃，但实质上也是推故出新，为我所用。这一点儒、墨并无二致。侯外庐等学者说："他们穿着古时的衣裳，说着古时的言语，而企图说明未来世界的自己的憧憬与梦想。"① 而如果要说他们到底有何不同，则在于，孔子力图以"西周形式"来维新，墨家则抛弃形式，直指精神。

具体到"周道"的两大载体，一方面墨子引经据典，并鼓吹："以往知来，以见知隐。"② 此与儒者风范极为接近，在传承着西周历史主义的余绪中，③ 作为"一位后起的邹鲁缙绅先生"④，为后世所侧目。所以墨子在称言"先王"时，"周"之比重最大，也就在情理之中了。另一方面，墨学对于西周礼制却多有非议乃至决绝抛弃，所谓"非乐"等就极典型地反映了这点。故而侯外庐指出："孔子是全盘西周（诗书礼乐）的观念根据；墨子是一半西周的（是诗书非礼乐）观念根据。"⑤ 倘再进一步言之，墨子所谓"背周"，其所背、所反者实非"周道"，而是周之礼乐制度。或者可以说，在墨学的世界中，"周道"与周制、周礼不是统一，而是一种对立的关系，并由此逻辑地推导出"文"足以害"质"的理念。也正因为如此，墨子极为反感并放大了儒学中所谓"其礼烦扰""厚葬靡财"部分，最终走上了思想对立面。《说苑·反质》引墨子之言道："先质而后文，此圣人之务。"比之儒学强调"文质彬彬"，二者兼顾，可谓偏激派。故而《荀子·解蔽》批判道："墨子蔽于用而不知文。"简言之，墨子此种立场的产生，是实用主义眼光下的必然逻辑，但由此也可知，墨子不仅不反，甚至信从"周道"，只是他所信从者乃是周道之质，即"一半西周"。要之，对于"力服"和"霸道"，墨学与儒学一样深恶痛绝，它们都一样被现实所刺激和催发，一样从"周道"之上生长出反"霸道"的理念和主张，

---

① 侯外庐、赵纪彬、杜国庠：《中国思想通史》第一卷，人民出版社1957年版，第48页。

② 参见《墨子·非攻中》。

③ 徐复观说："（周公）特别重视历史的教训。"《徐复观论经学史二种》，第7页。

④ 侯外庐：《中国古代思想学说史》，岳麓书社2010年版，第14页。

⑤ 同上书。

他们都是道德主义者，同为历史主义的立场，在向后走的过程中，与"周道"之联系且深且巨。

三 "不在古服与古言"：从夏、周关系看墨学的"周道"精神

前已言之，墨学以"一半西周"与"周道"发生着联系。与此同时，又必须承认的是，"周道"最明显的表征，并得以落实的部分却是"后一半"——观念与制度的统一：周礼或周政。因而，此种立场的采取，很容易使人产生墨学"背周道"的感觉，再进一步的表征，则展现出前面所言及的所谓"法夏绌周"。然而，前已论及，既然弃"周道"不合墨学立场，所谓"用夏政"也就无法成立。就夏、周关系来看，此种不能成立的缘由更在于，墨学中所谓的"夏政"本就与周文化息息相通，因而它与"周道"不仅不对立，反而是紧密相连，互为一体。从一定意义上说，墨学中所呈现出的夏色彩，反映的竟是一种"周道"精神的寻求。

众所周知，周与夏、商之间有一种历史的承接关系，即世所艳称的"监于二代"，它说明周制包含着对夏、商的认可与继承，并由此"损益"而来。① 诚如宋儒所言："三代之礼至周大备，夫子美其文而从之。"② 故而在墨子时代要抛开西周，完整准确地追溯之前的圣王之道，从历史角度来说已极不现实。因为经过西周政治几百年的洗礼，夏、殷之道早已晦而不清。《论语·八佾》说："夏礼，吾能言之，杞不足征也；殷礼，吾能言之，宋不足征也，文献不足故也。足，则吾能征之矣。"有学者这样评说道："可见，宋、杞制度与商、夏之政大相径庭，不然为何'不足征'呢？说明周王朝在这些地方并没有实行先朝的旧

---

① 《论语·为政》："子曰：'殷因于夏礼，所损益可知也；周因于殷礼，所损益可知也。其或继周者，虽百世，可知也。'"

② 朱熹：《四书章句集注》，中华书局1983年版，第65页。

制度。"① 笔者以为，周制乃由"损益"而来，保存若干旧制本在情理之中，所以在《论语·卫灵公》中，孔子在回答为邦之道时，才会有："行夏之时，乘殷之辂，服周之冕，乐则韶舞"的著名论断。但总体上来说，这种留存是极少的，而且更重要的是，旧制本身早已被周所润饰，而非完全的古貌。

要之，所谓三代及其上的政治，都有赖于"监于二代"的"周政"进行上推，或者依靠周代文献加以"稽古"，这就免不了东周人的意识渗入甚至是合理想象。墨子所谓的"夏政"自不例外，职是故，言墨学实在不可不知"周道"。反之，要追溯"周道"的源头，则不能不及于夏。翻检史籍可以发现，周初之人往往以"夏"自居，夏、周两族很早以来就关系密切。对于先秦史上这一重要事实，一般来说，学界有两种看法，一派认为周、夏同族，"周也有可能是夏族的一个分支"；另一派则认为"二者曾活动在一个大的部落联盟之中"②。如果搁置差异，一个共同的事实则是：周在文化及精神上与夏紧密相连。就此而言，学界所主张的周与夏为两大对立传统，并由此建构出了儒墨对立的文化基础，③ 就不仅无法得以成立，甚至在事实上都是完全颠倒过来的，也即是，"夏政"与"周道"不仅不对立，甚至是一脉相承，互有包含。

就论题所及，墨学思想的两大基点在由"周道"到"夏政"的过程中清晰可见，一是对农业生产的重视，二是尊天事鬼。在《墨子·非攻下》中，墨子提出，天子应该"焉率天下之百姓，以农臣事上帝山川鬼神。利人多，功故又大"。可见农事与尊天乃是墨学看重的一体两面，而这两面恰恰是沟通夏、周的一种文化津梁。因为如果对"周道"进行溯源，归根结底是由农业文明所造就。农业是周的立族之基，据《史记·周本纪》，其先祖后稷为尧时的"农师"。众所周知，时代愈

---

① 牛继清：《"夏政"、"商政"辨正》，《固原师专学报》1995 年第 3 期。
② 王玉哲：《中华远古史》，上海人民出版社 2000 年版，第 427 页；李民：《夏商史探索》，河南人民出版社 1985 年版，第 61 页。
③ 罗祖基：《略论儒墨之异道：对思想文化中两个对立传统之反思》，《中国哲学史》1996 年第 3 期。

古，农业愈仰赖自然，职是故，早期农业文明中的敬天事神自不能少，周部族不能例外。所以自后稷时代开始，在早周文明中，不仅重视农业生产，更将尊神事天作为部族的核心精神取向。而值得注意的是，在周人看来，这两者都来自大禹精神。《逸周书·商誓解》载："王曰：在昔后稷，惟上帝之言，刻播百谷，登禹之绩。"那么，在这种农事与尊天的强调中，被视为继承了"禹之道"的墨学又岂能与"周道"毫无干涉呢？

具体说来，就前者而言，汉人早已指出："强本节用"为"不可废"的墨学精髓和基础所在①。而"强本节用"乃由重视物质生产，尤其是农业，也即"本业"生发而来。再进一步言之，在墨学中，要重视物质的生产与储备，就不得不加强农业生产，与此同时，也不得不节俭为用，于是所谓的"节用""节葬"甚至"非乐"都可从这一物质层面推引而出。② 而前引《淮南子》中所谓的孔墨对立缘由："以为其礼烦扰而不悦，厚葬靡财而贫民，久服伤生而害事。"则在此可以找到逻辑起点。在《墨子》一书中，相关论述更是俯拾皆是，如《七患》说："凡五谷者，民之所仰也……故食不可不务也，地不可不力也，用不可不节也。"《非乐上》说："民有三患：饥者不得食；寒者不得衣；劳者不得息。"

从农业史角度来看，大禹及其部族固然有其地位，但其最重要的贡献，主要在治水之成功。然而在周人的论述中，禹、稷常常被相提并论

---

① 《史记》卷130《太史公自序》，中华书局1959年标点本，第3289页。

② 因墨子崇尚"短丧薄葬"，故而有学者认为，墨学与"夏政"最重要的关联乃是大禹的薄葬，与此同时，儒家与"周道"则被视为厚葬的鼓吹者。如有学者这样评述道："在厚葬与节葬之间存在着'亲亲'与'兼爱'、'周道'与'夏政'的分歧。"（丁为祥、雷社平：《自苦与追求——墨家的人生智慧》，武汉出版社1998年版，第94页）按：此说应是受到清儒孙星衍的影响，孙氏在《墨子注后叙》（参见《墨子间诂》附录）中说："墨子与孔异者，其学出于夏礼……其节葬，亦禹法也。"但这里面有两个问题存在：（1）墨子所谓"节葬"并非"禹法"，只要翻检《墨子·节葬下》就可以发现，墨子鼓吹的所谓"节葬"，其具体的对象乃是古圣王，其中也包括周文、武。（2）儒家并非是主张厚葬者，如孔子只是强调"葬之以礼"，而且对于礼，还有"从俭""从众"的要求（分见《论语》之《为政》《子罕》）。更有学者经过研究后，将孔子视为"薄葬思想的先导"（徐吉军：《中国丧葬史》，江西高校出版社1998年版，第106页）。那么，所谓"节葬"问题应不关涉"夏政"及"周道"，且不宜作为儒、墨分际的逻辑起点。

于农事。直至春秋，在《论语·宪问》中，尚有"禹、稷躬稼而有天下"之问。如果说"稷躬稼而有天下"尚能得通，"禹躬稼而有天下"则未必如是，至少它不是主因。真正以农业为法统基础的是周人，据《史记·周世家》，在文、武之前的公刘时代，由于"复修后稷之业，务耕种，行地宜"，结果"百姓怀之，多徙而保归焉。周道之兴自此始"。由"'周道'之兴自此始"一句，可以看出，农事对于周部族不仅是经济的保证，更是意识形态所在，它有着极其重要的政治文化意义。故而《国语·周语上》载西周时代的论农之言道："夫民之大事在农……王事唯农是务。"于是，当周人一再强调"奄有下土，缵禹之绪"① 时，治水的大禹则不得不按照周理念更多地赋予了农事色彩。《庄子·天下》载有战国时代所称道的所谓墨子之言："禹亲自操橐耜而九杂天下之川……形劳天下"，墨家后学以此为表率，遂生发出"多以裘褐为衣，以屐蹻为服，日夜不休，以自苦为极"的所谓"禹之道"，并为后墨们所严格奉行。然而，大禹亲操的所谓"橐耜"，在《韩非子·五蠹》中作"耒臿"；《淮南子·要略》中作"虆臿"，据杨宽考证，它们都是西周的主要耕具。② 于此一点，则可以看出，这哪里是什么地道的大禹？分明是被"周道"浸透了的周代版农神。《尚书·无逸》载："文王卑服，则康功田功。"如果稍加思考可以看出，这个"大禹"乃是从"卑服"的文王中翻版而出。从某种程度上看，"周道"中重农的一面已严重改造了禹的形象，所以虽突出治水之事，却终究透出了周代的痕迹。所以，如果墨学中真的有所谓"禹之道"的话，它也实在是"周道"的变形而已，由此而言，则所谓的夏、周对立又将从何谈起呢？

而就后者来看，按照一般的理解，所谓尊天事鬼不仅是墨学所孜孜强调，极富特色之处，也与西周以来"郁郁乎文哉"的宗周政治文化拉开了距离。所谓的儒墨之别，此为一重要分水岭。因为就一般的常识来看，西周以来神本淡漠，在宗周礼乐文明的制度建构下，人文主义开

---

① 《诗经·鲁颂·閟宫》。
② 杨宽：《西周史》，上海人民出版社1999年版，第245页。

始兴起。① 这样看起来，似乎儒家乃是继承了周之人文主义而发扬光大，而墨学在此点上自然是"背周道"了。王桐龄说："儒家所以非难桀、纣、幽、厉者，为其不仁也，而墨家则于'富贵为暴，贱傲万民'之外，加以'诟天，侮鬼执有命'之罪，此理想之异者。"②

然而，如果联系夏、周之间的文化关系去看，此论却颇成问题。首先，就"周道"与"夏政"关系来说，重鬼神实非夏之特色。在三代之中，殷商才以重鬼神而闻名，如果说西周以来有一人文主义走向的话，其对立面却不是夏，而是殷商。也即《礼记·表记》所载："殷人尊神，率民以事神，先鬼而后礼，先罚而后赏，尊而不亲。其民之敝，荡而不静，胜而无耻。周人尊礼尚施，事鬼敬神而远之，近人而忠焉。"其次，虽然人文主义在西周渐趋渐浓是一事实，但在周初之时却是秉承殷商的尊神特点而逐步人文化的。所以即使是人文化的代表周公也有事鬼神的一面，③ 如《尚书·金縢》中周公自陈道："予仁若考能，多材多艺，能事鬼神。"最后，这种"事鬼神"虽与殷商文化有所接近，④但却是典型西周式的。其理由在于，在墨子的鬼神世界中，其核心指向是天或天志，此为明显的西周特色，而非殷商。陈梦家指出："卜辞的'天'没有作'上天'之义的，天之观念是周人提出来的。"⑤ 不仅如此，周人对上帝的观念也进行了改造，其中最为重要的就是使上帝拥有了明确的天命规范，所谓"天生烝民，有物有则"⑥。对于地上的"烝民"而言，由服从天命转换出了另一个问题：服从法则，也就是周人所

---

① 在冯天瑜、何晓明、周积民《中华文化史》（上海人民出版社 1990 年版）下编第二章"殷商西周：从神本走向人本"中曾说："以神为本的文化便逐渐向以人为本的文化过渡。从西周开始，社会文化的浓郁的宗教迷信氛围渐次被注重世事的精神所冲淡。"（第 302 页）

② 王桐龄：《王桐龄论墨子》，蔡尚思主编：《十家论墨》，第 52 页。

③ 徐复观指出："周公是由'殷人尊神，率民以事神，先鬼而后礼'的宗教性很浓厚的文化，转向'周人尊礼尚施，事鬼敬神而远之，近人而忠焉'的人文性很厚的文化的关键性人物。"《徐复观论经学史二种》，第 6—7 页。

④ 有学者据此认为墨子与殷商文化相通，如郑杰文认为："墨子据历史证明鬼神之先见，所举为占卜例，似与墨子接受宋所承传的殷商文化传统有关。殷商文化重鬼神而轻社稷，与重社稷而轻鬼神的姬周文化有异。由此可见，《史记·孟子荀卿列传》称墨子'宋大夫'，当有所据。"见氏著《中国墨学通史》，第 19 页。

⑤ 陈梦家：《殷墟卜辞综述》，中华书局 1988 年版，第 581 页。

⑥ 《诗经·大雅·烝民》。

强调的自文王以来所执行的"顺帝之则"①。从一定意义上说，天或者上帝就此成为了自然法则的代名词。从这种角度来看，无疑墨子是继承了周初精神的。《墨子·天志上》说："有天志，譬若轮人之有规，匠人之有矩。"《天志下》说："此诰文王之以天志为法也，而顺帝之则。"所谓"有规""有矩""顺帝之则"云云，与周初的鬼神观可谓一脉相承。

既然墨子与"周道"关系如此密切，又何以被视为"背周道"者呢？这与当时的儒墨对立大有关系。众所周知，孔子殁后"儒分为八"，孔子门徒们一方面扩展着儒学势力，另一方面也互争正统，各自标榜。在这一进程中，儒家的所谓"周道"之礼数愈演愈繁，形式化的问题日渐严重。以《荀子·非十二子》所批评的儒家门徒为例：

> 弟佗其冠，神禫其辞，禹行而舜趋，是子张氏之贱儒也；正其衣冠，齐其颜色，嗛然而终日不言，是子夏氏之贱儒也。

可见，孔子门徒们开始以衣冠儒服等作为圣人之徒的表征，《庄子·田子方》载："举鲁国而儒服。"其时，影响力之大可见一斑。这种风尚一方面固然符合儒家重礼的特点；另一方面，推至极端则开始有仪而无礼，甚至可以说与孔子所主张的"与其奢也，宁俭"② 相违背，而后世所讥讽的腐儒之气也就应运而生了。《庄子·外物》载有"儒以诗礼发冢"，虽为戏谑之语，亦可见战国时代的一种风向。从特定视角来观察，墨子所反感的"其礼烦扰而不悦，厚葬靡财而贫民，久服伤生而害事"，与其说是反孔，莫若说反对的是孔门后学。③ 所以在《墨子·公孟》中，对于儒者公孟子所提出的"君子必古言服，然后仁"，墨子斩钉截铁地回答道："同服或仁或不仁，然则不在古服与古言矣。"

---

① 《诗经·大雅·皇矣》。
② 《论语·八佾》。
③ 在《墨子》中有著名的《非儒》篇，杨俊光指出，要将"儒"与"孔"分开，"墨子是只非过'儒'而没有非过孔"。见氏著《墨子新论》，江苏教育出版社1992年版，第364页。

由此可以看出，当时儒者的形式化已发展到了很严重的地步，而墨子针锋相对，所重的乃是内在的"仁"之精神，"古服与古言"的外在形式在他看来实在是无关紧要。诚如侯外庐等所指出的：

> 如果说孔子是以内容为先形式为后，而订正西周文化（《诗》《书》、礼、乐）；则墨子是以内容高于一切，形式不妨唾弃，而发展西周文化。这是孔、墨显学所争持的要点之一。①

可以说，正是后儒们形式化的腐朽刺激了墨子的反儒，从一定意义上说，当他抛弃周礼形式的时候，恰恰是在追求一种周道精神。当然，极具讽刺意味的是，当墨子反对极端时，却制造出了更大的极端，最终出现的后果竟是《庄子·天下》所谓的："其行难为也。恐其不可以为圣人之道，反天下之心，天下不堪。墨子虽独能任，奈天下何？"

四 "取舍不同"：从尧舜到周公 ——孔、墨的先圣谱系及其意义

《韩非子·显学》说："孔子、墨子俱道尧舜，而取舍不同，皆自谓真尧舜。"这段话透现出先秦时代儒墨对于"尧舜"话语权的激烈争夺。那么，儒、墨为何会选择尧舜为自己的精神资源？它们又何以"取舍不同"？与"周道"的关系如何呢？这些问题的解答，对于厘清儒墨文化关系具有重要的意义。

概言之，所谓"俱道尧舜，而取舍不同"，乃是承认共同的圣王谱系，而取不同的路径。如简单加以归纳，其差异主要在两大方面，一是二者起点一致，终点不一。二是儒家看到了先圣系统的同与异，故而呈现出明显的阶段性和梯次性，而墨家则只选择性地突出圣王之"同"，

---

① 侯外庐、赵纪彬、杜国庠：《中国思想通史》第一卷，人民出版社2011年版，第134页。

不及其异。

具体说来，尧舜同为谱系起点，但在儒家那里，以周公为下限，墨家则以"文武"作为终点。在儒家看来，尧舜以来直至文、武、周公，一方面有着共同面，另一方面，又同中有异，各具特色。由于特异性的存在，按照儒家理论，可将尧舜至周公以来的谱系划为三段，第一段是尧舜时代；第二段为周公之前的三代时期；第三段则是周公以来的时代。在儒家名篇《礼记·礼运》中，最能看出这种发展轨迹。为了便于讨论，先将相关文字引述如下：

> 大道之行也，天下为公。选贤与能，讲信修睦。故人不独亲其亲，不独子其子，使老有所终，壮有所用，幼有所长，矜寡孤独废疾者皆有所养。男有分，女有归。货恶其弃于地也，不必藏于己，力恶其不出于身，不必为己。是故谋必而不与，盗窃乱贼而不作，故外户而不闭，是为大同。
>
> 今大道既隐，天下为家，各亲其亲，各子其子，货力为己，大人世及以为礼，城郭沟池以为固。礼义以为纪，以正君臣，以笃父子，以睦兄弟，以和夫妻，以设制度，以立田里，以贤勇知，以功为己。故谋用是作，而兵由此起。禹、汤、文、武、成王、周公，由此其选也。此六君子者，未有不谨慎于礼者也。以著其义，以考其信，著有过，行仁讲让，示民有常。如有不由此者，在执者去，众以为殃。是谓小康。

对照《礼记·礼运》的阐述，可以发现，作为第一阶段的尧舜时期，可对应"天下为公"的"大同"时代，政治上以禅让为特点；第二、第三阶段虽同属于"天下为家"的"小康"时期，政治上的特点是变禅让为世袭。但是，以周公制礼为标志，殷周之际成为又一分水岭，之前的"文武时代"只是二代的延续，简言之，因多革少。只有当周公礼乐出，不仅实现了"郁郁乎文哉"的革命性转换，也使得周"文"之特点得以最终确立，此后，周公及宗周礼乐之盛便几乎成为了西周政治的代名词。

儒家如此分出阶段与梯次，自有其理由。而最根本之理由，简言之，因时代变迁，而不得不进行理想与现实的统一。众所周知，儒家自孔子以来，以周公为楷模，接续和发扬文王以来的"周道"。冯友兰指出："孔子自己所加于自己之责任，为继文王、周公之业，则甚明也。"① 然而，另一个重要事实是，在孔子看来，有征伐和武力的"文武之道"并非最高政治，最高者乃是讲求禅让的尧舜之治，孔子称之为"尽美尽善"，二者是判然有别的。只是由于历史的变迁，既然事实上不可能做到，所以希望恢复的只是周政，也就是孔子所说的"尽美未尽善"②。再进一步言之，从禅让到世袭，乃时代之选择，非最善者。在进入"天下为家"之后，也只能适应此种变化，故而选择最为切合的"周道"及宗周礼乐。③ 从这个意义上来说，儒家取"周道"，就"同"而言，它是尧舜以来德政精神的一脉传承；从"异"来看，则是取最为切合时代的"王道"而已。

然而，同是尧舜以至周，在墨家理论中，却难以发现这种差异性的表述，侯外庐指出：

> 墨子的社会思想，有原则与方法，其原则在于以下二语："求兴天下之利，除天下之害。"（散见各篇）其方法则分言五项、十事。④

大凡研习诸子之学者皆知，所谓"五项、十事"，即《墨子·鲁问》篇中所归纳的尚贤、尚同；节用、节葬；非乐、非命；尊天、事鬼；兼爱、非攻。翻检《墨子》，可以发现，"尧舜禹汤文武"往往连及而言，他们不仅"兴利除害"的原则是一样的，对于五项、十事也

---

① 冯友兰：《中国哲学史》上册，第 50 页。
② 《论语·八佾》："子谓《韶》曰：'尽美矣，又尽善也。'谓《武》：'尽美矣，未尽善也。'"
③ 相关论述，亦可参看拙文《汉初政治中的儒家无为与道家无为》，《江西师范大学学报》（哲学社会科学版）2008 年第 4 期。
④ 侯外庐：《中国古代思想学说史》，第 120 页。

持完全一致的态度。从表面上来看，这似乎是增加了墨学理论的说服力，然而，稍一细究，如此之雷同，则改造之痕迹反倒是昭昭然了。易言之，此圣王乃墨子之圣王，圣王体系在墨学中已做了重要的改造。

　　因这种改造，它与儒家之尧舜系统的确有了很不一样的特色。再进一步言之，因墨学所强调的趋同面，使得尧舜以来的圣王系统有了一以贯之的理念，阶段性被淡化，直至成为墨学理论的注脚。比照儒学，其最重要的表现在如下几点：（1）因政治上同贯于尧舜，推崇尚贤，而淡化周代以来的宗法政治。《中庸》说："仁者，人也，亲亲为大。义者，宜也，尊贤为大。亲亲之杀，尊贤之等，礼所生也。"所以在儒家那里，虽讲求尚贤，甚至认同禅让，但在"天下为家"的时代，"尊尊"必配于"亲亲"，从而形成一套一体两面的宗法礼制。然而，这种"亲亲尊尊"在墨家那里，就去"亲亲"剩"尊尊"了。（2）从人性角度来说，去亲亲之仁，爱无别，无差等，形成"兼爱、非攻"的理论基础，而为了使"爱"得以统一，就必须"尚同"，将思想统一起来。（3）墨家思想的统一乃是一种外在管束，为了达成目标，就必须让最权威的鬼神、天志介入世俗生活。就论题所及，这些趋同面都最终上推到了尧舜，一种讲求神权，不要私人利益，人人爱无差等的理想社会跃然纸上。这与周公以来的宗法社会实在相差太远，故而，墨子的尧舜谱系只追溯到文武，而儒家则必须到周公，为此，王桐龄指出："孔子理想之教主，于尧、舜、禹、汤、文、武之外，加入周公。……墨子理想之教主，则限于尧、舜、禹、汤、文、武，此理想之异者。"①

　　这样的思想路径，的确很容易让人心生墨子在远离"周道"的感觉，故而有学者说："墨家要借助夏禹来压制儒家的文王、周公。"② 然而，在墨学那里，文王与周公本就不是一体，文王或"文、武"才是尧舜谱系的一部分。在此，我们要问的只是：这种"道尧舜"是否与采"周道"会产生矛盾呢？答案是否定的。因为"周道"与"尧舜之道"本就紧密相连，从一定意义上来说，"道尧舜"实质上是"周道"

---

① 王桐龄：《王桐龄论墨子》，蔡尚思主编：《十家论墨》，第53页。
② 吴龙辉：《原始儒家考述》，中国社会科学出版社1996年版，第119页。

发展的时代结果，而"取舍不同"则由儒墨的"周道"差异所引致。

毫无疑问，"尧舜之道"为儒、墨共同的精神资源。然而，倘就形式上来看，"道尧舜"又实非儒、墨所专有，因为战国时代百家皆言"尧舜"，只是"批判的态度不尽相同"① 而已。而这种不同，如据立场和态度做一区分，则无疑有着贬斥与褒扬的差异。前者以法家最为代表，如在《韩非子·显学》中，就对"尧舜之道"嗤之以鼻；而儒、墨无疑是同属后一阵营了，从这个意义来看，所谓"俱道尧舜"者，实质上是"俱宗尧舜"，即同为"尧舜"精神的追随者。翻检史籍，儒家宗"尧舜"自不必说，《中庸》载："仲尼祖述尧舜，宪章文武。"朱熹解释道："祖述者，远宗其道；宪章者，近守其法。"② 不仅如此，《尚书》以尧舜开篇，道统痕迹呼之欲出；《论语》中也多次提到尧舜，如《泰伯》篇："大哉尧之为君"；《卫灵公》篇："无为而治其舜也与。"与此同时，《墨子》一书中也动辄"尧舜"，丝毫不逊于儒。《尚贤上》更是直言："尚欲祖述尧舜禹汤之道，将不可以不尚贤。"同为"祖述"，至少说明两点：一是都取法尧舜；二是它们都是"远宗其道"，而非"近守其法"，简言之，都是从精神上进行追溯，至于具体的举措，则别有情怀。

从本质上来看，所谓的"道尧舜"，不过是"托古"风尚的一种表现。前已论及，战国以来由于对现实的失望，"言古"之风大盛。在慕古之思中，圣王谱系的追溯成为了核心。除尧舜外，伏羲、神农、黄帝等在那时也纷纷进入诸子论域，而且时间愈古，事迹愈缥缈，遂使得后世古史辨派以"层累"概言之。《淮南子·修务训》说："世俗之人，多尊古而贱今，故为道者必托之于神农、黄帝而后能入说。"毫无疑义的是，在这一谱系中，真正能确知的乃是西周，以及西周所传承的尧舜以来的经学故事。司马迁在撰述五帝故事时，特别指出："学者多称五帝，尚矣。然《尚书》独载尧以来，而百家言黄帝，其文不雅驯，荐

---

① 郭沫若：《十批判书》，东方出版社 1996 年版，第 102 页。
② 朱熹：《四书章句集注》，第 37 页。

绅先生难为言也。"① 这说明在文献记载上，尧舜以来有脉络可循，而此上的五帝等古帝王故事难以征信。于是立基于《诗》《书》系统，"考信于六艺"② 最终成为了严肃的态度。

这样，因尧舜问题，儒墨就具有了相当的同质性，且都与"周道"相关联。具体说来，儒墨都以承接西周以来所形成的道统为己任，历史主义与道德主义的色彩极为浓厚。从表面上看，比之儒家重"周道"，似乎墨家才是传承更古的尧舜道统，但是，前已言及，他们都只是"祖述尧舜"，立足点却别有所在。而且更为重要的是：

（一）道统之论最早可追溯至西周初年，周公等人曾明确提出夏商周的内在承接关系，及圣王得天命的意义。此点在《尚书》的周初"八诰"中被反复论及，亦为文史研习者所熟知。

（二）从文献角度来看，今日所见之"尧舜"，乃由周代以来的文献所承载，后演进为儒墨共看重的《诗》《书》系统，从事实的选择及理念的渗入来说，他们既是尧舜时代的"尧舜"，更是周代的"尧舜"。一个可注意的重要事实是，与其他诸家不同，皆属缙绅先生的儒墨对于圣王仅上推到尧舜，论证基础乃是立足于周系统的典籍之上，于是，对于渺不可知的黄帝及以上的古事多不采信。翻检典籍可以看到，墨子熟悉《诗》《书》系统，讲究"本之古者圣王之事"。并奉其为"三表"之首。③ 此与儒家毫无二致。

（三）比之尧舜以上的其他古帝，尧舜无疑更具圣人性，而神农、黄帝等则更具神性。这恰是西周人文主义的要求。或许有人会说，儒家重圣统、重人文主义人所共知，墨家不是鼓吹天志、明鬼吗？何曾有些许人文色彩呢？然而，细加考量，却不难发现另一个重要事实：墨家所谓"古者圣王之事"完全来自西周系统，遵循着西周以来"有典有册"的历史主义传统，虽鼓吹"天志"，但这些古圣王一般并无神性，他们都是人——圣人。与儒家不同的是，这种圣人要去主动符合天之意志而

---

① 《史记》卷1《五帝本纪传》，第46页。《大戴礼记·五帝德》亦引孔子言："禹、汤、文、武、成王、周公。夫黄帝尚矣……先生难言之。"

② 《史记》卷61《伯夷列传》，第2121页。

③ 《墨子·非命上》。

已，从这个意义来看，儒学是以人性的发扬而消除神性色彩，墨学则强调在神、人二分中，以人性去发扬神性。它们的差异当然是明显的，但是有一点却是共同的：落脚点在人之上。

不仅如此，在考察从"周道"到"尧舜之道"的发展轨迹时，笔者更发现另一个重要的事实：当历史转入战国，儒家一方面不放弃孔子所强调的文武周公之道，另一方面则大谈"尧舜之道"，这一点不仅有传世文献加以证明，① 近年来的出土文献，如郭店楚简的《唐虞之道》、上博简《容成氏》等也能佐证此种趋向。就本论题而言，必须指出的是，这两方面的整合与调整不仅有儒学内在理路的驱动，更有墨学的外在刺激，而反过来，这一后果又推动了墨学对"周道"及相关理论的吸纳与接受。问题的复杂性只在于，由于战国以来儒墨之间极为密切的互动与吸纳，二者在纠缠中不断演进，遂使后世往往治丝益棼，难见本相。故而，今天在儒墨视野下，对"周道"的战国走向及与"尧舜之道"的关系做一历史性的梳理，实有必要。

由前已知，"周道"作为"三代之道"的典型和代表，在儒家理论中占据着显赫的地位，从一定意义上说，所谓"尧舜之道"乃由"周道"或"三代之道"上推而来。所以在孔子时代，虽然尧舜一再被提及，但比之于"文、武、周公"，他们只是遥远的"曰若稽古"之往事。故而，翻检《论语》可以看到，孔子少言尧舜，"周"之上，更多的也是言及包含周在内的"三代"，如在《卫灵公》中，孔子提出："斯民也，三代之所以直道而行也。"而在战国儒学中，尧舜所在的"有虞"一代，比重明显上升，所谓"四代"的提法开始兴盛。在大小《戴》中此类提法更是俯拾皆是，如《礼记·学记》："三王四代唯其师。"郑玄注："四代，虞、夏、殷、周。"《大戴礼记·四代》："四代之政刑，皆可法也。"

从"三代"发展到"四代"并论，实质上就是将"公天下"的尧舜时代与"家天下"的三代等量齐观。这种变化与墨子有着巨大关联，

---

① 如《孟子·滕文公上》载，孟子一方面以"周公、仲尼之道"为儒学表征；另一方面，"道性善，言必称尧舜"。

或者也可以说，这就是战国儒学对墨学刺激的一种呼应。可注意到的一个事实是，"三代"在孔、墨处已成为固定的专有名词，并得以鼓吹阐扬，而唐尧虞舜只是附带于"三代"之上。在《论语》中，与"四代"有关的提法仅见于《卫灵公》篇："行夏之时，乘殷之辂，服周之冕。乐则韶舞，放郑声，远佞人。郑声淫，佞人殆。"此段章句先言"三代"，然后才及尧舜时代的所谓"韶舞"，朱熹认为，此为"取其尽善尽美"① 之意。然而，先"夏商周"，再"虞"，此种排列明显不合时代与文例，故而，清儒多认为"韶舞"应为"韶、舞"，前者指韶乐，后者则通"武"，为武王之乐。如俞樾就认为：

> 夏时、殷辂、周冕，皆以时代先后为次。若《韶》《舞》，专指舜乐，则当首及之，惟《韶》《武》非一代之乐，故列于后。且时言夏，辂言殷，冕言周，而韶舞不言虞，则非止舜乐明矣。②

清儒的观点看起来很有道理，但实质上却执于一端，颇有些胶柱鼓瑟了。可注意到的是，韶舞与郑声对立而言，不过是突出礼乐中需用善乐，去淫声，此乃孔子的一贯主张。在此段章句中，孔子所讨论的实质上还是用三代之制，并未将虞舜与之连为一体，当虞与郑作为一系时，不过是纵谈礼乐的需要，从中是看不出明确的"四代"观念的。到了墨子时代，"尧舜禹汤文武"往往连及而言，实质上已是"四代"并立，这是其建立一以贯之的圣王谱系的需要，此点前已论及，不再赘述。然而，墨子虽建立了自尧舜以至文武的谱系，但不经意处还是留下了一些历史的痕迹。按照常理及后世体例，"尧舜禹汤文武"自然是"四代"帝王，可是在《墨子》中却称之为"三代圣王"，而从无"四代"的说法。如《天志中》："昔三代圣王尧、舜、禹、汤、文、武。"《明鬼下》："昔者虞、夏、商、周三代之圣王。"这说明了什么？墨子与孔子时代相距不远，犹在沿用"三代"专有名词，而不知所阐释范

---

① 朱熹：《四书章句集注》，第 164 页。
② 刘宝楠撰，高流水点校：《论语正义》，中华书局 1990 年版，第 623—624 页。

围已溢出边界。这样，墨子就成为了儒家从"三代"走向"四代"理论的一个中转站，所以，号称"辟墨"的孟子，就不仅高谈三代的文武之道，而且"言必称尧舜"了，从某种程度上来看，是墨子使得儒家道统观演进更为完整严密。[①]

傅斯年说："墨子出于礼云乐云之儒者环境中，不安而革命，所以墨家所用之具全与儒同，墨家所标之义全与儒异。"[②] 所以，作为生长于周代政治文化中的儒、墨学说，无论怎样相反相成，终究是在"周道"及"三代之道"土壤上结出的果实，所谓同质而异理。质言之，墨与儒一样，其圣王系统扎根于西周政治文化之上，与周道的关系且深且巨。故而它们遵循和拓展周所开辟的道统路径，并在刺激与互动中，使得谱系愈加显明完整。比之他家，总体上来说，它们都守护着历史主义的规范，以人文主义为底色，阐扬道德主义，从特定视角来看，完全可以说，儒墨之尧舜都由"周道"上推而来，它们既属于尧舜，也属于周，更属于春秋战国那个大时代。

五 "非儒而不非周"：墨学弃鲁用齐说

清儒汪中指出："墨子固非儒而不非周也。"[③] 不仅"不非周"，从特定视角来看，儒"从周"；墨亦"从周"。那么，同为宗周，产生墨、儒差异的文化土壤何在呢？笔者以为，需深入春秋战国的齐鲁文化中去探究。

众所周知，自春秋以来，王室衰微，宗周文化的中心在鲁，而鲁文

---

① 韦政通说："我们没有证据说孟子的道统观是受了墨子的启发，但从思想史的观点来看这是很有可能的，因为孔子的托古思想中还不曾有道统的自觉。"载氏著《中国思想史》，上海书店出版社 2003 年版，第 70 页。

② 傅斯年：《战国子家叙论》，载氏著《史学方法导论：傅斯年史学文辑》，中国人民大学出版社 2004 年版，第 137 页。

③ 汪中：《墨子后序》，载孙诒让《墨子间诂》附录，第 671 页。

化又主要在两大方向上展现着"周道"：一是经学；二是周礼。① 就前者而言，六经系统为"周道"最为重要的文献载体。前已言及，墨子熟悉和运用着这套文化工具，与儒者一样，皆为那个时代的缙绅先生。故而蒙文通提出："夫儒、墨同为鲁人之学，诵《诗》《书》，道仁义，则六经固儒墨之所共也。"② 笔者以为，作为鲁文化代表的儒学，固然是承接和发展了典籍、典制的一体两面，理所当然地成为了正统宗周文化的继承者；墨学则是"一半西周"，它虽有重经学的一面，但其反宗周礼乐，尤其是"非乐"的另一面却也斑斑可见，二者的差异是十分显然的。从这个角度去看，如果所谓"鲁人之学"不是仅仅由出生地或鲁人身份来简单加以确定，③ 那么，蒙氏所谓的"儒、墨同为鲁人之学"就颇值得怀疑了。概言之，儒墨有别，儒家所谓"从周"，乃是承接周文化的正统：鲁文化；而墨学之"周"，则来自于周之别宗：齐文化。④

对于齐、鲁与周的政治文化关系，杨向奎做过精辟的研究，他指出：

> "周礼在鲁"是宗周礼乐文明的嫡传，而齐偏离此一轨道，虽有"齐一变至于鲁，鲁一变至于道"的适当概括。"道"也就是宗周的礼乐文明……因之鲁国实为宗周文化之正统，而齐、晋为其小宗。⑤

---

① 《左传》昭公二年云："（韩宣子）观书于大史氏，见《易象》与《鲁春秋》，曰：'周礼尽在鲁矣，吾乃今知周公之德，与周之所以王也。'"襄公二十九年则载有季札观诗乐之事。

② 蒙文通：《论墨学源流与儒墨汇合》，载氏著《先秦诸子与理学》，广西师范大学出版社 2006 年版，第 94 页。

③ 学界有学者认为墨子为鲁人，但即便如此，也未必就是鲁学，这就好像董仲舒是广川人，却不属于所谓的冀州之学，而是齐学代表。

④ 有学者虽注意到墨学与齐鲁文化的关联，但将齐鲁文化看作一体而加以讨论，未注意到齐、鲁之别对于墨学的影响。参看丁原明《墨学与齐鲁文化》，《管子学刊》1993 年第 2 期。

⑤ 杨向奎：《宗周社会与礼乐文明》（修订本），人民出版社 1997 年版，第 284—285 页。

就论题所及，可以注意到，作为齐鲁文化的两大分支，从"同"来说，鲁文化与齐文化乃"同"于"周道"之上，虽鲁更正宗，但齐也是"周道"的重要承接者。故而在《论语·雍也》中才会有"齐一变，至于鲁；鲁一变，至于道"的表述。由"异"来看，齐比鲁更为驳杂，既造就了比之于鲁更为开放、实用的齐文化，同时与鲁之"纯""文"相较，齐文化相对不够严谨，带着几分"野"气，也是不争的事实。所以，孔子曾被讥为"迂也"；孟子则"迂远而阔于事情"，从某种程度上看，这在本质上反映的是对鲁人之学的讥评。与此同时，孔子认为齐需"一变"才能"至于鲁"，乃明显不纯；而孟子则常常瞧不起齐地文化，并视其为"齐东野语"①。简言之，虽齐、鲁文化同源于"周道"，却发展出了相当不同的性格，也正因为此，齐鲁之间的竞争从来不断，它不仅是军政的需要，更包含着文化的争胜。

翻检史籍，自立国之初，齐、鲁之间这种不同的文化性格就得以确立。《史记·鲁周公世家》载：

> 鲁公伯禽之初受封之鲁，三年而后报政周公。周公曰："何迟也？"伯禽曰："变其俗，革其礼，丧三年然后除之，故迟。"太公亦封于齐，五月而报政周公。周公曰："何疾也？"曰："吾简其君臣之礼，从其俗为也。"及后闻伯禽报政迟，乃叹曰："呜呼，鲁后世其北面事齐矣！夫政不简不易，民不有近；平易近民，民必归之。"

此段故事很可能是后世生造，但却反映出了齐、鲁很不同的文化性格：鲁拘守，少变通，礼文繁复；而齐则尚功利，讲速度，从其俗，故而政简易。简言之，齐的核心优势特点是功利主义和效率优先，反之，鲁人之学则讲究中庸与"必世而后仁"②。这或许就是齐鲁文化产生差

---

① 以上见《论语·子路》《史记·孟子荀卿列传》《孟子·万章上》。
② 《论语·子路》。儒家的这套理念在乱世之中显得跟不上节奏，故而《庄子·列御寇》中儒者名"缓"，虽是寓言，实含深意。

异的政治生发点吧。王志民指出："在观念形态上，齐文化更注重事功、物利，即有更强烈的功利观念。这与鲁文化重视义理、道德的伦理型文化形成鲜明对照。"① 而这两种风格中，显然是齐更接近于墨，因为墨子思想中很重要的一个特征就是"功利主义的价值观"。"思想之中心，在于'兴天下之利'。"② 所以翻检《墨子》，常常看到一个"急"字，而墨子本人也是以天下为忧，急急奔走，凡事皆问当下效果的形象。很显然，这就与讲究雍容礼让的儒学及鲁文化划清了界限。

质言之，就墨学与鲁文化的关系来看，二者之间在思想性格上很不同调。可以断言的是：无论是否受学于鲁，墨子最终与鲁学分道扬镳，故而墨学非鲁地之学或鲁人之学，乃是明确无疑的事实。再具体言之，要讨论春秋战国以来的鲁学，必涉及三大层面：一是儒学。《淮南子·齐俗训》载："鲁国服儒者之礼，行孔子之术。"《史记·游侠列传》则说："鲁人皆以儒教。"从特定视角来看，战国以来，儒学与鲁文化已渐为一体，不接受儒学就势必偏离鲁文化。由此，作为"非儒"的墨学既不能改造儒，就难以在鲁文化中取得一席之地，只得让城别走，离鲁日远。二是礼乐文化。自春秋以来，宗周礼乐在兹，并影响和造就了鲁文化。故而有学者说，鲁文化的"显著特色"是"以礼乐为中心"③。那么，作为"非乐"的墨学又怎么可能代表鲁人之学呢？三是周公问题。周公既是鲁文化的源头，也是儒家最直接的精神资源。然而，翻检《墨子》可以看到，虽然对于周公给予了足够的尊重，但"非乐"等立场，决定了他被排除在圣王系统之外，淡化周公地位是墨学的主基调。此三大层面，墨学皆排之，其与鲁文化的关系如何，则可想而知了。

当然，我们也并不由此就简单地否认墨子或墨学完全没有受到儒学及鲁文化的影响。"学儒者之业，受孔子之术"，不会是空穴来风，墨子能反儒、非儒，其基础就在于早年能学儒、通儒，最终入室操戈，相反相成。但如果由此认定，墨与儒"同为鲁人之学"，则未必准确。且

---

① 王志民：《齐文化论稿》，山东大学出版社 1995 年版，第 19 页。
② 韦政通：《中国思想史》，第 72 页，载劳思光《新编中国哲学史》第一卷，广西师范大学出版社 2005 年版，第 217 页。
③ 郭克煜等著：《鲁国史》，人民出版社 1994 年版，第 298 页。

不说反宗周礼乐的问题，即使从经学的阐释来说，墨学与儒学的学术性格也颇为迥异。一个重要的事实是，在春秋时代，六经系统固然在鲁，但并非鲁地垄断，它既是鲁文化的重要依凭，更来源于周，易言之，他国亦当有经学之传承。墨子的少时受学及生长环境大抵在齐鲁之间，而齐地亦为传经重地，从区域文化来说，齐鲁有同有异，互为影响，在春秋时代已构筑出一个大的齐鲁文化圈。诚如有学者所指出："齐鲁两国在文化上各具特色，并且位居当时华夏文化的领先或者中心地位。"由于它们都承周而来，故而，"两国文化终究大同小异"①。那么，作为生长在齐鲁大地的墨子，既要不离毁"周道"，又要弃鲁而去，别立新宗，首要选择就应该是齐地之学。这一点除了前面的证据，在《墨子》一书中也能找到很多蛛丝马迹，其中最简明的证据在《墨子·所染》："武王染于太公、周公。"众所周知，太公与周公被奉为齐、鲁两国的开国之君，但就地位而言，周公明显高于太公，而在此句中，太公位于周公之前，显然不合位序。当时的鲁人对于此点更为看重，绝不混淆。《国语·鲁语上》载鲁人赴齐告籴，此时有求于齐，在两语"周公、太公"中，也绝不因有所求而将太公排序于前。这种排序应该只是齐地习惯，它反映的是齐人的骄傲与认识。②故而，由此一点，墨学就绝不可能是鲁人之学，而应是依凭于齐地之学。

当然，对于学派及学术的研究，最终要深入其理论及逻辑系统中去加以研判。从这个思考方向去观察，亦可以看出的是：墨学在与齐文化具有一致性的同时，却与鲁文化及儒学在同一层面歧异颇多。兹从三方面加以证明：

首先，从社会关怀来看，墨家是重食主义，而儒家则是重礼主义。众所周知，物质生产和精神文化为社会发展的两轮，但何者为重呢？这一问题自春秋战国以来即争论不休，故而在《孟子·告子下》中，才有"礼与食孰重"这样的发问。大体说来，儒家自孔子以来，一方面

① 杨朝明、于孔宝：《齐鲁文化通史》（春秋战国卷），中华书局2004年版，第13、15页。

② 在《孟子·公孙丑上》中，孟子对他的学生齐人公孙丑还曾抱怨道："子诚齐人，知管仲晏子而已矣。"可见齐人对本国圣贤的看重。

重视经济建设的基础性地位，另一方面，更为强调富裕之后社会教化的关键性作用。故而在《论语·子路》中，提出了"富之""教之"的观念，在《季氏》中则指出："不患寡而患不均，不患贫而患不安。"而在《学而》中有"富而好礼"的提法。质言之，在孔子看来，物质生产及走上富裕之路是社会发展的首要目标，但建立礼乐社会，人人成为君子才是最高境界，而在这一过程中，教化必须进入，因为物质的提高并非就一定带来精神的提升，所以《礼记·学记》才会说："人不学，不知道。"儒家的这种信念与推崇周公礼乐的鲁文化大有关系。作为传承宗周文化的鲁国固然也有重农，重视生产的一面，但从本质上来看，这只是起点，不是最高境界，因为物质的生产最终是为礼乐社会服务的，也即《礼记·学记》所谓的："建国君民，教学为先。"

而齐国更为强调经济建设的核心地位，对于礼的重要性则放置次席。《管子·牧民》说："仓廪实而知礼节，衣食足而知荣辱。"这种理念固然包含着某种真知灼见，但对教化的忽视及简约化，往往会推出物质决定论。在这一理念下，似乎认为，随着物质社会的发展，精神境界的提升指日可待。然而，齐国经济的发展总体上强于鲁，文化与礼制建设却相对逊色，二者并不同步。如《左传》成公十八年载，齐太子光参加会盟时因违礼而遭人讥讽，太子尚如此，齐风如何则可想见了。由此，从某种视角去看，完全可以说，齐"质"鲁"文"，在齐鲁竞争中，鲁人的骄傲在于文化；齐人的骄傲则在于经济政治实力。而墨学则在理论上将此种齐风推至了极端，前已言及，墨学推崇"先质而后文"，在《墨子·七患》中则说："时年岁善，则民仁且良；时年岁凶，则民吝且恶。夫民何常之有？"在这里，物质的生产已成为人性的决定力量。李泽厚说："作为墨子思想的基础和出发点，概括说来，似乎可说是强调劳动特别是物质生产的劳动在社会生活的重要地位。"[1] 其实，强调物质生产并无不对，"基础和出发点"更是不争的事实，但是，如果这种"基础和出发点"变成了社会关怀的核心甚至是最高目标，那

---

① 李泽厚：《墨家初探本》，载氏著《中国古代思想史论》，天津社会科学院出版社2003年版，第47页。

么，质野之风及简单的物质决定论也就将不可避免地阻碍社会品质的提升。

其次，从人性伦理来看，儒学及鲁文化讲求亲缘，并推崇由此发展出的宗法社会。从一定意义上说，正是这种礼乐为表，血缘宗法为里的融合造就了所谓的周公之政。鲁国承袭此风，"是一个典型的宗法农业社会"①，鲁文化中可谓浸透了此类理念。而孔子儒学中的所谓仁、孝等，也皆可在此种亲疏有别的伦理中找到理论生发点。所以《中庸》说："仁者，人也，亲亲为大。"而墨子却反其道行之，大力张扬"爱无差等"的兼爱观念。质言之，从一定程度上看，儒家将人性中最天性的自然亲情作为伦理原点，并进行以己推人的扩展。② 而墨家则力图抹平差异，将人性中的悲天悯人之性推至极端。有学者指出："儒、墨的分歧即是由此展开的。"更有学者说："墨家批儒的核心当然是针对儒学的'爱有差等'。"③ 而如将此种差异反映到齐鲁政治文化上，最为显明的特点就是：鲁国因为爱之"别"，政治之基乃建立在宗法之上，尚贤或多或少受到了限制；而齐国则尚贤为先，亲亲为次。《吕氏春秋·仲冬纪·长见》载：

> 吕太公望封于齐，周公旦封于鲁，二君者甚相善也。相谓曰："何以治国？"太公望曰："尊贤上功。"周公旦曰："亲亲上恩。"太公望曰："鲁自此削矣。"周公旦曰："鲁虽削，有齐者亦必非吕氏也。"

杨向奎指出："周公尊亲，乃西周宗法社会的传统；太公举贤，遂开后来政治尚贤的先声。这些记载，虽不必符合周公、太公的本来面

---

① 郭克煜等著：《鲁国史》，第 17 页。
② 《孟子·梁惠王上》说："老吾老以及人之老，幼吾幼以及人之幼，天下可运于掌。……言举斯心加诸彼而已。"
③ 路德彬、赵杰：《论墨家伦理观的真髓及其价值：从儒墨比较谈起》，《齐鲁学刊》1992 年第 1 期；薛柏成：《墨家思想新探》，黑龙江人民出版社 2006 年版，第 26 页。

目，但齐鲁体用不同，则是事实。"① 就论题所及，可以看到，齐政治文化中的尚贤为先，及对于宗法的相对淡薄，很容易突破"一人天下"或"一家天下"的模式。所以，从先秦到两汉，此地一直有"天下非一人之天下，乃天下人之天下也"的观念，② 由此来看墨学的"兼爱"，及由此发展出的去亲亲，惟尚贤的认知，与此若合符节。从历史的角度来看，或许正是齐文化为它提供了理论底本。

最后，宗教观的问题。众所周知，儒学敬鬼神而远之，一直在试图淡化宗教问题；而墨家则笃信鬼神。如果结合人性论及宗法问题可以发现，当儒家将人性中的"亲亲"作为理论起点时，就决定了它的世俗性；而"兼爱"所带来的无差等主义则不可避免地要走上宗教化道路。故而，在《墨子·公孟》中，墨子提出："儒之道足以丧天下者四政焉"，其中第一条就是"儒以天为不明，以鬼为不神，天、鬼不说，此足以丧天下"。而这两者的差异也可以投射到齐鲁政治文化之上，也即是，鲁奉行周公以来的人文主义传统，革除了此地的旧风；而齐则因俗而立，事鬼神之风浓烈。《史记·封禅书》载有太公立国后，"行礼祠名山大川及八神"以及齐人"依于鬼神之事"。有学者指出："这显然继承了'殷人尊神，率民以事神'的传统，而与周人的事鬼敬神而远之的风习大不相同。"③ 不仅如此，据《汉书·地理志下》，齐地好巫成风，甚至到汉时犹然，可见此地鬼神观之浓烈。

必须指出的是，齐之风尚虽受当地的巫风传统之影响，但还不能就此说，这是对周道的一种变异或背离。因为当年的西周王朝也曾注重鬼神，转折在于周公的礼制改革。有学者通过对地下文献的细致研究，指出："殷末周初时期周文王和周武王曾大规模地袭用殷礼……而到成王、周公时代对祭祀制度进行了改革，吸纳殷礼，完善周人古礼，于是形成

---

① 杨向奎：《宗周社会与礼乐文明》（修订本），人民出版社1997年版，第284—285页。

② 《六韬·文韬·文师》："天下非一人之天下，乃天下人之天下也。同天下之利者，则得天下；擅天下之利者，则失天下。"而据《汉书·谷永传》，西汉时代来自齐学的谷永亦提出同样的理念。

③ 王志民主编：《齐文化概论》，山东人民出版社1993年版，第24页。

了一套新礼制。"① 如果要说周公改革之后，与此前有何本质的不同，则在于神权越来越淡漠，人文主义日渐兴盛，这既与此前早期国家阶段的神权政治划开了界限，也为后来的儒家开辟了理论道路。所以从这个角度来看，鲁承周道，来自周公之政；齐承周道，却是限于尚保留着浓厚鬼神痕迹的文武时代。而在《墨子》可以发现，"文武"是圣王谱系的下限，从尧舜到文武，个个重鬼神，恰恰对周公的人文主义取向闭口不谈。同样地传承"周道"，同样的鬼神倾向，墨学与齐文化的关系不容忽视。

总之，墨学所谓的"非儒不非周"，很大程度上是在同属"周道"的齐鲁文化中，进行了弃鲁用齐的选择，墨学的周道精神在很多方面都体现和发展了齐人之风。从一定意义上甚至可以说，儒、墨之争衡，是"周道"之下的两种同宗亚文化：齐、鲁之道的竞争与发展，它们虽赋予了时代的内容，浸透了孔子、墨子等思想家的天才，但从思想的根子来看，说它们起于"周道"，又归于"周道"，殊路同归，应该不算大谬。

六 结 论

本文以墨子"背周道而用夏政"之说为切入口，通过考察墨学与"周道"问题，旨在对先秦儒墨关系，及与此相关的诸问题进行文化解读。笔者以为：

（一）墨子"背周用夏"说不能成立。墨学与儒学一样，都是周文化的产物。如果说儒学是"周道"之正宗，墨学则是周文化的一种变体，与儒学一样，它建基于"周道"之上，只是在春秋战国这个大时代里，因路径不同，愈行愈远而已。它与儒学的种种对立，不仅不反、不背周道，甚至还都可统一于"周道"之上，或者说，是由"周道"发之，时代推引而呈现出的相反相成。

---

① 王晖：《古文字与商周史新证》，中华书局2003年版，第189页。

（二）"周道"实质上是东周之后的一种动态的精神产品。作为"霸道"的对立面，被思想家们赋予了新的时代内容。墨家与儒家一样，其政治文化理念建基于"霸道"之对立面："周道"。而一般来说，"周道"又分载于两大层面，一是《诗》《书》系统；二是残存的典章制度。儒家为一体两面；墨家则用前弃后，呈现"一半西周"的面貌，再结合时代因素和自身的文化价值取向，遂有了正统的"周道"承接者——儒学，以及"周道"之别宗——墨学。

（三）以墨学为视角，就夏、周文化关系来说，墨学的"夏"色彩乃是由后儒"古服古言"的形式化"周道"刺激而出。从本质上看，墨学中的"夏"乃是建基于周文化之上的有选择性的精神产品，它由周文化上推而来，尤其是墨学思想的两大基点在由"周道"到"夏政"的过程中清晰可见，一是对农业生产的重视；二是尊天事鬼，呈现出表"夏"里"周"的态势。所以"夏政"与"周道"不仅不对立，甚至是一脉相承，互有包含。或者可以说，墨学在建构一个抛弃形式，追求精神的不一样的"周道"。

（四）在儒墨的圣王谱系中，尧舜同为谱系起点，但在儒家那里，以周公为下限，墨家则以"文武"作为终点。这固然体现了墨学对周公以来宗法社会的抗拒，但儒、墨的"尧舜之道"实质上都是从以"文武"为核心的"三代之道"中生发而来，遵循和拓展了周所开辟的道统路径，并在刺激与互动中，使得谱系愈加显明完整。从特定视角来看，完全可以说，儒、墨之尧舜都由"周道"上推而来，它们既属于尧舜，也属于周，更属于春秋战国那个大时代。

（五）追寻儒、墨的文化土壤，可以发现，儒学发端于鲁文化，墨学则弃鲁用齐。所以墨学所谓的"非儒不非周"，很大程度上是在同属"周道"的齐鲁文化中，进行弃鲁用齐的选择，墨学的"周道"精神在很多方面都体现和发展了齐人之风。从一定意义上甚至可以说，儒、墨之争衡，是"周道"之下的两种同宗亚文化：齐、鲁之道的竞争与发展。

总之，在先秦时代，儒墨的生成、发展及对立，与它们对"周道"的解读和选择关联甚深，其间所涉及的种种问题，既有历史的层积，更有时代的拉动；既有共同的理论渊源，更有学派的价值异动；它既是政治文化，也关涉经济社会。从一定意义上说，正是这些要素的融合互动，才构建出了特定的历史风貌，为先秦乃至中国传统思想文化的发展添上了浓重的一笔。

原刊于赵逵夫主编《先秦文学与文化》
（第五辑），上海古籍出版社 2016 年版

立场与路径：中国近代学术史研究中的内在理路问题探论

有学者曾指出："学术史的考察研究，是探讨中国文化本质的核心课题。历史上每逢文化演变的关键时期，人们便感觉到对过去学术做回顾的必要，近世更是如此。"① 近年来随着对学术发展的重新审视，尤其是学脉的追寻，近代学术史的研究成为了题中应有之义，② 这一领域可谓成果丰硕，成绩喜人。然而，存在的问题也着实不少，其中一个最为关键性的问题就是，许多研究被学术或真或假的外部现象所牵引，成为了泛泛而论的"思想史"课题，对学术内在理路的探寻在广度和深度上尚有不足，学术意识尚待加强。诚如罗志田所指出的："有学者认为近年思想史影响了学术史，其实恐怕'代替'大于影响，沿学术发展的内在理路认真研讨其演化的学术史研究尚不多见。"③ 有感于此，笔者不揣浅陋，从方法论的视角着眼，对中国近代学术史研究中的相关问题做一探讨，以就正于方家。

---

① 李学勤：《简帛佚籍与学术史》自序，江西教育出版社2001年版。

② 对于近代（mordern）的时段范围尚不完全统一，长期以来，从近代中分出了所谓现代时段，但一般而言，学界现在越来越将近代视为一个整体时段，即20世纪上半叶之前的晚清民国时期，本文即采这一立场。又，限于文章主题及学力问题，本文所论及的学术史主要是人文及社会学科方向上的，基本上不包括对自然科学学术史的讨论。

③ 罗志田：《国家与学术：清季民初关于"国学"的思想论争》，生活·读书·新知三联书店2003年版，自序，第13页。从学术的内在理路治史学最早、最为著名的，当为余英时于20世纪70年代所作的《戴震与章学诚》，在该书的增订版自序中，他说道："'内在理路'说不过是要展示学术思想的变迁也有它的自主性而已（此即所谓'The autonomy of intellectual history'）。必须指出，这种'自主性'只是相对的，不是绝对的；学术思想的动向随时随地受外在环境的影响也是不可否认的客观事实。"（见余英时《戴震与章学诚》，生活·读书·新知三联书店2000年版）这是对内在理路最为恰当的态度，笔者在本文中也自当以此作为研究的基本原则。

一　学术认知与学术认知史的审视：走向以学术为中心的近代学术史研究

学术的发展有赖于知识积累，当我们对过去做出历史判断时，无疑要受到既有的学术认知的影响。诚如有学者所指出的："今人并非直接、透明地面对史料，我们与史料之间横亘着既有的认识史。"① 对于研究者而言，这是一把双刃剑，好的学术认知将成为研究的阶梯，使我们无限地逼近真相；反之，则成为研究中的障碍或迷雾。所以，在学术研究中，一方面需要吸纳已有成果，在前人的肩上继续前进；另一方面，也必须时时注意扫除各种知识阻碍，不断纠正前人误识，在去伪存真中求得进步。在近代学术史的研究中，这一点显得尤为重要。因为在这一领域中充斥着各种复杂乃至扭曲的学术认知，从一定意义上来说，对学术认知的正误进行甄别判定的能力，决定了研究的基础和水准。

比之其他的专门史研究，学术史的复杂性在于，其所面对的研究对象本身就是研究者，或曰学术承载体。如在对王国维的研究中，我们对他的学术认知就不能仅及于民国以来的研究状况，王氏本人的研究课题，也必须在我们的考察视野之内。换言之，这种学术认知包含了两个层面：一是要了解近代以来的王国维研究史；二是要尽力把握王氏本人的学术思路。如王国维的代表作《殷周制度论》在学界影响深远，王氏在文中大谈周公和宗族政治道德，既有对今文经学中孔子改制论的抵御，又隐指民国该负道德破溃的责任。这样就一方面出现了王氏所自得的："于考据之中，寓经世之意，可几亭林先生。"② 另一方面，由于立

① 侯旭东：《从方法论看中国古代专制说的论争》，《中华读书报》2010 年 5 月 26 日，第 9 版。

② 王国维：《致罗振玉（1917 年 9 月 13 日）》，载吴泽主编《王国维全集·书信》，中华书局 1984 年版，第 214 页。

意在先，过于系统化，① 未免有些强从己意之处，② 此文的具体得失，在此无须展开，需要认真思考的是，王国维得出这些结论时，学术与非学术的因素是什么？内在的学术功力如何？学术切入点又在哪里？换言之，我们应以王国维本人的学术认知为入口，由内在学路往外切，这样才能在观察时人及后世的评判时，更全面地体会其内在变化，把握其学术脉路。要之，学术史研究是一种"研究的研究"，学术认知上具有历史性和学术性的双重任务。以往的一些认知未能深入堂奥，甚至南辕北辙，除了受限于学者的学术能力，更受到了各种学术之外的因素影响，在研究中，这些因素既不可忽略，又不能夸大，它们与纯粹的学术研究本体之间是并存关系，而非替代关系，如果顾此失彼，尤其是只看外部因素，不追究学术研究的本题，就会冲淡甚至扭曲学术内核。尤其在近代社会中，学术与政治、社会、思想等之间的关系纠缠扭结，难以划清界限。

今天，当我们再次回顾历史，就能发现，学术上一些既有的认识往往与真相相去甚远，其中一个重要的因素就是，近代以来，学术难有独立的力量，它不仅被外部势力所牵扯。在很长一段时间里，对它们的学术认知还是以一些非学术甚至反学术的理据作为前提和基调，如果我们不对此有一份自觉深入的反省，势必影响到对学术的基本判断。

对这种学术认知产生影响的最大外部力量是政治。如果说近代以来是中国历史上政治和学术之间最为交织、复杂的时段，似乎并不过分。从近代学人的生活境遇及精神处境的层面而言，我们可以看到，当时虽说大师辈出，然而，这种学术路程又是伴随着动荡乃至战火而来，钱穆曾说："大难目集，别有会心。"③ 它无疑极大地影响了这一代学人的学术情感和治学走向。在这样的特殊情形之下，知识分子想不与政治发生

① 王汎森在《从经学到史学的过渡：廖平与蒙文通的例子》（《历史研究》2005 年第 2 期）中指出："划分为殷、周两个群组，同时他（王国维）还是忘不了要为它们寻找一个系统。"

② 在民国时期，吕思勉已经指责道："谓周人言殷礼，已多失实。"（吕思勉：《先秦史》，上海古籍出版社 2005 年版，第 108 页）

③ 钱穆：《中国近三百年学术史》自序，商务印书馆 1997 年版。

关系都不可能，从而也就出现了李泽厚所指出的，不得不承担启蒙与救亡的双重任务，并且"救亡压倒启蒙"①。这一批知识分子对于国家、民族的责任固然令我们肃然起敬，然而，学术与政治的边界也在日渐模糊，意识形态话语与学术话语不断合流。在这样的背景下，长期以来在我们的近代学术史研究中，学术论说与政治立场日渐不分，直至出现以意识形态来划定学术阵营的做法，不仅扰动了学术的内在规律，甚至与历史事实严重不符，形成了许多错误的学术"常识"。例如，长期以来，学衡派被视为新文化运动的对立面，然而历史真相似乎并没有这么简单，学衡派并不是笼统、绝对地反对新文化，梅光迪曾说："夫建设新文化之必要，孰不知之？"② 从学衡派的知识背景来看，他们大多留学海外，浸润于西学，怎么可能无端地反对新文化或新文学呢？他们所反对的只是毁弃古文、消灭古典的新文化。或者说，不赞成当时的那种激进方式。③ 然而，这样的结论长期为人所接受，根本原因是政治标准压倒了学术事实。

诚然，在近代社会中，学术与政治的两面总是纠缠在一起，学术中含政治；政治中有学术。这也使得时至今日，在一些学者的学术意识和研究实践中，对外在的政治色彩关注于心，对于学术底色反倒不是那么看重，这种研究路向如运用过当，则很可能因为对政治的偏好，忽略甚至遮蔽了学术内容的存在。陈平原曾提出，自 20 世纪 90 年代末以来，中国大陆在对北大进行历史追溯中出现了"政治的北大"与"学术的北大"两种不同的形象，他说："前者突出政治革命，后者注重文化建

---

① 李泽厚：《启蒙与救亡的双重变奏》，载氏著《中国现代思想史论》，天津社会科学院出版社 2003 年版。

② 梅光迪：《评提倡新文化者》，《学衡》第 1 期，1922 年 1 月，第 7 页。

③ 郑师渠说："（学衡派）文化思想的本质追求，与新文化运动并无二致。"（参见氏著《在欧化与国粹之间：学衡派文化思想研究》，北京师范大学出版社 2001 年版，第 426 页）关于这一问题，还可参看拙文《近代知识转型背景下的胡先骕及学衡派的文化保守主义》（《江西师范大学学报》（哲学社会科学版）2009 年第 4 期）、《知识体系的转型与文化传统的守护：从胡先骕的知识结构看〈学衡〉的文化保守主义》[江西师范大学和新建人民政府主办"纪念胡先骕诞辰 115 周年暨学术研讨会"论文集（2009 年 5 月 24 日）]。

设。这两个北大，在我看来，都是真实的，也都有其合理性。"① 事实上，在研究实践中，这两者的呈现并非是并重的。就本论题而言，在学界虽有对"学术北大"的探源，但其历史形象的建构还是偏重于政治，笔者当然无意去否定这种描述，因为这也是一种历史。然而，作为一个学术单位，即便离不开政治，但它根本是立之于学术，学术传承与担当才是它本质的内容。在历史的追溯和建构中，如果学脉传承反倒隐晦暗淡，这种研究至少是不太准确全面的。如果我们承认这里首先是学术重镇，而不是政治中心，则有必要更注重其学术理路的挖掘，讲坛和书斋，沉潜的学术成果应该占据重要的中心位置，要之，学术史研究所呈现的不应该是学术点缀其间的政治画面。当然，随着学术的发展和进步，对于今天的史学研究来说，一个明显的趋势是，大部分学者已经注意到了学术本身的价值和意义，不再以政治话语来替换学术事实，研究中的"政治强权主义"在逐渐退场。在这样的背景下，如何在近代学术史研究中，处理好学术与政治之间的关系，将学术内容作为研究的核心和归宿，成为了一个重要的取向，它也必将对以往的"泛政治史描述"形成补充和纠偏。

如果说近代以来因"救亡"任务，而使得学术与政治之间的关系千丝万缕，那么，"启蒙"则给近代学术的内在发展带来了微妙的结构性调整。在承认其深远意义的前提下，我们必须看到，"启蒙"虽以学术为基础，但在价值层面上早已超出学术之外。② 在具有"启蒙"色彩的学术图景中，因其选择性的叙述，同样遮蔽了许多深入的学术问题，一些与此相关的学术"定见"，在今天看来很多都有值得商榷的地方。众所周知，"启蒙"的重要任务是开启民智，这就在学术发展中出现了是通过通俗言说赢得大众信从；还是唯学理是求，致力于高深研究两种

---

① 陈平原：《文学史视野中的"大学叙事"》，《北京大学学报》2006年第2期，又载于氏著《历史传说与精神——中国大学百年》，三联书店（香港）有限公司2009年版，第186—191页。

② 陈独秀曾说："自西洋文明输入吾国，最初促吾人之觉悟者为学术。"（《吾人最后之觉悟》，载吴晓明编选《陈独秀文选》，上海远东出版社1994年版，第34页）而胡适则以"研究问题、输入学理、整理国故、再造文明"作为启蒙的信条（胡适：《新思潮的意义》）。

不同的路径，两者在有些时候无以协调，矛盾的产生也就在所难免。

从学术史的视角来看，由于前者声势浩大，极易获得学术声名，并迅速占据学界的中枢，当时及后世多视之为学术主流，在这方面梁启超与胡适可谓典型。平心而论，梁、胡自然是那个时代一流的学者，但他们这种"开一时风气"的学术恰恰冲击了学术本身，笔端之下已不免粗疏。一个主要问题是，初创时的学术为了应时效果，不加沉潜，好为大言，往往思想性强于学术性，注重从社会效果来看学术价值，这就很容易落入政治论和功利主义的窠臼。① 诚如桑兵所指出的："凭借传媒以思想鼓动大众，又转而作用于学术，甚至以传媒方式倡导学术，结果从之者愈众，则流弊愈广。"② 梁氏为此曾自比为学术思想界的"陈涉"，③ "汉高祖"则留待后人为之。梁启超尚如此，等而下之者则可想而知。但问题是，自"启蒙"以来，这些声名显赫的学者在学术史上不仅大受推崇，甚至被神化，当年的学理粗糙不复细究，而一些不求闻达的学人，则在学术史的叙述中为人所忽视。④ 如果这种状况不加以纠正，从一定意义上来说，是将思想影响等同于学术贡献，从而学术史与思想史不分，真正的学术反思就难以展开。我们必须承认，思想与学术

———————

①　近代以来学术走向政治的状况前已论及，此处不再展开。就注重社会效果的学术功利主义来说，则至今犹影响深远，但渊源则近代开之。如新文化运动后，胡适为了证明白话文强于古文，以古文造诣极好的鲁迅兄弟为例，说他们用古文翻译小说，但"十年之中，只销了二十一册"，他论证道："这一件故事应该使我们觉醒了。用古文译小说，固然也可以做到'信'、'达'、'雅'三个字，——如周氏兄弟的小说，——但所得终不偿所失，究竟免不了最后的失败。"（胡适：《五十年来中国之文学》，见姜义华主编《胡适学术文集·新文学运动》，中华书局1993年版，第111页）此说推之于商业运作自然可通，但以此种态度来言学术，则大可商榷。致使当时与其论战的胡先骕愤而言道："一种运动之价值，不系于其成败，而一时之风行，亦不足为成功之征。"（胡先骕：《评胡适〈五十年来中国之文学〉》，《学衡》第18期，1923年6月）针对这种学术之弊，后来钱穆直指为："学术政客化、学术大众化、党同伐异与哗众取宠。"（钱穆：《中国学术通义》，台湾学生书局1975年版，第258页）

②　桑兵：《国学与汉学：近代中外学界交往录》，浙江人民出版社1999年版，绪论第7页。桑兵在他的另一本著作中则这样说道："由偏激以至众从的主流派虽然人多势众，学术路径往往不循正轨，把握近代中国学术传承的脉络，反而不能以此为线。"（《晚清民国的国学研究》，上海古籍出版社2001年版，第286页）

③　梁启超：《清代学术概论》，上海古籍出版社1998年版，第89页。

④　仅就近代史家来说，如吕思勉、蒙文通、徐旭生等，都是作出了一流贡献的大师级人物，但长期以来其贡献与其学术史上的地位并不相符，近年来，他们已引起越来越多的学者关注，正可证明，就学术史而言，内在学术理路终将超越外部的思想影响。

具有重合与互动的地方，学术史本身就具有思想史的意义，但反之则未必能成立，更何况精密的学术史研究必须从学术内容中切入与展开，而不能被思想外壳遮蔽了学术本有的内涵。①

总之，在近代学术的形成与发展过程中，虽有大量的外部因素作为其动力或阻力，但内在的学术根据是基础。无论"冲击与回应"如何强烈，学术史研究的灵魂在学术之上，只有真正切入学术内部，反观外在刺激，才可能把握真相，获得理解。所以在近代学术研究史中，面对着纷纭复杂的学术认知，"借力"和"祛魅"应齐头并进，书写出以学术为中心的近代学术史研究。

二 断裂与承继：近代学术史研究中的 古今打通与中西交融问题

有学者曾这样评价道："从整体上看，中国近代学术走的是一条中西古今比较参证、融会贯通的道路。"② 毫无疑义，古今中西问题是近代学术史上的一大关键。一般来说，晚清民初的大学者们在治学之中，多倾向于将古今中西熔为一炉。随着学术精密化，这一传统日益断裂，以今天的标准来看，这些学林巨子不免有粗放处，但其学术气象却非今日局促一隅者所可比肩。因而，在学术研究已严格专业化的今天，要进入他们的学术世界，就必须要有"横贯打通"的意识，否则知识准备

---

① 一段时间以来，随着对文化保守主义的关注，陈寅恪日渐成为了学术史上的一个神话，一些学者在推倒新文化"诸神"的同时，对陈寅恪附加了太多非学术的内容，致其成为了一个符号。陈氏作为学者的精神导师自是无可非议，也是非常必要的。但如果不深入其学术内核之中，空言陈氏的贡献，无异于当年"启蒙"诸子的学术处境，这种学术史的叙述必然因"神话"而产生虚构，是"启蒙"学术之弊的相反相成。从这个意义上来说，它恰恰是当年"启蒙"时对待"前台"学者的态度，是当年路径的延伸，只是现在"前后"易置而已。

② 麻天祥等：《中国近代学术史》，湖南师范大学出版社2001年版，第41页。

不足，就会捉襟见肘，无法胜任研究任务。①

为什么一定要"打通""交融"呢？因为我们的研究对象本就是中西古今融会在一起的，不如此，就不能真正理解他们，更无法深入到学术内部，所得也就非常有限或者浅层。

从研究内容来看，近代史是一部百年史，然而，学术乃继往开来之事，没有积淀就不能有发展。陈平原说："晚清及五四两代学人的共同努力，促成了中国学术的转型。"② 如果我们将这两代学人看作近代体系内的一个连续性的整体，那么这种转型甚至要追溯到道、咸之前，与乾嘉诸老以及今文经学间有着明显的直接承继关系。所以民国以来考证学派的新发展，以及疑古、疑经的风行，虽然借助西学之力，但都能找到清学的影子。③ 由此，晚清民初的学者特别注意对明末清初以来的学术加以梳理，如梁启超、钱穆等人展开的近三百年学术史的研究，为学术的近代转型找寻来路，思考走向，影响学界甚巨。在这一进程中，又因对汉学、宋学分际的近代思考，而再次上溯追源。可以说，正是在步步追踪的过程中，连接起了古今学术，使旧的知识资源焕发出了新的学术生命。然而，此后的学术发展日益呈现出了对传统的淡漠和断裂，时至今日不绝如缕。所以，以今天的眼光来看，清代与民国学术的传承及衔接空间尚多，许多问题还有待澄清。除了清代之外，先秦两汉与宋是最为重要的古代时段，清代主要是学术方法的直接承接，先秦两汉主要是经学问题的探研与转型，宋代则主要是性理之学与史学精神的发展。当然，这只是笼统言之，历史上各时段都有其重要性与独特性，每一时段、每一重大的古代学术问题，在近代几乎都能找到对应的发展和转型

----

① 当然，此时的学界虽有"通人"之风，但这种传统的断裂恰恰也就是从这个时候开始，以后每况愈下，界域分明。虽在一定程度上保证了研究的精密化，但随着日益"苛细"的学术取向席卷学界，时至今日，其负面效应已开始显现。

② 陈平原：《中国现代学术之建立：以章太炎、胡适之为中心》，北京大学出版社 1998 年版，第 22 页。

③ 针对民国学界风靡一时的实验派方法，林同济说："这一股风尚，在一方面看去，是外接英美正宗学派（尤其是美国派）的结果。但另方面看去，实更是上承清代三百年考证传统而推波助澜。"（林同济：《第三期的中国学术思潮——新阶段的展望》，载许纪霖、李琼编《天地之间——林同济文集》，复旦大学出版社 2004 年版，第 15 页）作为民国学人，林氏身处其中，可谓一语中的。

面。而所谓的先秦两汉与宋、清，也不仅仅是限于某一时段的史事而言，若由此扩展，则经学、诸子学、宋学、汉学与清学的研究，纵横上下，绝非一个时段所能包含。从一定意义上来说，如果没有对古代尤其是先秦两汉、宋及清的学术了解，近代的学术研究就失去了知识根基。[1]

然而，近代学术的不同不仅仅在于继承，更在于引进。西学成为了中国学术发展的有力依托和方向标，所谓的学术转型其实就是按照"西学"方法来改造"中学"，今日我们知识界的学科划分、学术规范等，无不来自西。激进派可以不论，就是文化保守主义者又何尝不是以"西学"来保证"中学"的发展呢？如果着眼于学术意识的改变，从一定意义上来说，近代学人的知识结构只有西化程度的不同，没有谁可以置身事外。[2] 唐君毅说："国人日益动荡摇摆于新旧间与诸新间，左顾右盼，荆棘横生，矛盾百出，此乃中国文化从古至今未有之变局。"[3] 所谓的"新旧"之间，所谓"新"又有"新"，在近代知识界，以西学为代表的"新"势力可谓无孔不入。以推扬孔孟为天责的唐氏就西学底蕴深厚，与其同属新儒家的牟宗三更是一流的康德研究专家，西学为他们的文化保守主义的发展提供了重要的知识基础。可以说近代以来，几乎每一个重大的"中学"问题的背后都有着西学的理论依托，所以没有对"西学"的了解，我们就不可能真正把握近代学术。

从对史料的研读来说，近代学术史也迫切需要"打通"和"交融"。众所周知，古代典籍由于文字古奥，往往带来了研读上的困难，一些人视古史研究为畏途，而想当然地认为近代材料明白易晓，难度不大。这当然是一种误解和浅见，就学术史而言，晚清民国的学者大多能写古文，有些人力追先唐、先汉，甚至故意炫学，像章太炎等人的文章

---

① 陈寅恪主要研究时段是魏晋隋唐，但是，陈氏非今日一般的专家所能比拟，他从不固守于魏晋隋唐，所以博通四部，眼光宏观，并特别推崇宋代史学，对清儒的学术方法烂熟于胸。

② 关于这一点，可参看拙文《知识体系的转型与文化传统的守护：从胡先骕的知识结构看〈学衡〉的文化保守主义》。

③ 唐君毅：《中国文化之精神价值》，江苏教育出版社2006年版，第51页。

就未必比宋明时代的古文更通畅。即使是新文化人，也大多古学修养犹在，典故、隐语等处处皆是，所以没有古代根基难入近代堂奥，只能在外围打转。如果是对国学大师做研究，他们所涉及的古代文献，如历来被视佶屈聱牙的经学著作等，更是令人头痛。从一定意义上来说，这是一种"古代研究的研究"，古史和古文献的功夫是必须要做的，否则不仅影响研究的深度，甚至可能造成相当的误读。如严复晚年在与其学生熊育鍚的通信中提出了"执两用中"的问题，这本是儒家的一般理念，然而被一些学者误为"执西用中"，并进而解释为一种文化保守主义的新立场，是"重构中华文化的准则"，并在学界产生了广泛的影响①。之所以出现这样的误读，一个根本因素就是忽视了对古文献的研读，知今不知古，错讹就在所难免了。

"古今打通"是从时间上来说的，"中西交融"则主要体现在空间上。近代以来的中国学术已经融入了世界体系，除了利用西学开展学术工作之外，许多学人还跨美入欧，访学域外，在西方留存了相当可观的中国近代学术资料，不仅如此，西人对近代中国的研究也成果颇丰，郭廷以曾说："近代中国史的研究，具有重要的国际性。不仅国外有不少学者致力于此项工作，而所需的资料亦为多元的。"② 这就要求我们对于西方资料有着起码的释读能力，这种能力主要体现在两个方面，一是一手资料；二是西学理念。从第一个方面来说，由于许多学者援西入中，追溯其西学的源头，势必要进入外语世界。黄克武曾以严复研究为例，指出："研究者必须要对严复所翻译的典籍有深入的认识，也对英文与严复所运用的典雅的文言文（尤其是各种典故）有充分的掌握，才能深入了解严复翻译的过程与思想特色。"当然这种打通交融的难度不小，所以他接着说道："这样的条件并不容易在一个人身上具备，因此一个可行的方法是中外学者的合作或历史学与其他学科（如政治学、社会学、经济学与逻辑学等）之间的整合，共同从事研究，这样或许比

---

① 参见拙文《严熊书札三题》，《东吴历史学报》第 23 期，2010 年 6 月。
② 郭廷以：《缘起小志》，《"中央研究院"近代史研究所集刊》第 1 期，1969 年 8 月，第 2 页。

较容易做出一些新意。"① 其实这种研究无论是一人独力承担还是合作，基本的前提是，学术意识必须到位。当然，近代学术史研究中最主要的还是中文材料，但是近代学人多以西学观念来进行研究，即便最为传统的国学也是如此，如王国维的《红楼梦评论》，就是"取外来之观念，与固有之材料互相参证。"② 诚如有学者所指出的："近代中国被动进入以欧洲为中心的世界体系，无论肯定与否，参照比附西学为中土学人的一大共性。"③ 所以即使是面对中文材料，西学的了解也是必要的。

从学术发生学的角度来看，近代学术从其产生发展开始，中西古今就是混合在一起的，没有太多泾渭分明的界限，也正因为如此，才促进了学术的大发展。王国维说："余正告天下曰：学无新旧也，无中西也，无有用无用也。凡立此名目者，均不学之徒，即学焉而未尝知学者也。"④ 要言之，"新"后面有"旧"，"中"后面藏着"西"。要人为地将其剥离开来，是不可能也是没有必要的。胡适是号称全盘西化的学者，对中国古代文化说过很多不屑之语，然其研究终究摆脱不了传统的印记，在他刚刚出道之时，还曾一度被认为是乾嘉后学。⑤ 所以唐德刚说："深殖于传统之内的老辈学人（包括胡适之先生），是摆脱不掉传统的。"⑥ 而引入中国的西学由于存在不同的渊源与宗旨，近代以来中国学者多打笔仗，它们往往就成为了论战的理论基础和学术宗主，有学者指出："历史较长的欧洲在精神文化上轻视后起的美国，其源有自。

---

① 黄克武：《严复研究的新趋向：记近年来三次有关严复的研讨会》，《近代中国史研究通讯》第 25 期，1998 年 3 月，第 11—12 页。黄氏本人就曾与墨子刻（Thomas A. Metzger）进行过合作，对严复的译本和原本进行对读研究，其成果颇为学界关注。

② 陈寅恪：《〈王静安先生遗书〉序》，载氏著《金明丛稿二编》，生活·读书·新知三联书店 2001 年版，第 247 页。

③ 桑兵：《近代中外比较研究史管窥——陈寅恪〈与刘叔雅论国文试题书〉解析》，《中国社会科学》2003 年第 1 期，第 201 页。

④ 王国维：《〈国学丛刊〉序》，载傅杰编校《王国维论学集》，中国社会科学出版社 1997 年版，第 403 页。

⑤ 蔡元培在胡适的《中国哲学史大纲》的序中说："适之先生生于世传'汉学'的绩溪胡氏，秉有'汉学'的遗传性。"（上海古籍出版社 1997 年版）梁启超则说他："而绩溪诸胡之后有胡适者，亦用清儒方法治学，有正统派遗风。"（梁启超：《清代学术概论》，第 7 页）

⑥ 唐德刚：《当代中国史学的三大主流》，载氏著《史学与红学》，传记文学出版社 1991 年版，第 4 页。

胡适与《学衡》派的争议，某种意义上也有欧美文化异趣的味道。"①
其实，近代以来许多学术文化的争论都有着西学的背景，这种现象已成
为那个时代的通例。总之，中西古今成为了近代学术形成发展的基本要
素，它们互相渗透、互为作用。1925 年，吴宓在清华国学院的开学演
讲中，提出了研究院教师的学术资格问题，一要通知中国学术文化之全
体；二要具备正确精密的科学治学方法；三要熟悉欧美、日本学者研究
东方语言及中国文化之成绩。② 此一个案，极好地体现了近代学界对打
通古今中西的自觉和迫切。

三　同情之同情、了解之了解：
近代学人的心路与学路

　　近代是中国学术剧烈转型的时代。旧的不断崩解，新的尚在摸索之
中，学术社会的走势呈现出各种不确定性，于是歧见乃至论战蜂起迭
出，加之各种外在因素横插其间，近代学人的学路历程注定复杂而多
元。如果说中国古代也有学术转型的话，至少自秦汉以来，只是知识体
系内的转换与补充，是一种内部转型；而近代则是学术范式的全面改
造，属于革命性的变化。

　　人脱离不开时代而存在，近代的社会环境给学人带来了前所未有的
压力，也展现出了难得的学术发展机遇，因而考察学术史，就必须将他
们的心路历程作为主要参考系，以"同情之了解"的态度去看待那一
时代的学人与学术，如此，才可能深入近代的学术世界之中。众所周
知，"同情之了解"的提法来自陈寅恪，是针对当时的学者对古代学术

　　① 桑兵：《国学与汉学：近代中外学界交往录》，第 178 页。
　　② 吴宓：《清华开办研究院之旨趣及经过》，清华大学校史研究室编：《清华大学史料选
编——清华学校时期（1911—1928）》第一卷上册，清华大学出版社 1991 年版，第 374 页。

缺乏"同情"而提出的批评,① 移之以治近代学术史不仅适用而且必要。因为近代学术是在对古代学术进行全面检讨之上发展起来的,从一定意义上来说,近代学术史的讨论基础要从"古代研究的研究"开始。与古史研究不同的是,这种"同情"与"了解"具有两重性,既要了解近代学者所研究的古代世界,更要了解他们何以如此言说。所以,这是一种同情的同情,了解的了解,同情和了解的观照点在古代与近代之间要不断地位移。

我们可以看到,由于各自立场的差异,对于传统中国,近代学人解说各自不同,甚至面相迥异。追求"全盘西化"的胡适,看到的只是"三千年的太监,一千年的小脚,六百年的八股,四五百年的男娼,五千年的酷刑"。他大声宣告:"认清了我们的祖宗和我们自己的罪孽深重,然后肯用全力去消灾灭罪,认清了自己百事不如人,然后肯死心塌地的去学人家的长处。"②而强调"对其本国以往历史之温情与敬意"的钱穆,则真真切切地发现了中国文化中可亲的一面,所谓"别有一管弦竞奏,歌声洋溢之境也"③。面对着这样的极端对立,我们的第一反应往往是:谁更与古人之情实相合? 一旦有见,自然会有扬有抑,甚至陷入笔仗之中。如果对古代问题进行再研究,这样的学思之路无可厚非,然而,如果是作近代学术史研究,则不能无端地跨过那个时代以及学人的具体情境去径直言说。无论支持哪一方,立场应先放一边,在此首先要问的是,是何种情境使他们发出了如此不同的声音? 我们应力避跨越近代直入古代,因为这样极易转换为强烈的学术批评,跨入论战的一垒

---

① 陈寅恪在为冯友兰的《中国哲学史》上册所作的审查报告中指出:"凡著中国古代哲学史者,其对于古人之学说,应具了解之同情,方可下笔。盖古人著书立说,皆有所为而发。故其所处之环境,所受之背景,非完全明了,则其说不易评论。"(《审查报告一》,载于冯友兰《中国哲学史》下册,华东师范大学出版社 2000 年版,第 432 页)有学者归纳道:"化繁为简,陈寅恪所说的'真了解'、'了解之同情',可以'设身处地'、'感同身受'二语出之。"(彭华:《"同情的理解"略说——以陈寅恪、贺麟为考察中心》,上海大学历史系、上海大学古代文明中心主办"中国传统学术的近代转型"国际学术研讨会,2009 年 10 月)
② 胡适:《三论信心与反省》《写在孔子诞辰纪念之后》,载欧阳哲生编《胡适文集》第5 册,北京大学出版社 1998 年版,第 399、410 页;《再论信心与反省》,载《胡适文集》第5 册,北京大学出版社 1998 年版,第 391 页。
③ 钱穆:《国史大纲》(修订本)引论,商务印书馆 1994 年版。

后，与近代学术史的研究将渐行渐远。要言之，学术批评主要关注的是正误是非，属于"为什么"的问题；而学术史则应聚焦于学术如何发生，属于"是什么"的层面。当然，理解不代表肯定，同情不是代言，是非立场自当存于学者之心。我们只是强调，不用己见或"正解"来消解近代学术的产生和发展过程，即便是极端厌弃的观点，也需平等待之，否则，当我们批评近人缺少对古代"同情"的时候，我们对他们的"同情"又在哪里呢？

所以，我们在此先放开"应然"的问题，不对近代学人的立场态度做过多的评判，而是将眼光聚焦于他们的心路如何影响了学路，我们的态度又当如何。

回顾学术近代化的历程，我们可以看到，当中国步入近代之后，正统派的乾嘉之学已无法抗衡西学的冲击，固守当年的学术范式将难以为继，突破桎梏成为势之必然。于是新兴的今文学派借助西学理念一度兴盛，但它毕竟是经学内部的运动，既不能完全地从中世纪学术中走出，也不能彻底替代乾嘉学术，民国之后，对其进行扬弃也就成了题中应有之义。对于这些学术变化，王国维曾认为，它们是在外力催逼之下的必然，是"时势使之然也"，他说："今者时势又巨变矣，学术之必变盖不待言。"① 要之，学术随着"时势"在不断变化，超越乾嘉，突破传统，越来越成为学术生命力得以延续的重要保证。20 世纪 20 年代，陈寅恪在返国前夕表示："如以西洋语言科学之法，为中藏文比较之学，则成效当较乾嘉诸老，更上一层。"② 这段表态说明了两个问题：一是新学术的发展必须以超越乾嘉为目标；二是要更上一层楼，就必须借鉴西方的科学方法，援西入中、以西补中成为了近代学术的常态。

然而，时代的巨变早已改变了传统的学术格局，外界的发展已容不得中国学人闲适缓慢地进行学术自我改革。当中国成为世界学术一部分的时候，中国学者猛然发现，我们离世界学术的要求还很远，不仅在自

---

① 王国维：《沈乙庵先生七十寿序》，载《观堂集林（外二种）》，河北教育出版社 2001 年版，第 721 页。

② 陈寅恪：《与妹书》，载陈美延编《陈寅恪集·书信集》，生活·读书·新知三联书店 2001 年版，第 1 页。

然科学方面，在人文社会学科，乃至于传统国学方面，我们都有着不小的距离。最为刺激中国学人的是，汉学或东方学的正统也已西移，于是如何最快地夺回这一学术中心，成为许多学人念兹在兹的东西。陈寅恪曾作《北大学院己巳级史学系毕业生赠言》诗："群趋东邻受国史，神州士夫羞欲死。田巴鲁仲两无成，要待诸君洗斯耻。"① 对中国传统学术不振，学子纷纷至域外受学的现象痛心疾首，洗耻争胜之心可谓强烈异常。此后，鼓吹"史学就是史料学"的傅斯年也在西方的刺激下投身学术新范式的建立，他的为学理念，创立史语所的宗旨，也多与外来刺激直接相关，如他说："西洋人作学问不是去读书，是动手动脚到处寻找新材料，随时扩大旧范围，所以这学问才有四方的发展，向上的增高。""我们要科学的东方学之正统在中国。"② 这些无不是与西人争胜的后果。总之，从学术意识上来看，近代学人是具有强烈危机感和变革意识的群体。他们要为后世开规范，又要在西学的夹击中冲开一条血路，心中的不平和忧思是不言而喻的。所以他们大多有种急迫感，好胜之心无往不在，他们像战士一样去冲锋，再也不能像传统士大夫那样宽袍大带，悠游于学术。这样的学术世界充满了张力，但同时也混杂了许多的意气之争；在对传统的研究中，既有现代性的方法以作助力，同时又与固有的文化气脉渐行渐远；所以这一时代既留下了大量的学术经典，也有失之于偏的作品夹陈其间。无论我们怎么去看，无可置疑的是，在那个时代，学术的得与失、利与弊紧紧地裹挟在一起，学术性的思考与非学术性的情绪不离须臾。

毫无疑问，学术的转型不可能一帆风顺，只有历经转折，方能突破困境。从知识取向上来看，近代以来"中学"衰微，借助"西学"之力，学术范式发生了巨大改变，在近代眼光之下，历史文化以及传统学术中的一些弊端开始显露无遗。于是对于传统中的诸要素是"破"是

---

① 陈美延编：《陈寅恪集·诗集（附唐篔诗存）》，生活·读书·新知三联书店2001年版，第19页。

② 《历史语言研究所工作旨趣》，《"中央研究院"历史语言研究所集刊》创刊号，1928年10月，第5、10页。关于争汉学正统问题，亦可参见桑兵《晚清民国的国学研究》，第200—203页。

"立"，成为了当时主要的学术焦点问题。然而，近代以来，"破"多"立"少，"破"是压倒一切的。但问题是，"打倒"与"革命"固然痛快，如何重建一个真实可信的传统，却困难重重。例如，疑古派认为中国古史材料多有伪造，应该"缩短二三千年，从诗三百篇做起"①，以至于东周以上无信史。王国维为此批评道："与其打倒什么，不如建设什么。"② 怎么建设？无外乎两个层面，一是接续传统而加以改造；二是借助西学进行研究。虽二者相互关联，互为作用，但在那个时代，一般来说，多以后者为重。高明者固然可以融汇中西，但是牵强比附也成为了常见的毛病。这种不足的造成，除了对于学术了解不深之外，还有就是态度问题。有学者在比较了胡适与冯友兰两本《中国哲学史》之后指出：

> 为什么冯友兰能够守住哲学与哲学史的分际？而不会像胡适那样，把《中国哲学史》变成了新实在论的宣传品？个中原因，端在于冯氏在撰写《中国哲学史》时，能恒常地对中国古代哲学家及其学说怀有一种同情与敬意。③

毫无疑问，当一些学人带着西来的知识傲慢来审视传统时，选择性的遮蔽乃至扭曲就在所难免。所以徐复观说："治学的态度比方法更重要。"④ 然而，当一些学养甚深的学者也采取这种态度，并成为那个时代的学术风标的时候，我们就要思考了，到底是什么环境和背景在起着作用？这是我们必须认真面对的严肃课题。

---

① 胡适：《自述古史观书》，载顾颉刚主编《古史辨》第一册，上海古籍出版社1982年版，第22页。另外顾颉刚在《自述整理中国历史意见书》（《古史辨》第一册，第35页）中说："照我们现在的观察，东周以上只好说无史。现在所谓很灿烂的古史，所谓很有荣誉的四千年的历史，自三皇以至夏商，整整齐齐的统系和年岁，精密的考来，都是伪书的结晶。"

② 顾潮：《顾颉刚年谱》，中国社会科学出版社1993年版，第139页。

③ 翟志成：《师不必贤于弟子——论胡适和冯友兰的两本中国哲学史》，《新史学》第15卷第3期，2004年9月，第128页。

④ 徐复观：《由〈尚书·甘誓〉、〈洪范〉诸篇的考证看有关治学的方法与态度问题——敬答屈万里先生》，载《中国思想史论集续编》，上海书店出版社2004年版，第61页。

　　除了宏观的世风与学风考察，我们当然也要从学术发展的最微小处作出动态的分析。从学术转型的过程来说，一个学者的学术成长并非一以贯之，中间可能有着许多的波折和反复，而这些都是时代发展之下的一种个性表现。例如，吕思勉一直受着今文经学的影响，虽然在20世纪20年代他就声称今古文同等地位，立志从事新的史学研究，但是他用了近二十年的时间，才彻底从经学思维中抽身出来。吕氏是位笃实的史家，不作文过饰非之词，其理想与实践之所以产生差距而不自知，是当年知识结构潜在的影响。① 总的来说，近代学人是夹在中西古今之间的一代，他们既想补救乃至颠覆传统学术，更希望在学术上尽快超越西方，为后世开辟一条新路。他们是矛盾混合体，是各种学术元素交融的产物，他们被时代所造就。

四　结语

　　本文从学术的内在理路出发，以近代学术发生发展的内在驱动及学术个性为主要切入点，就其研究路径进行了一些方法论的思考。

　　笔者以为，作为"研究的研究"，学术史研究在学术认知上具有历史性和学术性的双重任务。以往的一些认知未能深入堂奥，甚至南辕北辙，除了受限于学者的学术能力，更受到了各种学术之外的因素影响，尤其在近代社会中，学术与政治、社会、思想等之间的关系纠缠扭结，难以划清界限。在救亡与启蒙的双重任务下，近代学人一方面为后世提供了大量宝贵的学术财富，另一方面，也出现了思想性强于学术性，注重从社会效果来看学术价值的偏向，从而易于滑入政治论和功利主义的窠臼。所以在近代学术史研究中，应将学术本身作为研究的核心内容和内在依据，需特别注重对以往学术认知及学术认知史的梳理，厘清学术形成和发展的真实历程，使研究回归到学术中心之上，从而为深入的研究提供知识基础。

---

① 关于这些，可参见拙文《吕思勉学术体系中的经学问题》，《史林》2010年第4期。

　　不仅如此，中国近代学术史的研究要向着纵深发展，还必须具有全局意识，深入近代学术的内在世界之中，进行"古今打通"和"中西交融"的研究是势之必然。也即是，将近代学术的发展作为整个学术史中有机的一环加以考察，从其背景及路径中，观察学术转型所涉及的古今中西各要素在其中所起的作用。由于在近代学术的形成和发展过程中，"古今中西"问题一直融汇在一起，它们互相渗透、互为作用。从研究内容来说，每一时段、每一重大的古代学术问题，在近代几乎都能找到对应的发展和转型面。与此同时，几乎每一个重大的"中学"问题的背后都有着西学的理论依托。从对史料的研读来看，古文世界与外语世界的熟悉乃至精通更是研究的必要条件。

　　近代学术的发展不是凭空而来，从学脉传承而言，它接续古代而来，所以近代学术史的讨论基础要从"古代研究的研究"开始。从方法论的更新来看，由于西学的引入和深化，促成了它最后的转型。在"古""西""夹击"之下的近代学人，为了学术的自主地位，一方面要努力超越乾嘉，另一方面要与西人争胜，心境焦虑而急迫，知识结构则夹于中西古今之间，他们的心路历程与学路走向关系甚密。所以，我们对于他们必须要有一种"同情"与"了解"，如此，方能与其学思之路相契合。这种"同情"与"了解"具有两重性，既要了解近代学者所研究的古代世界，更要了解他们言说的近代环境。所以，这是一种同情的同情，了解的了解，同情和了解的观照点在古代与近代之间要不断地位移。

　　总之，近代学术社会纷纭复杂，外在的因素极大地刺激了学术的发展形态，也牵引着后世的研究目光。然而，我们只有更深入地切入学术内在理路之中，以学术内容作为学术史研究的内核和灵魂，准确地理解近代学人的心路和学路，才能够真正深入堂奥，贴近历史的真实，找准文化的气脉。

原刊于《江西师范大学学报》（哲学社会科学版）

2011 年第 1 期，改定于 2016 年 5 月

王国维经学路向与新史学之构建

　　王国维在中国近代学术史上的开创性地位，历来为学界所公认。尤其自辛亥年后，他转治经史之学，以"二重证据"之法董理古代资料，被奉为"新史学的开山"[1]。王国维的史学以考订见长，长期以来被视为新史家中的考证派巨子。[2] 众所周知，考证之学兴盛于清，就时间而言，以乾嘉时代为高峰期；从内容来说，以释经为主。所以，王国维的史学成就与传统学术，尤其是经学之间有着极为重要的联系，他的很多成果正是在清代经学家的基础上推进产生。研读其著述，尤其是代表作《观堂集林》，可以看到，王氏所论，尤其是重点论及的殷周礼制中的一系列问题，多属清代经学家聚讼纷纷，难有定见的论域。王国维利用新材料与新方法，通过严密的考证，补正前贤，拓其范围，将经学家的旧识引入了史学场域，为研究开辟了新路。金毓黻说："吾谓与其谓为旧学之进步，无宁谓之国学之别辟新机；与其谓从古未有之进步者为考证学，无宁谓为史学。"[3] 从一定意义上来说，如果对王国维的旧学，尤其是经学状况没有深入的了解，势必影响对其学术的准确判断。为此，笔者不揣浅陋，以王氏的经学路向为切入点，观察在其新史学的构

---

　　① 郭沫若：《十批判书》，东方出版社1996年版，第4页。

　　② 如周予同将王氏被定义为"考古派"史学的代表（周予同：《五十年来中国之新史学》，此文收录《周予同经学史论著选集》（增订本），上海人民出版社1996年版）。周氏观点形成于20世纪40年代，但影响颇大，如胡逢祥、张文建的《中国近代史学思潮与流派》（华东师范大学出版社1991年版）就沿用周说。此外，在许冠三的《新史学九十年》（岳麓书社2003年版）中，王国维被作为"考证学派"代表而出现；林甘泉则说：王国维的研究，"标志着近代实证史学在中国开始创立"（林甘泉：《二十世纪的中国历史学》，《历史研究》1996年第2期）。

　　③ 金毓黻：《中国史学史》，河北教育出版社2000年版，第397页。

建中，这一传统学术因素占据何等地位，对于王氏的学术发展起到何等作用，以至于如何转化为新的学术资源。并希冀通过这一个案的探讨，更深切地观察和体会近代学术转型中的知识理路及学科范式的转换。

一 从"不喜《十三经注疏》"到"发温经之兴"：王国维学术转向中的经学面貌

在王国维的一生中，曾发生多次学术转向，王氏弟子徐中舒将他的"为学次第"分为四个时期，二十二岁（1898 年）前，"治举子业，兼治骈、散文"，是为第一期；二十二岁至三十一岁（1907 年），"先治东、西文字，继治西洋哲学、文学"，是为第二期；三十一岁至三十六岁（1912 年），"专治词曲"，是为第三期；三十六岁后，"尽弃前学，专治经史"，是为第四期。其中最重要的是最后一次转向，此期进入了王氏的学术"自创时代"，"成从古未有之盛"[①]。王国维为人所称道的史学成就，就完成于这一时段，并且伴随着王氏的经学大转型而来。

这一关键期起自 1911 年辛亥革命爆发，王国维随罗振玉寓居日本京都，开始致力于古史研究，此后日渐享誉学坛，直至 1927 年投湖殒命。在这一时期中，尤为值得关注的是在日本的五年。在王国维 1916 年返国前的四、五年，他在此地一直沉潜于经史、小学之中，笔耕甚勤，为以后的学术发展奠定了坚实的基础。王国维曾追忆道："自辛亥十月寓居京都，至是已五度岁。实计在京都四岁余。此四年中，生活在一生中最为简单，惟学问变化滋甚。"[②]"变化滋甚"中最引人注目处，当属为了古史研究的深入，开始系统地研习经学和小学，尤其是认真研读《十三经注疏》。在 1913 年 3 月给缪荃孙的信中，王国维表示："日读《注疏》一卷，拟自'三礼'始，以及他经，期以不间断，不知能

① 徐中舒：《王静安先生传》，载陈平原、王枫编《追忆王国维》，中国广播电视出版社 1997 年版，第 198—199 页。

② 袁英光等编：《王国维年谱长编》，天津人民出版社 1996 年版，第 140 页。

持久否?"11 月，他再次提及此事，说道："今年发温经之兴，将《三礼注疏》圈点一过。"①

辛亥前的王国维，学术兴趣主要在哲学和文学上，经学不是他的研习重点，三十岁时，他对自己早年的学习经历做过如下的回顾：

> （小时）家有书五六箧，除《十三经注疏》为儿时所不喜外，其余晚自塾归，每泛览焉。十六岁时，见友人读《汉书》而悦之，乃以幼时所储蓄之岁朝钱万，购前四史于杭州，是为平生读书之始。时方治举业，又以其间学骈文、散文，用力不专，略能形似而已。未几而有甲午之役，始知世尚有所谓学者。②

从"不喜《十三经注疏》"到"发温经之兴"，对于一代学术大师来说，绝对是一个值得关注的问题。长期以来，被"不喜《十三经注疏》"这样的自白所牵引，学界多忽略王氏辛亥前的经学或国学修养，甚至有人错误地认为，王氏到日本后才真正开始这一领域的学习。有学者这样评说道："王国维治国学，时间很短（连学带干才 16 年），但成绩很大。"③此处所论及的国学就是经史之学，"16 年"指的是辛亥后王国维 36 岁至 51 岁离世这一时段。王氏早已言明，少年时购"前四史"为"生平读书之始"，那么，这里所谓"连学带干"的国学应是刨除了史部之学的经学，及附之于经学之上的小学了。然而，如果 36 岁时才开始研习艰深晦涩的经学，无论怎么天才，也无论如何勤奋地"连学带干"，要取得如此震烁古今的成就，都是不可想象的。

问题的关键在于，如何准确地理解研习经学与《十三经注疏》的关系。

《十三经注疏》无疑是经学研究的基本典籍，更是清代经学大师反

---

① 吴泽主编：《王国维全集·书信》，中华书局 1984 年版，第 35、37 页。

② 王国维：《自序一》，载傅杰编校《王国维论学集》，中国社会科学出版社 1997 年版，第 407 页。

③ 李零：《我读〈观堂集林〉》，《书城》2003 年第 8 期。按：这里的"国学"一词在使用上易引起歧见，王氏在辛亥前治词曲，从一定意义上看，也是国学研究。

复涵泳琢磨的文献。尤其是清代汉学，正是在注疏文本上得以发展建立，一系列师法、家法的知识基础肇基于此，它对于经学研究的意义毋庸多言。然而，通往经学之路并非仅此一途，王国维少时治举业，对于经学的另一支，经宋学的"四书五经"系统当不陌生。在早年的哲学及文学研究中，他引经据典，经文文字信手拈来，在论述中国哲学问题时，如在《论性》《释理》《原命》等文章中，宋儒的经说也往往可见。"发温经之兴"，其实已经说明，这是一种"温故而知新"的研究，而不是从头开始的学习。换言之，王国维虽在少时"不喜《十三经注疏》"，但并非意味着他不熟悉经学，再说这套书他至少已翻阅一过，倘使束书不观，不喜之感何来呢？所以，对于这类典籍他从来不曾陌生，只是对于《注疏》尚未下力而已。他曾对人说："维于经说、小学素乏根柢，赴东以后始致力于此。"[1] 此处需引起注意的是，王氏所言"素乏根柢"的不是经学，只是"经说"，主要是汉唐之后的经疏。在《周礼注疏》读毕后，他曾在《注疏》本上做一跋语："此时注意于疏，而于经注反觉茫然。"[2] 换言之，以前的王国维曾注意于经文经注，而忽略了疏，由此可见，王国维读《十三经注疏》，是有选择性地"补课"，即在对经文了然于胸的前提下，关注于经说，为此后的学术研究打下更为坚实的基础，而非全体茫然，从头来过。所以在民国时代，对于王国维的经学研究极为不满的黄侃曾这样抨击道："国维少不好读《注疏》，中年乃治经，挟其辨给，以炫耀后生。"[3] 仔细玩味黄文，可以发现，"中年乃治经"，并不是说王国维中年以前不知晓经学，而是斥责他没有像传统经学家那样从《十三经注疏》入手。来自正统派的黄侃，更多的是对王氏不遵传统师法、家法的不满，对其治经"歧路"的不屑。然而与此同时，胡适却推崇王国维为"新经学的大师……是近代一个学问最博而方法最缜密的大师"[4]。胡适对王国维的推崇，与黄

① 王国维：《致柯劭忞（1917 年）》，《王国维全集·书信》，第 232 页。
② 赵万里：《王国维先生年谱》，台湾商务印书馆 1978 年版，第 17 页。
③ 黄侃：《黄侃日记》，中华书局 2007 年版，第 313 页。
④ 胡适：《我们今日还不配读经》，载欧阳哲生编《胡适文集》（第五册），北京大学出版社 1998 年版，第 440 页。

侃之说，可谓针锋相对，个中关键，当在经师立场，所以在黄眼里路子甚野的王氏，从胡适看来却是"方法最缜密"。由此完全可以说，辛亥前的王国维虽不侧重经学研究，不遵从清学传统路数，但对经学的了解是充分而足够的。转向后，王国维更加苦心研经，为此后的学术发展打下了坚实的基础。

于是，"温经"成为了学术新起点，"温经"后的王国维在学术上有了极其明显的变化。

就经学典籍的研读来说，转向前的王国维对于阐发义理的《周易》《中庸》等颇为倾心，① "温经"之后，最关注的典籍成了"三礼"（《仪礼》《周礼》《礼记》）及《尚书》，"温经"即从"三礼"的研读开始。王氏希望借此以探明古代制度，为古史研究打下第一块基石。就经史的研读成绩来说，转向后的王国维最大的学术贡献当在古史新证，提出了为后世所称道的"二重证据法"，在这种地上、地下资料的交互论证中，甲骨、金文的释读起到了关键性的作用。长期以来，学界对于王氏的古文字学成绩倍加推崇，许多人将其视之为王国维学术研究的基点。如有学者曾这样评价道："王国维的最大建树是对中国古史的研究，而古史研究的出发点在古文字学，其立足点在小学。"②

众所周知，在传统学术中，小学是附于经学之下的一门学问，为治经的利器及途径。罗振玉、王国维则将小学推进为古文字之学，二者实为继承和发展的关系。故而，从传统学术的视角来看，我们完全可以将王氏的小学及古文字学的研究，看作其经学研究的一部分，为其内涵和范围的延展。不仅如此，无论是小学还是古文字学，都是治经史之学的工具。王国维非常明了它的重要性，所以在读"三礼"《注疏》的同时，开始研读段玉裁的《说文解字注》，加上不时向罗振玉请教古文字

---

① 王国维在《书辜氏汤生英译〈中庸〉后》中说："儒家之有哲学，自《易》之《系辞》、《说卦》二传及《中庸》始。"（《王国维论学集》，第390页）

② 袁英光：《新史学的开山——王国维评传》，上海人民出版社1999年版，第263页。

学，① 此路一通，学术精进。但是王国维也很明白，文字学只是工具，是释经考史所必需，他曾说："比年以来，拟专治三代之学，因先治古文字学……（小学及古文字学）其有益于释经，固不下木简之有益于史也。"② 这句话清楚地点出了两个问题：一是"先治古文字学"，是为经史之学的三代研究做准备；二是这种治学工具"有益于释经"。从一定程度上说，研习文字学，就是治经的需要，在一封给日本学者的信中，王国维更清楚地点明了这一想法："近年治礼，旁及古文字。"③ 所谓"旁及"，正说明了这种研究是为了解决经学研读的需要，总之，无论从哪个方面来看，文字之学与王国维的经学研究都息息相关，它由经学研究引出，为经史考订服务。

在署名罗振玉，实则王国维自撰的《观堂集林》序中，④ 曾这样总结王氏的研究目标："盖君之学，实由文字声韵以考古代之制度文物，并其立制之所以然。……自兹以往，固将揖伏生、申公而与之同游。"此段文字中有三点值得我们注意：（1）王国维学术研究的主要方向是考订古史中典章制度的创设及其原因，即所谓"古代之制度文物，并其立制之所以然"。（2）为达成这一目标，必须以"文字声韵"的小学功夫为基础。（3）这种研究的成效当与西汉传经的伏胜、申培等同，即恢复经学典籍的真实面貌，而不是简单的注释阐发。毋庸置疑，以上三点都必须扎根于深厚的经学基础之上。所以，经史转向后的王国维特别看重经学（包括小学）水平的提升，在日本的"温经"及各种研习，皆为此而发。在他看来，经学是学术的根基所在，他必须尽力补上这一学术短板，否则将难有所成。总之，随着经学在王国维学术中基础性地位的确立，它逐渐由边缘转入了核心地带，成为了所谓的"根柢"

① 赵万里在《王国维先生年谱》（第17页）中说："先生读三礼时，又圈读段茂堂《说文解字注》一过。"王国维在《国朝金文著录表》序中则说："国维东渡后，时从参事问古文字之学。"（《观堂集林（外二种）》，河北教育出版社2001年版，第181页）
② 王国维：《致缪荃孙（1914年7月17日）》，《王国维全集·书信》，第40—41页。
③ 钱鸥辑：《致铃木虎雄——王国维佚札七通》，葛兆光主编《清华汉学研究》（第二辑），清华大学出版社1997年版，第133页。按：此札所引文字写于1913年6月27日，为第六通书札。
④ 关于这点，可参看李学勤《观堂集林（外二种）·前言》。

之学。

二 深入乾嘉开"罗王"：从"条驳" 俞樾到程、段之学

在学界，"罗、王之学"一直为人所称道，王国维的新史学即建基于此。它由罗振玉发之，王国维成之，王氏的成果最为代表。其最大特点，概言之，以古器物及出土文献，与典籍结合进行研究，将旧的金石之学拓展为器物学，由传统小学发展出古文字学，并在此基础上产生了甲骨学、金文学、简牍学等各种新兴学问，并最终形成了世所称道的"二重证据法"。对于"罗王之学"，陈梦家曾总结道：

> 所谓"罗、王之学"者乃是：（1）熟悉古代典籍；（2）并承受有清一代考据小学音韵等治学工具；（3）以此整理地下的新材料；（4）结合古地理的研究；（5）以二重证据治史学、经学；（6）完成史料之整理与历史纪载之修正的任务。①

由陈说，可以看到，罗王之学虽然是新方法、新学问，然而，根子却扎在传统的经学、小学之上。

研究经学绕不过清代，经学是清代最盛的学问。梁启超说："清学自以经学为中坚。"② 毫无疑问，王国维的经学研究自当立基于清。在清代，经学界分化为今文、古文两大阵营，到了王国维时代，这两派虽有融合之势，但总体上还是泾渭分明。其中古文经学自乾嘉学派以来，偏重于语言及事实的考订，以求是、求古为旨趣，巍然成为正统派。而今文学则接续常州学派余绪，以西学比附经义，偏好阐发微言大义，发扬经学致用一面，从魏源、龚自珍以来，到康有为集其成，对传统的古

---

① 陈梦家：《殷墟卜辞综述》，中华书局1988年版，第51页。
② 梁启超：《清代学术概论》，上海古籍出版社1998年版，第49页。

文派发起了猛烈的挑战，使得学风丕变，经学营垒一裂为二。梁启超说："以其极幼稚之'西学'知识，与清初启蒙期所谓'经世之学'者相结合，别树一派，向于正统派公然举叛旗矣，此则清学分裂之主要原因也。"① 王国维的经学研究偏向的是古文派，因而与乾嘉之间一脉相承而又有突破。王国维的弟弟王国华在总结其兄的学术成就时说："先兄治学之方虽有类于乾嘉诸老，而实非乾嘉诸老所能范围。"② 从一定意义上说，正是由于王国维对于乾嘉学派的创造性继承和发展，为"罗王之学"找到了学术空间，为后世树立了新范式。总之，这一新路径，是在旧学中别辟而出。这一选择极大地影响了王国维的学术性格，也造就了一代考订派巨子。

王国维为什么没有入今文学呢？他在青年时期对于西学涉入甚深，今文派的微言大义与其哲学追求也颇有相应处，而且他很早就接触了康梁之学。③ 道咸以来的这种"新学"，④ 对他不能产生学问上的吸引力，究其原因有二：一是今文派过于追求致用，康氏更是以此作为"变法"的理论基础，学术往往依附于现实之上，对于为学问而学问的王国维来说，实在难以接纳。在王氏还醉心于哲学之时，就曾评说道："（康有为）之于学术，非有固有之兴味也，不过以之为政治上之手段。"所以他大声疾呼："学术之发达，存于独立而已。"⑤ 二是以学问为手段，与学术的求真性必然相距甚远。王国维曾批评魏源、龚自珍道："其所陈夫古者，不必尽如古人之真；而其所以切今者，亦未必适中当世之弊。其言可以情感，而不能尽以理究。"⑥ 而王国维所追求的正是要"尽如古人之真"，要能够达成"以理究"的学问，毫无疑问，王国维的经学立场只可选定在古文学派，推崇以考订细密著称的乾嘉诸老，也就成为

① 梁启超：《清代学术概论》，第72页。
② 王国华：《王静安先生遗书》序，《王国维遗书》序三，上海古籍出版社1983年版。
③ 戊戌变法前后，王国维在《时务报》社工作期间，曾从康有为的学生欧渠甲处，学习和了解了康有为的有关理论，关于此点，可参看陈鸿祥《王国维传》，第38—39页。
④ 王国维曾说："道咸以降之学新。"（《沈乙庵先生七十寿序》，《观堂集林（外二种）》第720页）
⑤ 王国维：《论近年之学术界》，《王国维论学集》，第213、215页。
⑥ 王国维：《沈乙庵先生七十寿序》，《观堂集林（外二种）》，第721页。

了顺理成章的事情。

从日本"温经"之始，王国维的这一学术方向就已大定。此后的日子，是他培实根基，继承和超越乾嘉诸老的阶段。王氏日后的许多成果，不仅带有深厚的乾嘉汉学痕迹，甚至就是在乾嘉的基础之上加以补订扩展而来，可以说，从辛亥之年学术转向以来，王国维一步步深入了乾嘉堂奥，将考订之学推进到了一个新阶段。

从一定意义上来说，选择学术路径是一种知识立场的认同，其基础在于具备一定的了解，王国维进入乾嘉之学也是如此。但学界对此问题多有忽略，甚至有学者说："王氏对于乾嘉朴学家作学问的方法与途径，原来是很隔阂的。"① 认为王国维经学基础薄弱，并将王氏对乾嘉朴学的了解归于辛亥之后罗振玉的影响。显而易见的是，转向后的王氏学术以考订、征实为特点，不是简单的放言大论，面对着艰涩的经学资料，如果在此方面没有相当的知识积累，想在短期内迅速后来居上，成为一代宗师，谈何容易?② 在"温经"过程中，王国维曾这样告诉缪荃孙："阮校尚称详密，而误处尚属不少，有显然谬误而不赞一辞者，有引极平常之书而不一参校者，臧、洪诸君非不通礼学，而疏漏如是。"③ 对于董理《十三经注疏》的阮元、臧庸、洪震煊等人的学术状况如数家珍。不仅如此，在他沉溺于哲学、文学研究时，曾著有《国朝汉学派戴、阮两家之哲学说》，参考过戴震的《戴东原集》《孟子字义疏证》；阮元的《揅经室集》；在《宋元戏曲考》中引焦循之言；从《曲录》自序中可知，王氏已翻阅了《焦氏丛书》；在讨论老子及屈原问题时，多引汪中之论，对于汪氏的《述学》颇为熟稔，④ 等等。需要留意的是，

---

① 张舜徽：《考古学者王国维在研究中所具备的条件、方法与态度》，载氏著《中国史论文集》，湖北人民出版社 1956 年版，第 163 页。

② 我们可以注意的是，王国维在日本"温经"为学术转向的重要标志，然而，他几乎不与罗振玉讨论《十三经注疏》的研习情况，经学问题一般只在讨论古文字之学时兼及而已。事实上，"罗、王之学"能成其为学，新学术能与旧学，尤其是经学实现沟通，主要得力于王国维。

③ 《致缪荃孙》（1913 年 11 月），《王国维全集·书信》，第 37 页。

④ 见姚淦铭、王燕编《王国维文集》，中国文史出版社 1997 年版，第一卷，第 388 页；第三卷，第 44 页；第一卷，第 30 页。

在这些人中，戴震为皖派开山，其他诸人则大都为戴学门下。这就提示我们两点：一是王国维在经史转向前对于乾嘉之学是熟悉的，只不过不够系统深入，他的侧重面在哲学、文学等问题上。二是对于乾嘉诸老及其后学，他原就特别偏重戴震学派，这成为了他日后考订之学的学脉所在。

总之，如果把辛亥年之后的学术转向作为王国维走向乾嘉的正式起点，此前早已是伏流暗涌，渊源有自。倘要历史地追溯这一进程，至少应从王国维年少之时"条驳"俞樾开始。① 因为王国维生平第一部学术著述就是经学方面的，是专为"条驳"古文经学大师俞樾的《群经平议》而作，时为1894年，当时年仅18岁。② 我们或许可以这么说，当年轻气盛的王国维"条驳"俞樾之时，既展现了一代才俊的大胆和才学，另外，也在无意中开启了一条未来的经学之路。俞樾是走戴学路子的古文派大师，直接承接的是高邮二王之学，有学者指出："俞氏为学，远绍休宁戴氏一脉，而近窥高邮王氏父子家法。"③ 王国维在辛亥年之前就已经关注戴学，应非偶然。

对于俞樾的关注，王国维一直没有中断。虽在沉溺于哲学、文学的青年时期，对于俞樾或有忽视，但在学术转向后，此一脉路重被接续。在《观堂集林》第一篇《生霸死霸考》中，王氏评说道："（过去的错误）相承二千年，未有觉其谬者，今德清俞氏（樾），作《生霸死霸考》，援许、马诸儒之说，以正刘歆，其论笃矣。"④ 在自己最重要的论集中，在首篇高度赞扬俞樾的开辟先导之功，承认自己在其基础上接续研究。此外，王氏还明确指出了俞氏与戴学中高邮王氏的关系，他说：

---

① 俞樾对王国维的早年影响，或许可以用心理学上的"童年经验"理论来加以省察，关于这点，张广达曾经这样评说："早年的术业选择和感情寄托往往对一个人的后半生的选择起着规定性的作用……（王国维）作出了回归国学的选择，或许即当以此'条驳'为张本。"（张广达：《王国维的西学与国学》，氏著：《史家、史学与现代学术》，广西师范大学出版社2008年版，第8页）此外，俞樾以"落花春仍在"一句闻名学界，并号"春在堂"。王国维亦极重落花意象，投湖前曾书《落花诗》若干，这也是否与俞樾有内在的精神联系呢？

② 陈鸿祥：《王国维传》，人民出版社2004年版，第21页。

③ 胡楚生：《清代学术史研究续编》，台湾学生书局1994年版，第71页。

④ 《观堂集林（外二种）》，第8页。

"高邮王氏父子，涵泳经文，通以雅故，所得有多。德清（俞樾）、瑞安，并祖述其学。"① 那么，由俞氏入戴学自然是一顺理成章的路径。然而，当王国维走向戴学的时候，选择的路径却不是俞樾深为致意的高邮二王之学，甚至也不是祖述戴震本人，而是程瑶田和段玉裁。1916年2月，罗振玉在给王国维的一封信中曾这样说道：

> 抑弟尚有厚望于先生者，则在国朝百年学术不绝如线，环顾海内外，能继往哲开来学者，舍公而谁？此不但弟以此望先生，亦先生所当以自任者。若能如前此海外四年余，则再十年后，公之成就必逾于亭林、戴、段，此固非弟之私言也。②

在罗氏的信中，出现了"戴段"的提法，这是当时学界的惯称，亦可称为"戴段二王"，③ 是世所公认的戴门一派的学脉。王国维在回复的信中，先论及自己的小学及古文字研究，然后说道：

> 此事唯先生知我，亦唯我知先生。然使能起程段诸先生于九原，其所能知我二人，亦当如我二人之相知也。④

必须注意的是，王国维没有从众人之说，反将"戴段"改成了"程段"，将其奉为罗、王的学术知音。这一改不是随意而为，它既反映了王国维自己的"择术"之道⑤，更体现了"罗王之学"与乾嘉的关系问题。

---

① 王国维：《〈尚书覈诂〉序》，《观堂集林（外二种）》，第868页。
② 王庆祥、萧文立校注：《罗振玉、王国维往来书信》，东方出版社2000年版，第33页。
③ 梁启超在《清代学术概论》（第43页）中曾这样说道："戴门后学，名家甚众，而最能光大其业者，莫如金坛段玉裁、高邮王念孙及念孙子引之，故世称戴段二王焉。"
④ 《罗振玉、王国维往来书信》，第42页。
⑤ 王国维对于学术史及方法论有特别的关注，非常注重对学派、学者的选择性继承，如他在《沈乙庵先生七十寿序》中，就特别提到"择术之慎"（《观堂集林（外二种）》，第721页）。

前已论及，王国维在学术转向后以三代典章制度为主要研究方向，这促使他首先关注于"三礼之学"。在清儒中，戴学所长正在于此，不仅戴震深研礼学，戴门之下"本其方法"，于礼学研究成果丰硕，可谓积薪而上。从事于经史研究的王国维，一开始就敏锐地意识到了这个问题，但他同时也注意到，戴震虽然在体系上"博大精深"，但在具体研究中"著述亦多未就者""未为精确"，礼学"无成书"①。换言之，要接续乾嘉方法，必须从研究更精密的戴学门下入手。王国维将戴学分为两大派：认为："戴氏之学，其段、王、孔、金一派，犹有继者；程氏一派则竟绝焉。"其中程氏，即程瑶田，与戴震虽为同学，但王国维认为，他的学风来自戴震，所谓"程氏与东原虽称老友，然亦同东原之风而起者"，而且比之戴震，程氏的方法更值得称道，"兼据实物以考古籍……精密远出戴氏其上"②。

在清儒中，程瑶田的确是位很有特色的学者，他以古器物来印证经说，重视实际观察，"以目验辅之"③，这样就能逐渐摆脱纸上材料的束缚，在一心只钻故纸堆的清儒中，此种风尚颇近宋儒，不仅为王国维所推崇和发扬，且成为了"二重证据法"的学术来源之一。清儒汪喜孙在《从政录》中说："今之经学书，无过《通艺录》、《经义述闻》二种。"④ 汪氏所言的《通艺录》及《经义述闻》分别为程瑶田和王引之的著述，此处代指二人之学，换言之，汪喜孙将程、王作为戴学的两大代表。那么，王国维又何以换为程、段呢？

问题的关键在于学术空间的开辟。如前可知，程氏的学问特色在"名物"考订，王国维在新材料的解读中，正能接续此道。王、段则都是小学大师，且高邮王氏的精密程度不在段氏之下。王国维教人读经时

---

① 王国维：《国朝学术》，《王国维学术随笔》，社会科学文献出版社 2002 年版，第 103 页。

② 同上。

③ 《观堂集林》罗序。

④ 转引自张舜徽《清代扬州学记》，华中师范大学出版社 2005 年版，第 97 页。按：汪喜孙为汪中之子，王国维对汪中之学一直比较熟悉，对于汪喜孙的书应该也读过，他对戴学两派的划分或许就是受此启发而来。

还曾建议："首先要读高邮二王的四大著作。"① 但为什么在为学路径上，要舍王而取段呢？我们知道，高邮二王的成就主要在训诂和音韵上，而段氏的主要贡献是在文字学，《说文解字》经他之手，已巍然成为一门清代显学。高邮王氏的水平不可谓不高，但是就"罗王"所研究的新材料，如甲骨文来说，显然段氏的学问更有接续性。② 王国维曾说："使世无所谓古文者，谓小学至此观止焉可矣。"③ 这里所说的"古文"指的是甲骨，这种新材料的解读需要由《说文》之学进行上溯研究，段氏之学正大可用武，而高邮王氏之学则只能处于"观止"地位了。所以王国维说："小学之奥，启于金坛（段氏），名物之颐，理于通艺（程氏）。"④ 不仅将戴门的小学宗主易王为段，并在"温经"之始，同时研读段氏著作。此后，这种重名物和文字之学的特点一直伴随着王氏学术，在清华时，王国维的"普通演讲"题分为两大方面，1925 年为"一、古史新证，二、《说文》练习"，1926 年则是"一、《仪礼》，二、《说文》练习"⑤，我们可以看到，这种反映为学旨趣的选题中，前者更多地保留了程氏之学的痕迹，后者则明显的是继承段氏之学。⑥ 从一定意义上我们认为，接续程、段，为"罗王之学"找到了以旧入新的学术生发点，王国维的学术具创造性而不失根基，正在于这种继承中的创新。

---

① 蔡尚思：《王国维在学术上的独特地位》，《追忆王国维》，第 317 页。

② 当然也有学者声称以高邮二王之法治古文字，如杨树达，但他主要是从二王校理古籍之法中得到启示。一则这是个人治学方法的偏向问题，二则杨氏必须以《说文》为基础才上通古文字，段氏之学还是不能离弃的。余嘉锡说他："其于《说文》，讽籀极熟。"（余嘉锡：《〈积微居小学金石文字论丛〉序》，载《余嘉锡文史论集》，岳麓书社 1997 年版，第 540 页）

③ 王国维：《〈殷虚书契考释〉后序》，《观堂集林（外二种）》，第 712 页。

④ 《罗振玉〈国学丛刊〉序》，《王国维学术随笔》，第 232 页。按：此为辛亥年后王国维代作。

⑤ 孙敦恒：《清华国学研究院纪事》，载葛兆光主编《清华汉学研究》第一辑，清华大学出版社 1994 年版，第 283、306 页。

⑥ 当然，王国维于清代学术不是死守一、二家，总是择善而从。但我们所论是其治学基础和偏向，另外，重视器物之学的清儒，王国维还特意提到了吴大澂，在《观堂集林》罗序中，王氏认为，自己的学问最近程与吴，由于吴氏方法来自程，并且注重文字之学，应该还是属于程段之学范畴内。关于此点，在罗序中，王国维曾这样说道："吴君之书，全据近出之文字、器物立言，其源出于程君，而精博则逊之。"

三 "学术之必变"与"取宋学途径"

前已论及，王氏深为推许乾嘉学术。在《沈乙庵先生七十寿序》①中，王国维将清代学术分为三期，他说："我朝三百年间，学术三变：国初一变也，乾嘉一变也，道咸以降一变也。……国初之学大，乾嘉之学精，道咸以降之学新。"并认为乾嘉是"全盛时之学"。然而，无论如何辉煌，学问之变却是必然之势，是"时势使之然也"。从这一角度来说，"道咸之变"有其合理性。但道咸以来盛行的今文派，其最大问题是挣脱"成法"，过于主观，难符学理，所谓"颇不顾国初及乾嘉诸老为学之成法……其言可以情感，不可以理究"。换言之，"道咸之变"在学术上是不成功的。从一定程度上来看，必须越过"道咸"，在"乾嘉"原点上进行学术之变。

王国维说："今者时势又巨变矣，学术之必变盖不待言。"那么，当新一轮的学术之变就要到来时，在遵乾嘉"成法"之外，当取什么新路径呢？

在王氏看来，就传统资源而言，立基于乾嘉之上开出的新学术，能补其不足者当为宋学。他认为，宋学是具有近代特质的学术，所谓"近世学术多发端于宋人"②。在"学术之必变"时代，从中吸收学术营养应是上选。那么，如何从这一资源中"温故而知新"，使传统学术焕发出新的生命力呢？就经学路向而言，宋学给王国维的学术影响主要有三：一是在考据中加入宋学的义理取向，以对经义构成完整的理解。二是宋学中疑古、疑经思想的影响。三是利用新材料治古器物、古文字学。

众所周知，在经学史上，就考据与义理的关系来说，乾嘉汉学的发生在于宋学义理有余，考据不足，所以清儒重拾汉学，阐明古训，注重

---

① 《观堂集林（外二种）》，第 720—722 页。
② 王国维：《宋代之金石学》，《王国维论学集》，第 201 页。

考释功夫，以小学明经学。这种学术最主要的作用在于探源明流，为研究奠定坚实的基础，但在反对宋学空疏的同时，许多清儒斤斤于饾饤之学，以此标高。执著于此，则学术易走入另一极端：变得破碎而无当。关于此点，王国维很早就有清醒的认识，他指出：

> 雍乾以后，汉学大行。凡不手许慎，不口郑玄者，不足以与于学问之事。于是昔之谈程、朱、陆、王者，屏息敛足，不敢出一语。至乾嘉之间，而国朝学术与东汉比隆矣。然其中之巨子，亦悟其说之庞杂破碎，无当于学，遂出汉学固有之范围外，而取宋学途径。①

这一观念产生于王氏经史转向之前，那时他正沉迷于哲学，希望从乾嘉汉学中探研出宋学关怀所在，他选择的是汉学家中最具哲学思考的戴震。许多年后，当王国维已放弃哲学研究，转入经史之时，宋学并未为其所"吐弃"。在日本温经时，他"览宋人及国朝诸家之说"②，实是宋、清并重，此后他虽深入乾嘉之中，但主要是取其"以小学通经"的门径，并加以扩展，至于经学大义，则另有所取。事实上，王国维虽对乾嘉考据多所推许，但对于理学及经义的价值更为看重。王氏从来就不是一个为考据而考据的人，对事实之上的关注，一直萦绕于心，这一点从他当年对哲学的痴迷中即可见一斑。故而，深入乾嘉之后，他入于考据，但绝不陷于此。一个基本事实是，王国维不屑为章句之儒。③ 而一般而言，宋儒的研经目标为穷理，因而更注意"所以然"，朱熹曾说："大抵学者读书，务要穷究。"④ "取宋学途径"就能在整体上把握住学术方向，而不至于歧路丛生。从这个意义上说，王氏的学术路径是借助清学以达宋学。

---

① 王国维：《国朝汉学派戴、阮二家之哲学说》，《王国维文集》第三卷，第234页。
② 《致缪荃孙》（1914年7月17日），《王国维全集·书信》，第40页。
③ 王国维在《〈汉书艺文志举例〉后序》（《观堂集林（外二种）》，第872页）中，曾赞扬张尔田与孙德谦"读书综大略，不为章句破碎之学"，其实这也是夫子自道。
④ 《朱子语类》卷10《学四》，中华书局1986年版，第162页。

宋学重义理的特点，必然带动哲学的思考，学术的独立性自然随之增强，敢于怀疑成为宋学的主要特点，这也使得在宋代疑经、疑古成为风气。王国维非常赞赏这种去其依傍，独立思考的精神，他曾说："宋代学术方面最多进步，亦最著。其在哲学，始则有刘敞、欧阳修等脱汉唐旧注之桎梏，以新意说经。"① 从诠释角度来看，摆脱汉唐经说，直接面对经文，往往能直达先秦文化的内核。当然，由南宋入明后，宋学末流师心自用，束书不观，则走入了另一极端，与经学大义越来越隔膜，这也催发了清代汉学的兴起。反观清学，一般来说，乾嘉派大师大都立足于汉注，一方面深入经籍中钩沉出大量隐没不清的经义和事实，另一方面，又最终被郑玄、许慎之学所束缚，不敢有所突破。

概言之，乾嘉汉学之优在基础的扎实，其蔽则在破碎拘泥。牵拘于汉注，不敢有所怀疑，或疑之不勇，终究难以逾越经注樊篱。所以当古文派之弊日益显现，时势剧烈变化之下，道咸以来的今文学兴起，也就成为顺理成章之事。按照梁启超的说法："不得不有如科仑布其人者别求新陆，故在本派中有异军突起，而本派之命运，遂根本动摇，则亦事所必至，理有固然矣。"② 很自然的，较之古文派笃信汉注，当作为反对派的今文学"理有固然"地大盛学界之后，一个重要的学术特征就是：疑。他们大疑古文派奉为圭臬的东汉之学，转信西汉今文学，并加以附会发挥，形成了晚清以来声势浩大的疑古思潮。同为推新敢疑，这一学术性格上的相似点，曾使得罗、王一度被世人认为是今文同道。③

王氏的疑古无疑有着宋学的渊源，晚清今文派呢？有学者说："晚清的疑古思潮反而是继承宋学的。"④ 认为今文派也有宋学背景。在此，我们要问的是，同为继承宋学怀疑精神，王国维与当时的今文派有何不

① 王国维：《宋代之金石学》，《王国维论学集》，第 201 页。王氏解经有先入注疏，再脱注疏的过程，呈由清入宋之势，在《〈尚书覈诂〉序》中他也赞扬宋人"并脱注疏束缚，而以己意说经"（《观堂集林（外二种）》，第 868 页）。

② 梁启超：《清代学术概论》，第 71 页。

③ 王国维在致罗振玉的信中这样说道："至于并世学者，未必以我辈为异于（今文派）庄述祖诸人也。"（《罗振玉、王国维往来书信》，第 42 页）按：庄述祖为今文派中兼治古文字者。

④ 李学勤：《走出疑古时代》，辽宁大学出版社 1994 年版，第 10 页。

同呢?

不同在两点:一是门户问题。讲门户是整个清代学界的特征,当古文派以汉学反宋学时,走上的就是一条日渐剥夺宋儒经学话语权的道路,而今文之起,并非返宋以纠汉,实质上还是汉学派内部的异动,只是以今文攻击古文而已,它一样不理睬宋学的成就,门户比之古文派更窄更严。从一定意义上看,他们怀疑的基点就不是完全站在纯学理上的,而是学派。换言之,党同伐异,以己派为真,它派为伪,在康有为时更上升为政治学说。而王国维的学术中最反对门户,他在青年时期就大声疾呼:"余正告天下曰:学无新旧也,无中西也,无有用无用也。凡立此名目者,均不学之徒,即学焉而未尝知学者也。"① 二是在精神上承接的流脉不同。今文派虽不主宋学,但在精神气质上的确与宋学有几分相似,走至极端,空言多于征实,疏狂之风接近陆王后学,贺麟曾指出,康有为"前后比较一贯服膺的学派仍是陆王之学……颇与王学末流猖狂的一派相接近"②。而王氏是不大讲陆王的,他对于宋学推崇的是濂、洛、关、闽的理学派,尤其对朱子十分礼敬。③ 这种学风更为厚实,注重在"道问学"上培养根柢。所以,同是疑经、疑古,同是与宋学有关,王氏是知识性的承接,是学问之道的必然;而今文派更多的是从陆王气质上延续下来的推倒一世的气概,及两军对垒式的勇决。

从一定意义上来说,疑古与义理皆是学术精神上的传承,宋学中对王国维产生学科范式影响,并直接加以传承的则是金石学,它被王氏视为宋人开创的古器物及古文字之学。王国维说:"古器物及古文字之学,一盛于宋,而中衰于元明。"④ 在日本研习古文字学时,则说道:"遂览

---

① 王国维:《〈国学丛刊〉序》,《王国维论学集》,第403页。

② 贺麟:《五十年来的中国哲学》,商务印书馆2002年版,第3页。

③ 江藩曾讥评宋学道:"至于濂、洛、关、闽之学,不究礼乐之源,独标性命之旨,《义疏》诸书,束之高阁。"(江藩:《国朝汉学师承记》,中华书局1983年版,第4页)是典型的清儒意气之见,可代表汉学派一般意见。如果说宋学发于"濂、洛、关、闽"可,束书不观不是它们的特点,而是由陆王之学发展而来,尤其是阳明后学的特色,由此可见清儒对于宋学的曲解。

④ 王国维:《〈国朝金文著录表〉序》,《观堂集林(外二种)》,第181页。

宋人及国朝诸家之说，此事自宋迄近数十年，无甚进步。"① 由此可知，在古文字学的研究中，王国维从一开始就是把宋儒与清人之说共为参考比勘，并认为宋以后的清学没有将此道推至更高峰，这不仅与清儒的认识大为异趣，也隐然以承续绝学而自任。

我们知道，清代的经学、小学之盛，曾带动了学者们对金石及古文字学的研究兴趣，但是对于宋代的学术成绩，清儒是很不以为然的。所谓"国朝乾嘉以后，古文之学复兴，辄鄙薄宋人之书，以为不屑道"②。清人的骄傲当然不是毫无理由，他们在训诂考释方面的成绩，可谓超迈前朝，精密程度总的来看远在有宋一朝之上。然而，王国维以为，清人如果因此看不上宋代学术那就有失偏颇了，仅就以金石考订经史来说，宋人贡献并不在清儒之下，他说："至于考释文字，宋人亦有凿空之功。国朝阮吴诸家不能出其范围。若其穿凿纰缪，诚若有可讥者，然亦国朝诸老所不能免也。"③ 王国维的辩护着眼于两个方面：一是特别留意开创之功，换言之，清人考释虽精密，但并未开出新学。二是错误不是宋人才有，清儒也有考释之误。尤为重要的是，宋儒在关注金石材料时，能将其与纸面材料结合起来，也即是"既根据史传以考遗刻，复以遗刻还正史传"④。这就直接启发了王国维关注于地上地下的材料互证，故而有学者说："罗王之学的二重证据法，实源自宋代金石学，再下迄乾嘉朴学。"⑤ 如果说王国维从乾嘉之学中学习到的是地上材料的精密考订，那么宋儒的方法则昭示了地下材料的研究价值。再结合当时的新出材料，学术局面为之一新。

在近代学界，这种学术推新的源头，的确可以追溯到宋代学术。反对派章太炎曾愤然说："仆常谓清人治小学者，于董理文字之功为独绝，其作彝器释文者，于变乱文字之罪亦独绝。始作俑于宋之刘原父、杨南

---

① 《致缪荃孙》（1914 年 7 月 17 日），《王国维全集·书信》，第 40 页。
② 王国维：《〈宋代金文著录表〉序》，《观堂集林（外二种）》，第 180 页。
③ 同上。王国维应用器物学眼光去看待宋代金石之学，对当时的学界有重要影响，他的观点得到了许多新学人的赞同。参看李济《中国古器物学新基础》，载张光直、李光谟编《李济考古学论文选集》，文物出版社 1990 年版。
④ 王国维：《宋代之金石学》，《王国维论学集》，第 205 页。
⑤ 谢崇安：《简析早期甲骨学方法论的渊源》，《殷都学刊》1998 年第 3 期。

仲，至近世吴清卿出，几于杀人以殉矣。"① 章太炎的不满在于宋以来的儒生在金石等研究中，居然敢凭借古器物改定经文，"变乱文字"对他而言简直是罪不容诛。然而，且不说经籍是否完全可靠，很多出土材料在经籍中本就闻所未闻，难道就此弃之不顾？这种对待新材料的态度决定了经生的学术走向，最显明的例子就是对待甲骨文的态度。孙诒让以经学、小学学养为基础，投身甲骨研究，成为新学术的开山之一，而章太炎则毕生以其为伪，不肯改造自己的学问。毕竟这种材料是连孔夫子都未曾提及的，经籍中无凭无证，所谓"（甲骨）况乎宣圣之所无征，史佚之所未见"②。但如果还是一切以经书为准，这样的考释在新材料面前当然不可能转为新学问，这样的学术境界，比之宋儒尚气象局促，也宜乎王国维要转向宋学，以探求新学问之源。

事实上，就考释而言，清儒，尤其是古文派，其精密大都停留于纸面之上，俞樾在《群经平议》序中曾说："治经之道大要有三：正句读、审字义、通古文。"③ 移经以治史，方法也不外如此。此种治学路径只能向里挖，范围是限定死了的，一般仅在经籍之中，或至多扩展至前四史等少数史部著作。如果汉注乃至经文有错讹，他们的考订本领就无法施展。而事实是，随着研究的深入，材料定有出于其范围之外者，此时势必要打破过去的经学界域，倘若再羁绊于家法，学术定然难以前进。在新材料、新视野层出不穷的背景下，学术途径的近代分野判然两分，或谨守经学家法，或有所新建。

不仅如此，专注于释经的清儒，对于金石仅仅注意到它的"著录考订"，比之宋，眼光狭隘了许多。王国维曾指出，宋代金石学对于器物的形制、尺寸等的留意，并发展出图谱之学，当具有特别的学术价值，这种治学路数，清儒中仅有程瑶田加以接续。④ 换言之，在他看来，古文字学不能仅就文字考释而考释，应对器物特点加以多方面的留意，而这些正是清学中的一大空白。王国维说："近世金石之学复兴，然于著

① 马勇编：《章太炎书信集》，河北人民出版社2003年版，第902页。
② 王国维：《〈殷虚书契考释〉序》，《观堂集林（外二种）》，第711页。
③ 《续修四库全书》，第178册。
④ 见王国维《宋代之金石学》，《王国维论学集》，第204页。

录考订皆本宋人成法，而于宋人多方面之兴味反有所不逮。"① 就研究方法而言，这种"多方面之兴味"体现的是近世学术的若干特点，它们虽被清儒所忽略，但作为近代学者则需认真总结发扬。在《〈宋代金文著录表〉序》中，王氏以宋代的《考古图》《博物图》为例，说明考订之外，"摹写形制"，记录"出土之地、藏器之家"，是古器物及古文字学研究中极为重要的环节，它虽由宋儒发之，但"后世著录家当奉为准则"②。概言之，从学术出新的角度来说，王氏将"以新材料治新学问"许之于宋人意识，清学在此学问意识上稍逊，没有本质性的推进。

总之，王国维以乾嘉学派为"学术之变"的起点，以开放的心态承接宋学遗风，在传统学术的继承与整合中，为走向近代学术奠定了坚实的知识基础。

四 从经学到新史学："新材料"与 "新问题"视野下的学术转型

陈寅恪在论述学术与时代的关系时，曾这样说道：

> 一时代之学术，必有新材料与新问题。取用此材料以研究问题，则为此时代学术之新潮流。治学之士，得预于此潮流者，谓之预流。③

陈氏所言点明了一个重要的问题，每当学术进入一个新时代，学者们必须依托于"新材料"，致力于"新问题"，然后才能把握学术发展大势，成为引领时代的新学人。毫无疑义，王国维就是这样的学林

---

① 王国维：《宋代之金石学》，《王国维论学集》，第206页。
② 《观堂集林（外二种）》，第180页。
③ 陈寅恪：《陈垣〈敦煌劫余录〉序》，《金明丛稿二编》，生活·读书·新知三联书店2001年版，第266页。

巨子。

王国维之"新"主要是在史学上的。作为"新史学开山"的他，为后世开辟了广阔的空间和路径。历史是阐释过去的学问，史学之新，不只立足于当下，更应扎根于传统。它应该是以旧出新，由旧入新之学，对于传统学术的总结、承接与发展，是题中应有之义。那么，王氏在研究中又是如何以旧开新的呢？王国维的学问千门万户，难以一一缕述，就论题所及，自当关注于经学与新史学的关系。众所周知，中国古代学术以经学为核心，学术转型之中不能不顾及于此，这就势必要求每一位"预流"者对此有充分的了解和掌握，诚如有学者所言："在探讨中国史学近代化问题时，实际上是绕不开经学这道坎的。"① 不仅绕不开，而且它是近代史学发展的一个原发点，尤为重要的是，作为古史，尤其是三代历史的研究，经学成果是研究中的基本依据。正因为如此，经史转向后的王氏，其学术归宿为新史学，而起点则是旧学之魂——经学，学术转向后，首先研读《十三经注疏》即为明证。关于王国维的经学状况前面已经多有论及，在此，需要进一步探明的是，王氏在近代学术转型中，在新材料与新问题的意识下，如何将经学资源转化为新史学的一般范式。

先说"新材料"。大凡治史者没有不承认史料的重要性的。任何高明的研究都必须建立在证据充分的基础上，材料越多，事实越凸显，工作越容易推进，反之则只能存而勿论。王国维所处的晚清民国时代，正是学术材料的大发现期，在《新发见之学问》一文中，王氏列举了四大宗，分别为甲骨文、西北简牍、敦煌文书、明清大档，并说："此四者之一已足当孔壁、汲冢所出……故今日之时代可谓发见之时代，自来未有能比者也。"这些材料的意义在于可以将学问推入新界，当过去的旧史料剩义无多之时，新资料的出现不仅可以在具体研究上别辟天地，甚至可以带动全局，乃至建设出新的学科与范式。民国时代，文史研究呈现前所未有的广度与深度，与此有着重要的关联，王氏则无疑为其间

---

① 路新生：《今文经学与晚清民初的史学转型》，载氏著《经学的"蜕变"与史学的转型》，上海古籍出版社 2006 年版，第 155—156 页。

最重要的学术代表，所以王国维指出："古来新学问起，大都由于新发见。"①

在新材料中，甲骨、金文是与经学关系最密，也是王氏下力最多的地下材料，著名的"二重证据法"即主要在此基础上推出。当新的治学意识确立后，在史学实践中，王氏开始以甲骨来释经治史，为后世提供范例。作为划时代的著述，他的甲骨考史之作有一个重要目标，即"使世人知殷虚遗物之有裨于经史二学者，有如斯也"②。他要以自己的史学实践，让世人认识到新材料的巨大意义，这种地下资料对于地上文献的学术意义，又可在三个方面得以呈现：即"未载""未详""不能通其说"③，这样不仅扩展了史料，也使隐晦不明的旧材料因释读"得通"而焕发新生，一些前儒不能知的问题由此豁然开朗。

但除了显而易见的实录，材料一般不会自动生出结论，所以同样的材料会结出不一样的果实，这取决于研究者的眼光和功力。概言之，材料需要处理。④ 就对待材料的眼光而言，王国维在处理甲骨等地下材料时，具有高度的学术敏感性，这种取向源于重视一手材料的意识。由前可知，在清代学者中，王国维认为与其治学风格最为接近的是程、吴二人，按照《观堂集林》罗序的说法，程瑶田在研究中"以目验辅之"，吴大澂则是"全据近出之文字、器物以立言"，对程、吴的认可与接

---

① 《王国维论学集》，第207页。接续这一思路，并将史料意义推至顶峰的傅斯年等人则明确指出，有了新材料后，"破坏了遗传的问题，解决了事实逼出来的问题，这学问自然进步"（《历史语言研究所工作旨趣》，《史语所集刊》创刊号，1928年10月）。

② 王国维：《殷卜辞中所见先公先王考》，《观堂集林（外二种）》，第260页。

③ 王国维在《殷卜辞中所见先公先王考》中说："以《世本》、《史记》所未载，《山经》、《竹书》所未详，而今于卜辞得之。《天问》之辞，千古不能通其说者，而今由卜辞通之。"（《观堂集林（外二种）》，第267页）

④ 王国维在《古史新证》（第2页）中批评疑古派："其于怀疑之态度及批评之精神，不无可取。然惜于古史材料未尝为充分之处理也。"

续，其基本点就在于对直接材料的重视。①

光有审视材料的眼光当然还不够，就材料的可用性来说，一个研究者是否有能力，或者有多大的能力处理材料是决定性的，在上古史领域，这一条件尤为苛刻。就地下材料来说，甲骨文、金文的准确释读殊非易事，地上材料中的经学领域也是疑点重重，没有深厚的学养，实难致力于此。② 王国维曾经批评今文派的一些学者，对经籍不下功夫，缺乏训诂能力，却利用材料流传不广，学人不熟的缝隙，在古文字学上妄下评判。他说："俗儒鄙夫，不通字例。未习旧艺者，辄以古文所托者高，知之者鲜，利荆棘之未开，谓鬼魅之易画，遂乃肆其私臆，无所忌惮。"③ 从王氏的批评中我们可以体会到，材料的审读实非易事，不立根基，好逞小智，只能适得其反。王国维的办法是，首先在地上材料，尤其是经学上扎好"根柢"，不仅要熟悉经学典籍，更重要的是要培植出深厚的小学功夫，在此基础上，才可能通古文字学，否则就是"画鬼"之谈。王国维经史转向后深入乾嘉学术，入程入段，其着眼点即在于此。

当王国维致力于地上、地下材料互证的时候，中国史学的转型已经开始。众所周知，20世纪初以来，梁启超等人提出了"史学革命"，提倡以"民史"代"君史"，注意历史中的进化及因果。这种史学取向，

---

① 当下有些学者对于王国维的地下材料使用问题尚有误解，如罗志田在评述陈寅恪所说的"取地上之实物与纸上之遗文互相释证"时，认为："王国维其实基本未用文字以外的地下实物，故此说或是为王讳，但也暗示了王在利用地下材料方面的限制。"（罗志田：《史料的尽量扩充与不看二十四史》，载氏著《近代中国史学十论》，复旦大学出版社2003年版，第99页）诚然，限于条件，王国维所用地下材料以文字资料为主，但在他看来，材料的方方面面皆应加以关注，如器物的形制特点以及来源等，都应该纳入考察的范围，这一点王国维有着清晰且自觉的认识。本文在论及宋代金石学及程瑶田学术时已有阐述，此外，在王氏的学术论述中，还有一些关于度量衡、画砖、造像等的研究，其中多有文字之外的探究。不仅如此，在日本编《流沙坠简》时，王国维在读到斯坦因著述时，已注意到简牍的出土点问题，后来他还专门翻译了斯氏的《流沙访古记》。在清华时，王国维还曾与李济讨论过出土器物问题（关于此点参看《李济与清华》之李学勤序言，清华大学出版社1994年版；戴家祥《致蒋秉南》，见卞僧慧纂《陈寅恪先生年谱长编（初稿）》，中华书局2010年版，第99页），这些都可证王氏对文字之外的关注。

② 蒋汝藻在《观堂集林》序中说："君新得之多，固由于近日所出新史料之多，然非君之学识，则亦无以董理之。"

③ 王国维：《〈殷虚书契考释〉后序》，《观堂集林（外二种）》，第712页。

其意义及价值毋庸置疑，然而，此时的新史学主要着眼点还在于"史观"及体例，以求故纸堆中生出新见解。王国维的史学虽也承接以上轨则，但更别辟新路，其与众不同处，尤在于展示新材料的巨大力量。此后拓展史料蔚为风气，并带动了中国的田野考古工作，李济说："王氏所指的'地下材料'，仍以有文字者为限，但所代表的更重要的一面，实为中国的史学界，接受了'地下材料'这一观念。……当他在讲堂上提倡二重证据法时，安阳的发掘已经是我国进步的学术界所公认的一种紧要的，急待进行的工作了。"① 不惟如此，此后偏于"史观"者，也不得不重视他的工作，因为史学观点毕竟需要建构于事实之上，如郭沫若就曾说："在中国文化史上实际上作了一番整理工夫的要算是以清代遗臣自认的罗振玉，特别是在前两年跳水死了的王国维。""欲清算中国的古代社会，我们是不能不以罗、王二家之业绩为其出发点了。"②立足于史料角度，完全可以说，王国维所做的工作，既是基础性的，又是革命性的，其深远的影响，绵延以至今日学界。

材料是重要的，但材料只是研究的基础。对于一个史家来说，时代的各种问题则是带动其研究的动力所在。③ 前已论及，王国维特别致意于"时势"与"学术之必变"的关系，但这种关系错综复杂，难以缕述。下面，我们主要从经学与学术近代转型的视角上，看看这种"新问题"之下的中国学术与王国维。

众所周知，近代中国是历史上前所未有的大转型期，"数千年未有之变局"不仅体现在政治经济结构的改变，更深入于学术文化之中。尤其在史界，各种新问题开始产生，就其内部来说，过去的历史陈述遭到了强烈质疑，乃至抛弃，传统史学危机重重，"史学革命"应运而生。然而，"革命"之后，路在何方？学者之间并非有着清晰统一的认识。

---

① 李济：《安阳发掘与中国古史问题》，《李济考古学论文选集》，第 796 页。

② 郭沫若：《中国古代社会研究（外二种）》，河北教育出版社 2004 年版，第 6—7 页。

③ 当然，在近代史学转型发展中，材料本身也是一个很大的"新问题"，李济说："假如我们以现代科学的立场谈中国古代的文化而论其原始，我们应该注意的第一件事情，就是何种资料可以根据着作讨论的起点。"（李济：《试论中国文化的原始》，李光谟整理，李济：《考古琐谈》，湖北教育出版社 1998 年版，第 172 页）对于这一问题，前面已有论及，所以不再展开。

一时间，各种史学观念及方法激荡学坛。从外部来看，中国已成为世界之中国，近现代之中国，当放眼世界之时，中国学者发现，过去的种种皆成了问题：中国可信的历史究竟如何？中国历史文化有无价值？中国的国家及民族如何形成？中国人种如何，是否原生？等等。于是，国际视野移入研究场域，"古史重建"与"重估价值"成为学界的问题取向。① 王国维投身于史学，并且主要致力于三代历史研究，与这一外在环境有着重要关联。

梁启超在《中国历史研究法》中曾这样说道："举凡几千年来我祖宗活动之迹足征文献者，认为无一价值，而永屏诸人类文化产物之圈外，非惟吾侪为人子孙者所不忍，抑亦全人类所不许也。……是故新史之作，可谓我学界今日最迫切之要求也已。"② 当时的"新史之作"最为关键的时段是上古，所谓"古史重建"在一般意义上指的就是上古史的重建。③ 它一方面是中国历史的源头，人种、民族、国家、文化等问题都必须在此得以解决与建构。另一方面，这一时段的基本事实，在近代学术眼光下，却呈现出不确定性，难以构成信史。20 世纪初，夏曾佑作《中国历史教科书》，三代还只能被称为"传疑时代"。而疑古派更是认为古史研究需要"缩短二三千年，从诗三百篇做起"④，以至于东周以上无信史。过于信古，难得其真，固然有误，但过于疑古又何尝是一种正确的态度呢？1927 年 3 月，姚名达在给疑古派主将顾颉刚的信中，转述了王国维的一个评价："王静安先生批评先生，谓疑古史

---

① 除王国维重构古史，侧重于史料的李济等人希望以锄头挖掘出古史的真面目，郭沫若等致力于重现古代社会（以上可参看《李济考古学论文选集》、郭沫若《中国古代社会研究》等）。而胡适则宣扬以"评判的态度""重新估定一切价值"（《新思潮的意义》，《新青年》第 7 卷第 1 号，1919 年 12 月 1 日）。

② 《梁启超史学论著四种》，岳麓书社 1985 年版，第 105 页。

③ 吕思勉说："所谓古史与近史之分，大略以周秦为界。"（吕思勉：《中国史籍读法》，《吕著史学与史籍》，华东师范大学出版社 2002 年版，第 102 页）

④ 胡适：《自述古史观书》，载顾颉刚主编《古史辨》第一册，上海古籍出版社 1982 年版，第 22 页。另外顾颉刚在《自述整理中国历史意见书》（《古史辨》第一册，第 35 页）中说："照我们现在的观察，东周以上只好说无史。现在所谓很灿烂的古史，所谓很有荣誉的四千年的历史，自三皇以至夏商，整整齐齐的统系和年岁，精密的考来，都是伪书的结晶。"

的精神很可佩服，然与其打倒什么，不如建设什么。"① 正是建设的态度，使得王国维致力于厘清古史中的种种疑点，钩沉相关事实，为建构可信的历史开辟了路径和空间。

要进行古史重建，追溯历史文化的源泉，无疑，经学是地上材料的起点。且不论其他，至少它是最古之书，从一定意义上说，如若抛弃经学，古史重构、价值重估，将成为无源之水、无本之木。但是，在近代条件下的经学，其基本生存状态已发生改变，要死守过去的轨则，将无法顺应学术变迁的大势。概言之，传统经学也面临着转型。经学转入近代学术，一般来说主要在三个方向：一是哲学，二是史学，三是由小学而来的语言文字之学。王国维在三方面都有研究，但他最终还是走向了经学史学化的道路。

小学是王国维治经史的工具，他集合新材料生发出了古文字学，使之成为"罗王之学"的知识基础，并在研究实践中补正了许多前贤之说，但其学术目标是为了释经治史，成为语言文字学开山非罗、王，尤其非王国维所属。② 至于哲学，王国维曾迷醉不已，辛亥以后遭吐弃，其原因非一言能尽。但从学科转型角度来看，辛亥后王国维更注重传统文化的保存问题，他特别强调"传古"之功，曾表彰罗振玉道："生无妄之世，小雅尽废之后，而以学术之存亡为己责。""唯传古之是务。"③这其实也是一种夫子自道。所以入辛亥后，他的学术研究明显有一种"由理入礼"的趋势，他特别关注上古社会中的制度文化及民族问题，这些从文献上来说，需特别留意经学中的礼学部分，就研究取向来说，则事实重于说理。在这样的背景下，远离致力于抽绎哲思的学术，将经学引向史学化实是势之必然。

在"新材料"与"新问题"的驱动下，王国维的新史学建设开始了。这种建设工作涉及面极广，但是，如果着眼于经学之上，可注意的

---

① 顾潮：《顾颉刚年谱》，中国社会科学出版社 1993 年版，第 139 页。
② 唐兰说："罗振玉、王国维只能算是文献学家，他们的学问是多方面的，偶尔也研究古文字，很有成绩，但并没有系统。"（唐兰：《中国文字学》，上海古籍出版社 2001 年版，第9 页）
③ 王国维：《雪堂校刊〈群书叙录〉序》，《观堂集林（外二种）》，第 713—714 页。

方向性问题主要有两点，一是建构材料与信史之间的牢固联系；二是以史学系统重构经学材料。

先说第一点。由前可知，史学建设的基础在材料，上古材料的稀缺性与不确定性，加之疑古、疑经对材料造成的巨大冲击，使得史料问题的处理成为基本要务，这一点已为学界所熟知，无须再论。在此应加以注意的是，王氏研究的取向是为了建构真实的古史，所以其工作旨趣是为了"求其真"，与疑古派的"抉其伪"恰呈反向。在王国维看来，当时疑古派最大的问题并不在于疑，而是疑的起点有问题。

所谓起点，是指研究中的立说基础。王国维说："今之学者于古人之制度、文物、学说无不疑，独不肯自疑其立说之根据。"① 那么疑古派"立说之根据"有何可疑处呢？主要在三点：一是悬目的而作研究，他们当时的口号是："宁疑古而失之，不可信古而失之。"② 为此，王氏认为，"今人勇于疑古，与昔人之勇于信古，其不合论理正复相同"③。何为"不合论理"？简言之，违反了历史研究中客观求真的准则。二是证据问题。疑古派所谓刘歆造伪说，理据并不充分，王国维推许清儒陈鳢的说法："是犹捕盗者之获得真赃。"认为"诚哉斯言！"④ 换言之，要说古人造伪，拿可靠的证据来。三是对于资料的性质判定。疑古派经常宣称某某古书为伪，然而，这是对于古代材料的性质认识不清。在王国维看来，那主要是"正误"，而不是"真伪"问题，当时这种判定，主要是在经部及古文字学之中，所谓"伪经"之说甚为风行。王国维曾对容庚说："正误与真伪，自系两事。如二十四史，其抵牾误谬何处无之？然除《史记》一部分外，虽钱（玄同）与兄决不谓二十四史厶厶所伪作也。"⑤ 既然二十四史有讹误不得判为伪书，经籍等亦当如此。

要之，历史研究其最终目的是在建设，拿出可信的材料是至关重要的。所以王国维赞许疑古的精神，但反对以疑为归宿。他要做的是"由

---

① 《观堂集林》罗序。
② 胡适：《自述古史观书》，《古史辨》第一册，第23页。
③ 王国维：《致容庚》，《王国维全集·书信》，第437页。
④ 王国维：《〈今本竹书纪年疏证〉自序》，《观堂集林（外二种）》，第885页。
⑤ 王国维：《致容庚》，《王国维全集·书信》，第437页。

疑而得信，务在不悖不惑，当于理而至"①。那么，怎样才能"当于理"呢？

首先，对于材料的"疑"与"信"皆以事实为标准。这种事实有时是不明晰的，需要研究者加以细致的判别。就疑古、疑经的一面来说，不仅要拿出古人作伪的证据，更应对其伪"一一疏其所出"，找到作伪的源头，因为古书，尤其是上古典籍"本非一源，古今杂陈，矛盾斯起"②。其间的情况是复杂多变的，简言之，源头非一，真伪夹陈。王国维在《古史新证》中指出："研究中国古史为最纠纷之问题。上古之事，传说与史实混而不分：史实之中固不免有所缘饰，与传说无异。而传说之中亦往往有史实为之素地，二者不易区分。此世界各国之所同也。"换言之，在三代历史中的那些传说并非皆无根据，即便是"百家不雅驯之言，亦不无表示一面之事实"③。所以研究者应下力气去探求隐没的真相，确证可信的事实，不因多面之假相而牺牲"一面之事实"，而应以剥茧抽丝的方法将事实的"素地"，从传说之中钩稽而出。反之，就信古的一面来说，也需态度谨慎。对于经学、小学中不可解、难解者，不可强求其通，而应采用孔门"阙疑"之法，留待后来。王国维曾打算"撰《尚书注》，尽阙其不可解者，而但取其可解者著之"④。虽未及从事于此，但其审慎的态度，已为后来的研究提供了重要的方法借鉴。

其次，在审读材料的过程中，如何处理地上、地下资料的关系也是一个大问题。新史学家大都重视新材料，但往往也会产生轻视乃至鄙视旧材料的作风，所以民国以来，学界竟有所谓"史料的尽量扩充与不看二十四史"之论⑤。王国维不是如此，在二重证据法中，新旧材料同等对待。旧材料虽不是一手资料，但它毕竟成一体系，从史料的意义上来说，可算是一种资料汇编。尤其是以经学之书为代表的传统典籍，是历

---

① 《观堂集林》罗序。
② 王国维：《〈今本竹书纪年疏证〉自序》，《观堂集林（外二种）》，第885页。
③ 王国维：《古史新证》，第1—2页。
④ 王国维：《〈金文编〉序》，《观堂集林（外二种）》，第871—872页。
⑤ 见罗志田《史料的尽量扩充与不看二十四史》，《历史研究》2000年第4期。

史上最一流的学者从各种材料中别择而出，是那个时代最有价值、最具代表性的资料。如王国维深入研读的"三礼"，即为先秦礼学方面的最为重要的分类之作。如果丢弃这种旧的文献材料，不参考过去的经学成果，地下资料将成一盘散沙，难见端倪。所以，王国维反复强调根柢之学的重要性。他郑重提出："此新出之史料，在在与旧史料相需，故古文字、古器物之学，与经史之学实相表里。惟能达观二者之际，不屈旧以就新，亦不黜新以从旧，然后能得古人之真，而其言乃可信于后世。"① 要之，史料为构史的起点，不可怀任何的先入之见，无论地上、地下，也无论新与旧，一切以事实为准绳，符合事实则"当于理"，研究才真实可信。所以他一再强调："吾侪当以事实决事实，而不当以后世之理论决事实，此又今日为学者之所当然也。"②

再说第二点。前已论及，王国维将经学引入了史学化的道路，其弟曾评价他说："今文家轻疑古书，古文家墨守师说，俱不外以经治经，而先兄以史治经。虽发于前人，而以之与地下史料相印证，立今后新史学之骨干者。"③ 何谓"以史治经"？概言之，以史学系统重构经学材料。

要做到这点，首先必须建立考订的学术基础。历史学是求真的学问，探明事实是基本要义，只有一系列的事实得以确立，研究才有说服力，所谓古史重建才具备可能。但是，历史总是疑团重重，事实的探明殊非易事，如何才能涣然冰释呢？答案是：史家严密的考订功夫。王国维曾说："考证之学精，大则古义、古制日以发明，次亦可以董理群书。"④ 历史上最深于考订者无疑是乾嘉学派，其以小学通经，已达到古代学术的最高峰。所以，一方面，王国维特别强调继承乾嘉的学术方法，所谓"国初及乾嘉诸老为学之成法"⑤。另一方面，乾嘉过于专门，

---

① 王国维：《〈殷虚文字类编〉序》，《观堂集林（外二种）》，第871页。
② 王国维：《再与林博士论〈洛诰〉书》，《观堂集林（外二种）》，第25页。
③ 王国华：《王静安先生遗书》序。
④ 费行简：《观堂先生别传》，《追忆王国维》，第50页。
⑤ 王国维：《沈乙庵先生七十寿序》，《观堂集林（外二种）》，第721页。

其破碎之弊，需以"学术门径，则转极开阔"① 的"宋学途径"加以补正，这样，王国维的考订就做到了"从弘大处立脚，从精微处著力"②。质言之，其考订基础建立在集清学、宋学之优上。

其次，必须借助逻辑方法，对材料进行系统处理。历史学依赖于史料，但绝不是史料本身，王国维很早就认识到了这一问题。他曾说："自近世历史为一科学，故事实之间不可无系统。抑无论何学，苟无系统之智识者，不可谓之科学。中国之所谓历史，殆无有系统者，不过集合社会散见之事实，但可称史料而已，不得云历史。"③ 概言之，史料需要系统处理后才能成为史学，而这种处理主要体现在两个方向上：分类与贯串。

就分类而言，它可以使历史研究更为细密，更具条理。罗振玉曾说："乾嘉以来，多分类考究，故较密于前人。予在海东，与忠悫（王国维）论今日修学宜用分类法，故忠悫撰《释币》、《胡服考》、《简牍检署考》皆用此法。"④ 罗氏所论看到了王国维继承传统的一面，但分类研史在王氏学术中，实有两个源头：一是继承乾嘉以来的成法；二是西学方法。王国维的分类不同于传统学者仅据经验，而是颇具逻辑眼光及哲学底蕴，他早年曾翻译过《辨学》，对西方逻辑方法十分熟稔，在研究实践中往往利用各种西方的逻辑概念加以分析，有学者指出："他可以说是中国学术转型中第一个认识到'工具概念'的重要性的学者，也是第一个利用概念化理性思维的学者。"⑤ 这也是他的学术且新且精的重要原因。然而，光有分类难见历史的全貌，"贯串"式的研究才能把握历史大势，使各个问题之间最终成一系统，《观堂集林》罗序评述王氏学术时曾说："自来说诸经大义，未有如此之贯串者。"在三代研究中，经学资料是最重要的史料，但是经学自有系统，所穷究的经义，

---

① 钱穆：《朱子学提纲》，生活·读书·新知三联书店 2002 年版，第 9 页。
② 梁启超：《〈王静安先生纪念号〉序》，《追忆王国维》，第 99 页。
③ 王国维：《〈东洋史要〉序》，《王国维文集》第四卷，第 381 页。
④ 罗振玉：《雪堂自述》，江苏人民出版社 1999 年版，第 43 页。
⑤ 张广达：《王国维在清末民初中国学术转型中的贡献》，《史家、史学与现代学术》，第 49 页。

虽有精深之处，但历来说经者都不是放在历史的视野下加以省察。简言之，按照传统的经学路向，建构不出一个历史的轮廓。王国维研经不是为了做经学家，而是为了事实之上的历史建构，所以其经学考据虽有补足前人处，但从不纠缠在细节上。有学者曾说："其治学虽然上涉先秦，尤其对殷周制度等多有创获，仍然是部分绕开经学。……多少有些避实击虚，对经学考据多取回避态度。"① 这是没有认识到王氏的经学问题研究，本就不是为了单纯地解经，经学材料不过是建构史学的点与面。简言之，经学材料的解读，在于使其成为史学研究的证据链，可谓其意在史不在经。所以，他的确不对所有经学问题都加以说明，因为他是近代的史学研究。反之，如果每一经学问题都加以考察，则王氏真的成为了经学家，而不是新史学的开山了。

五 结语

作为承前启后的一代大师，王国维搭建起了一座从传统向近现代过渡的学术桥梁，它的价值和意义是多方面的。就论题所及，最为重要的是，他将旧学引入了新路，不仅成就了自己的学术伟业，也为后世开辟了无数的空间和路径。从这个意义上去观察，王国维的学术无疑是近代的，他一次次的学术转向，正反映了时势巨变之下，一个学者的内在成长与反应。在这种学术转型的大背景下，王国维最终选择了新史学作为自己的学术归宿。今天，当我们来探寻这种学术走向的内在理路时，一个不可忽略的事实是，王氏新学术的根基深植于传统之上，它是一种继承中的创造，而这种继承的起点则是传统学术的核心：经学。

由前可知，当王国维从辛亥年开始经史转向后，对于经学及附于经学之上的小学给予了高度的重视，它们被王氏视为学术之根柢，"发温经之兴"成为了新的学术起点。从此，在经学方面，王国维开始由经宋学走向了汉学派；由演绎经学典籍中的哲思，走向了以考订为主；由不

---

① 罗志田：《新宋学与民初考据学》，《近代史研究》1998 年第 1 期。

遵经学家法到逐步深入乾嘉堂奥。在这一进程中，就经学典籍而言，他以"三礼"之学为研经之始，旁及《尚书》《诗经》等，为三代制度的研究打下了文献基础。就学术方法而言，他一方面以传统小学的研习来培植释经证史的根基，另一方面，注重地上、地下的资料互证，日渐发展出著名的"二重证据法"。值得一提的是，"发温经之兴"前的王国维，是醉心于哲学及文学之人，并坦承少时"不喜《十三经注疏》"，这使得学界中有一误识，认为王氏的经学起步于辛亥转向之后。但事实是，王氏不喜的只是汉唐经说，他不仅对于经学及清代乾嘉派有着充分的了解，并曾醉心于考据，在年少时条驳俞樾，为此后走向经学及考订之学打下了知识基础。此后的"温经"也就自然是一种"温故而知新"的学术行为，是对此前学术轨迹的一种接轨与转向。

深入经学之后的王国维，以清代乾嘉古文派为自己的学术基础。在其学术进路上，就历史渊源来说，从条驳俞樾到关注戴震及其门下，使其逐渐走向戴学。就研究取向而言，戴学深于"三礼"，而这正是王国维史学研究的起点，因而戴学也就成为了他的学脉所在。王氏对于戴学的承接是有选择性的，他以研究成果更精密的戴学门下为承接点，以注重器物的程瑶田，及《说文》学巨子段玉裁为自己的学术宗主，将其成果发展至古器物学及古文字学之上，地上、地下材料因此得以疏通。要之，深入乾嘉的学术进路，为王国维的学术发展打下了厚实的经学和小学基础，并在"程段之学"的承接中，找到了新的学术空间。这样不仅将乾嘉考订之学推到了一个新阶段，更开辟了"罗王之学"，为新史学的发展建立了根基。

然而，乾嘉汉学毕竟是传统学术，在近代眼光之下，其破碎之弊日渐显现。就传统资源来说，"取宋学途径"成为一种必然选择。在王国维看来，宋学是一种具有近代特质的学术，对其接续不仅可以弥补清学，也是与近代学术接轨的一种创造性继承，所以以乾嘉为学术基础的王国维，在经学研习中并不轻视宋学，而是清宋并重。宋学主要在三个方面影响了王国维的经学路向：第一，在考据中加入义理取向，祛除考订中的破碎之弊。所以王氏的学术是入于考据，又出于考据之外，在事实的厘定中，对"所以然"及经义、礼意等特别致意，是一种借清学以达宋学之路。二是建立在独立思考之上的疑古、疑经的学术立场。这种立场表现在破除门户之见，取朱子学精神，这就和近代以来的今文疑古派拉开了差距。三是承接宋代金石学的学科方法意识，用新材料治新学问，重视器物的非文字特点，突破纸面束缚，发展出了新的古器物、古文字学，建立起了"二重证据"的学术基础。

从学术特点来看，王国维的新史学是以旧开新，由旧入新之学。将其放置近代学术转型的大背景下，它无疑是一种新材料与新问题下的新发展，但它又根植于传统，以经学为起点，史学为归宿。就经学之旧与史学之新来看，在新材料上，王国维具有强烈的学术敏感性，他重视一手材料，但同时注意在纸上材料尤其是经学、小学中扎好根底。在新问题上，他打破了经学视域，将经学引入了史学之路。在世界视野和近代眼光下，注重"传古"之功，由疑而得信，以可信的材料为重建古史而努力。为此，在方法范式上主要有两点：一是建构材料与信史之间的牢固联系。在"求其真"之中，以事实和事理来决定材料取舍，明辨真伪与正误之别，就"疑古"而言，对"疑"的起点作方法反思，梳理出伪之源头，对"一面之事实"加以重视，对无以确证之处以"阙疑"法处之。二是以史学系统来重构经学材料。在集清学、宋学之优，建立考订的学术基础上，借助西方逻辑方法，运用概念工具，以分类和贯串来重组经学材料。不以一一疏解经学问题为目标，而是将经学材料作为史学系统中的点与面，构建出可信的证据链。

总之，王国维的新史学牢牢地立基于旧学之上，并与其经学路向产生了深刻的学术互动。陈寅恪在《王静安先生遗书》序中，曾这样评说王国维学术的意义："尤在能开拓学术之区宇，补前修之未逮，故其著作可以转移一时之风气，而示来者以轨则也。"① 毫无疑义，在近代学术转型中，王国维具有相当的自觉意识，他面对新问题，利用新材料，使经学走上了近代史学化道路。他承继前人，开启新路，中国学术由此进入了一个新的阶段。

---

① 陈寅恪：《金明稿丛稿二编》，第247页。

原刊于《学术月刊》2013 年第 11 期，内容有删节。本文初稿完成于 2010 年 2 月，后提交于由华东师范大学和海宁市人民政府主办的"王国维与中国现代学术国际学术研讨会"（2010 年 5 月 28 至 30 日），修订稿完成于 2011 年 6 月。

吕思勉学术体系中的经学问题

　　吕思勉先生是 20 世纪中国最为著名的史学家之一，在中国史学近代化的进程中，占有十分重要的地位。他的史学研究素以考证严密、范围宽广而著称，既有新史学的必备要素，更有鲜明的传统知识底蕴，严耕望先生评价说："他的史学是建筑在国学基础上，然而他的治史意味并不保守。"① 可谓言简而意赅。所以对其学术路数进行探讨，既可从中看出旧时代士人向新时代研究者的历程转换，也是考察学术现代转型的重要路径。而在这种研究中，经学问题是一种很好的视角和切入口，理由在于：经学是中国传统学术的核心，又在吕氏知识构成中占据极其重要的地位，而长期以来我们在这方面的具体研究恰恰是十分缺乏的。所以笔者不避浅陋，就此问题进行初步的考察，以就正于方家。

一　吕氏的知识结构与经学关系

　　与同时代的其他学术大师相比，吕思勉或许是旧学痕迹最深的一位，他从未上过新式学堂，更没有留洋经历，教育过程是旧式的。成年后他曾自我评价道："予本为一堕落之世家子弟。"又说："予受旧教育较深。"② 但是这些背景的存在并不意味着吕思勉只能株守旧学，恰恰相反的是，他十分注意吸收新知，这应是时代和性情的原因使然。吕氏

---

　　① 严耕望：《通贯的断代史家——吕思勉》，载俞振基编《蒿庐问学记》，生活·读书·新知三联书店 1996 年版，第 83 页。
　　② 吕思勉：《自述》，载氏著《吕思勉论学丛稿》，上海古籍出版社 2006 年版，第 752、751 页。

生于 19 世纪末期，恰逢旧学向新知转化的过渡时期，在一个新思潮、新知识不断涌来的时代，他没有退化成为守旧抗拒派，而是在时代的风潮下广泛地阅读着新书刊，接受新知识。吕思勉的女儿吕翼仁曾回忆道：

> 父亲生于清季，清末民初正是我国内忧外患交迫的时候。父亲怀着强烈的爱国爱民族的心情，也怀着要求改革的迫切愿望。他知道要谈政治要谈改革，必须尊崇科学，尊崇由科学产生的新技术，单读旧书是不中用的了，这是他广读新书的动机。①

由此我们就可以了解，在吕氏的知识结构中，旧学与新学都居于重要位置，甚至我们可以说，正是二者的相互交融渗透造就了学术大师吕思勉。但问题是，吕氏虽然十分重视新学，毕竟旧学在其知识结构中属于更为坚实的部分。他曾在介绍自己的学术取向时特为申明道："人家都说我治史喜欢讲考据，其实我是喜欢讲政治和社会各问题的。不过现在各种社会科学，都极精深，我都是外行，不敢乱谈，所以只好讲讲考据罢了。"② 从这段话中我们可以看出，吕氏虽对新学推崇有加，但深知自己知识系统中掌握的最为牢靠的应是旧学，而这也正是他学术的基点。

有学者将吕氏接受的旧式教育归纳为四个方面，即：一、目录学的知识；二、小学与经学的知识；三、文学的修养；四、史学的训练。③按照中国传统学术的习惯，这四个方面中，第一方面可归入史学类，第三方面也与经学、史学训练相关，几方面重加整合其实就是经史之学，再加上诸子之学，吕氏的旧学范围基本齐备，即以经史之学为核心的四

---

① 吕翼仁：《回忆我的父亲吕思勉先生》，《历史教学问题》1998 年第 2 期。
② 吕思勉：《从我学习历史的经过说到现在的学习方法》，载《吕思勉论学丛稿》，第 579 页。
③ 虞云国：《论吕思勉的新史学》，《历史教学问题》1998 年第 2 期。

部之学。① 这其中大家最为熟知的是他的传统史学功夫，他或许是现代史家中唯一深入通读二十四史的人，② 诚如黄永年先生所言："这种硬功夫即使毕生致力读古籍的乾嘉学者中恐怕也是少见的。"③ 但一般人并不了解的是，这套史学功夫是建立在经学之上的。吕思勉在回忆自己年少时研治经学的经历时曾说："后来治古史略知运用材料之法，植基于此。"④ 在晚年更不忘谆谆告诫学生："要治史的，于经学，必不可不先知门径。"⑤ 从种种甘苦之谈中，可见吕氏十分重视经学对史学的作用，在其知识结构里，在经史关系方面，经学是打基础的，他遵循的是由经学入史学的传统学术路子。此外，对于诸子之学，他也强调要以经学为基础，他指出："故既能通经，即治诸子之学，亦不甚费力。"⑥

要之，吕思勉虽一生致力于史学研究，经学非其主业，但经学为其知识结构中的基础性部分，则是不可移易的结论。在学界，关于吕氏受到的经学教育状况一直知之不多，但有三点我们是可以确定的，一是早年的家学影响；二是童蒙之学中的经学教育；三是十七岁时同邑丁桂徵的经学传授，这三点构成了吕氏经学知识的重要来源。其中第三点曾为吕思勉自己提及，可在吕氏的《自述》等材料中发见，而第一点、第二点则通过钩稽材料才能了解。其中，第一，关于家学问题。据吕思勉《先考妣事述》，他的父亲吕德骥经学十分出色，"少服膺经训，号所居曰抱遗经堂，于《易》尤邃"。他的母亲也曾"阅经史，无不能晓"。姐姐则曾与吕思勉一起受学，"亦能诵经史，工诗词"⑦。此外，他的外

---

① 我们所讨论的旧学范围仅限于学术研究方面的内容，当然吕思勉知识结构中还有琴棋书画等旧式文人内容，由于与我们正文关系不大，当另文论述，在此不予涉及。
② 吕氏读了多少遍二十四史他自己没有明说，黄永年认为在四遍以上，严耕望认为有三遍。见黄永年《回忆我的老师吕诚之先生》、严耕望《通贯的断代史家——吕思勉》，见《蒿庐问学记》，第145、86页。
③ 黄永年：《回忆我的老师吕诚之先生》，《蒿庐问学记》，第145页。
④ 吕思勉：《从我学习历史的经过说到现在的学习方法》，《吕思勉论学丛稿》，第579页。
⑤ 吕思勉：《中国史籍读法》，载氏著《吕著史学与史籍》，华东师范大学出版社2002年版，第103页。
⑥ 吕思勉：《整理旧籍之方法》，《吕思勉论学丛稿》，第484页。
⑦ 见《吕思勉遗文集》（下），华东师范大学出版社1997年版，第751—752页。

祖父则号称"经学湛深，于三礼尤精熟"①。出生于这样的家庭环境，自小耳闻目染于经学之间是毫不奇怪的，1920 年吕思勉在《赠小兰外妹》②诗中，犹感怀幼时所受庭训教诲："忆我幼小时，胜衣才能趋。扶床依伯姊，入室问皇姑。负剑辟珥诏，古训常相于。以兹远流俗，笃志怀邃初。"可见幼时家庭教育对其影响之深。更为重要的是，12 岁后，由于家庭经济窘迫，无法延师，只能由父亲授业，母亲及姐姐在旁襄助。可以想见的是，"服膺经训"的父亲必然会进行经学传授。第二，吕思勉在童蒙期间接受的是旧式教育，即举子之业，此种教育是以四书五经为核心的，所以，他在 7 岁时即"诵四子书"，10 岁学《说文》，③ 浸淫于经学不可谓不早。在此期间，他还曾向父亲的老师，曾主讲于芜湖中江学院的薛以庄问学，④ 由于薛的学术背景当以经学为主，问学内容必当关涉经学。此外，吕思勉早年信仰大同思想，后转向进化论乃至马克思主义，这种思想的发生也与今文经学密切相关。

以上种种足以说明，在吕思勉的知识结构中经学居于十分关键的位置。在此我们先将吕氏的知识结构分为两大部分：新学与旧学。从内容上来说，新学主要以新理论、新知识为主，有许多西学成分，旧学则主要是国学；就学术研究的层次及任务而言，新学主要承担着理论和方法论的作用，旧学则是学术研究的基础。在吕氏的旧学中，史学是主干，但起点和支点是经学。这种序列安排中有一个极重要的转换，那就是经学指导地位的丧失。我们知道，在传统知识架构中，经学既是基础，更是指导性的理论。所谓"盖经者非他，即天下之公理而已"⑤。但是在吕思勉的知识体系里，经学只拥有知识基础的地位，指导性作用被有意识地排除，换言之，经学用于扎根则可，用于指引学术及人生道路则否，所以他说经学"以经世言，则已为无用之学"⑥。又说："昔时科学

---

① 吕思勉：《先舅程君事述》，《吕思勉遗文集》（下），第 731 页。
② 见《吕思勉遗文集》（下），第 676 页。
③ 见李永圻《吕思勉先生编年事辑》，《蒿庐问学记》，第 348—349 页。
④ 见《自述》，《吕思勉论学丛稿》，第 741 页。
⑤ 纪昀等撰：《四库总目提要·经部总叙》，中华书局 1997 年版，第 1 页。
⑥ 吕思勉：《从章太炎说到康长素梁任公》，《吕思勉论学丛稿》，第 402 页。

未明，所谓原理者，往往虚而无薄。"① 那么在吕思勉看来，指导性功能存于何处呢？答曰：在科学的新学之中。他曾经评价章学诚道：

> 他的意见，和现代的史学家只差得一步。倘使再进一步，就和现在的史学家相同了。但这一步，在章学诚是无法再进的。这是为什么呢？那是由于现代的史学家，有别种科学作他的助力，而章学诚时代则无。②

吕思勉对于章学诚的自信是建立在知识超越基础上的。从由经入史、严密考订的角度来看，吕思勉可说是继承了清代乾嘉学者的治学路数，但他毕竟不是经生，而是现代史学家。我们可以看到，吕氏治史十分注意新理论，如他重视社会结构，关注文化的制度性因素及物质基础，这些都深刻地影响了治学深度和研究走向，也反映了经生与现代学者在眼光、视野上的差异，标志着他从士人向现代学术研究者的跨越。而在这中间，变化的关键是经学地位的转换，是新学取代经学理论指导地位的结果。也正因为如此，吕思勉在继承的基础上，将清代旧学带到了新史学的路上，并使得旧学因新精神而焕发了生命，旧学日渐过渡到了现代形态。当然这是时代的产物，也是学术内在理路的必然。但吕思勉作为这一转换过程中的重要人物，我们是不应忽略的。

二 从今文余绪到今古贯通：现代学术视野下的经学转换

由前可知，良好的旧学背景造就了吕思勉厚实的经学功底。此外，他是江苏武进人，这一带归属常州，为清代今文经学重镇，著名的常州学派就发源于此，加之早年笃信康梁学说，这些使得他与经学，尤其是

---

① 吕思勉：《〈文史通义〉评》，《吕著史学与史籍》，第331页。
② 吕思勉：《历史研究法》，《吕著史学与史籍》，第12页。

与今文学派的关系既深且巨。所以从不愿以经生自居的吕思勉，屡被时人及后学视为经学大师①，这在当时的新史家中是独有的。在此我们感兴趣的问题是：吕思勉经学立场如何？是怎样完成转换的？与学术研究的关系及影响？对这些问题的探究，不仅是对于学术大师的知识考察，也是了解近代以来，知识分子群体的知识演进与学科转型的新路径，因而意义是十分重大的。

在讨论吕氏经学立场之前，首先要指出两个基本前提，因为后面的种种讨论都与之关系密切，甚或是循此理路而来，故不得不先加以说明。一是吕思勉的学术虽博杂，但首先是个现代史学家，这是他的核心学术立场；二是吕氏的研究虽具体而严密，但学术风格是偏向博通一路的。

首先，就史家立场而言，求真是历史研究的基本要求，吕思勉曾说："以治古史而治经，求真实其首务。"② 这就与经生斤斤执着于义理截然不同。其次，就学术风格而言，贯通容易超越偏见，吕思勉说："由博而返约，实为研究学问之要诀。未博而言约，则漏而已矣。"③ 而经学学派之争，简言之，其弊的学术起点，恰恰就出在各持一端的门户之见上，也即是吕氏所说的"陋"。这样，由求真、博通所带来的去"陋"立场，使得势同水火的今古文，在吕氏的眼里相对要平和许多，这就为在学术立场上综合古今奠定了基础。但是这种综合古今并不一帆风顺，而是在异常复杂的内在冲突之上行进发展起来的。一方面，由于现代史家的身份立场，经学失去了神圣性，"仅成为予治史之工具"④。博通的学术风格更使得门户之见得以超越，因此传统经学立场在吕思勉学术系统中是受到批判和压抑的；另一方面，由于学养因素，吕氏的今文学立场常常自知、不自知地表现出来。正是来回徘徊于这种矛盾、张

---

① 如童书业称其为"今文学的大师"（见童书业《古史辨》第七册自序，上海古籍出版社 1982 年版）。邹兆琦在《吕思勉先生与古代史料学辨伪》（《蒿庐问学记》，第 73 页）中也曾指出："吕先生曾以经今文家驰名当世。"

② 吕思勉：《先秦史》，上海古籍出版社 2005 年版，第 7 页。

③ 吕思勉：《整理旧籍之方法》，《吕思勉论学丛稿》，第 490 页。

④ 吕思勉：《自述》，《吕思勉论学丛稿》，第 742 页。

力之间，吕思勉一步步地由今文学余绪走向今古贯通，而这种走向的背景则是现代学术转型的时代风潮。

吕思勉主要是在 20 世纪 20 年代走向学术舞台的，此时的经学，尤其是今文经学已经衰微，新史学风行天下，在此风潮之下，吕思勉成为了"由经入史"的典型代表。所以有学者认为这一时期的吕思勉以历史学家的立场"自觉地与旧经学的脐带割断了联系"，并且至迟在 20 年代中期，"已完成旧经学向新史学的彻底转变"①。我们认为，如果说吕思勉自此时起自觉脱离经学羁绊是可以的，说"彻底转变"则未免过于决断。因为学术的"由旧入新"从其内在理路来说，难以呈现革命式的截然两分，而应是缓缓过渡、慢慢转型。

我们可以发现，由于上述两大前提，20 年代的吕思勉已经撇开了经学门户之见，认定今古文经学价值同等重要。他宣称："若以研究古代社会情形，或天然界情形为目的，则今文学古文学价值不甚相远。"这表明吕思勉已从经生思维中脱离了出来，体现了站在现代史家立场综合今古文的意向。但问题的另一面是，他的经学立足点还是今文派的，所以他又认为古文学是"有意伪造"②。他还说："自武进庄氏、刘氏，以至最近南海康氏、井研廖氏，则破坏莽、歆所造古文经，以复孔子学说之旧也。今后学者之任务，则在就今文家言，判决孰为古代之真事实，孰为孔子之所托，如此，则孔子之学说与古代之事实，皆可焕然大明，此则今之学者之任务也。"③ 并且由此而下，一反往常的平和态度，不顾康、廖之说已遭时人轻视苛责，大力维护今文经学，④ 这些足以证明吕思勉此时今文痕迹依然很深，他虽力图公允于今古文间，并且再三申明："或疑吾偏信今文，其实不然也。"⑤ 但事实上并没有完全做到，说他是今文余绪实不为过。

然而变化却是存在着的，变化的方向就是今古贯通。到了 30 年代，

① 虞云国：《用新方法整理旧国故》，《中国研究》（日本）1998 年第 1 期。
② 吕思勉：《整理旧籍之方法》，《吕思勉论学丛稿》，第 484—485 页。
③ 吕思勉：《答程鹭于书》，《吕思勉论学丛稿》，第 675 页。
④ 同上书，第 676—678 页。
⑤ 吕思勉：《经子解题》，华东师范大学出版社 1995 年版，第 7 页。

一方面，在经学观上吕思勉依然倚重今文学派，如在 1933 年出版的《先秦学术概论》中，他还在说："（孔子）治法兼采四代"①，并且说："然欲知孔子之道，则非取今文家言不可。"② 这是常州学派以来的典型观点，而康有为 1896 年在《敬谢天恩并统筹全局折》中曾有"周公思兼三王，孔子损益四代，乃为变法"的话，吕氏也不自觉地沿用了下来。另一方面，一些实质性的改变已经出现，如对于康有为《新学伪经考》判定刘歆造伪，以及讲到改定六经序次，吕氏指出，这是"殊近深文""亦无明据"③。比较 20 年代评价《新学伪经考》："此书于重要事实，考辨甚详。"④ 这是一次重大否定和转折。30 年代末至 40 年代，则是吕思勉经学观的最后转变期，典型的例子是 40 年代初出版的《先秦史》中已开始不谈刘歆造伪，而是说："今古文之经，本无甚异同，而说则互异。"⑤ 而在 40 年代中后期谈到刘歆造伪问题时，吕思勉更是断然明言："根本无此事实。"对于《新学伪经考》则宣告："其书实在是无足取的。"⑥ 可以说，此时是吕思勉经学立场分水岭时代，至此才算基本上消除了今文派的立场。所以，1939 年吕氏的学生钱钟汉在看到《先秦史》油印稿时，对吕说道："（以前的论著）主要根据今文学派的经学观点，新作似倾向于今古文之贯通运用。"此说当即获得了吕氏的赞许。⑦

在吕氏经学转换过程中有一个人不能不提，那就是钱穆先生。钱穆是吕思勉的早年学生，二人学术上切磋互进，不仅吕影响了钱，钱亦影响了吕。1929 年钱穆的《刘向歆父子年谱》作成，1930 年刊印，此文以无可辩驳的事实证明了刘歆造伪的虚妄性，解决了经学史中最为核心的问题，也给了今文学派沉重一击。据钱氏回忆，在作此文之前，他曾与吕思勉就今古文问题通信十余次，字数累数万。钱穆说："惟忆诚之

---

① 吕思勉：《先秦学术概论》，中国大百科全书出版社 1985 年版，第 51 页。
② 同上书，第 53 页。
③ 同上书，第 67 页。
④ 吕思勉：《经子解题》，第 7 页。
⑤ 吕思勉：《先秦史》，第 7 页。
⑥ 吕思勉：《从章太炎说到康长素梁任公》，《吕思勉论学丛稿》，第 401 页。
⑦ 钱钟汉：《吕诚之先生的为人和治学》，《蒿庐问学记》，第 186 页。

师（吕思勉）谨守其乡前辈常州学派今文家之绪论，而余则多方加以质疑问难。"① 由于今文学的深刻影响，吕思勉在当时犹严守常州余绪，对于从根子上推翻今文学的钱说未表赞成，但事实证明这种影响是巨大的，吕氏的核心立场毕竟是现代史家，日后他逐渐推翻了刘歆造伪说，由今文余绪走向了今古贯通。

总的来看，吕思勉的转换是成功的，而这种成功无疑是顺应时代的学术后果。吕氏不管如何被今文学派所影响与羁绊，今文派的影响对他而言只是具体结论性的，而不是学科性的。他始终是以现代学术眼光，超越在传统经学系统之外谈经学，很早就有将经学融入现代各学科中去的想法，他曾说："捐除经学之名，就各项学术分治，则此中正饶有开拓之地也。"② 所以他的"今古贯通"已不属于传统经学范畴，而是现代学术的要求。这就使得他在旧学基础上步入了现代学术的场域，而正是这种视野和背景，成为了他区别于清儒的根本核心所在。当然，作为从旧学中转来的新学问家，是需要逐渐克服旧学术意识才能完全拔出身来，大步向前的。所以他的转换显得不那么平坦，甚至有一些跟跄，多了一些曲折和复杂，但是，这不正符合历史的辩证法吗？

三 从"经世"到"材料"：作为史料学的经学

由前可知，吕思勉是以现代史家的立场和眼光来研治经学的，所以他倡言，经学"以经世言，则已为无用之学"③，这样就彻底否定了经学中的"经世"传统。既如此，在吕氏看来，失去了经世功能的经学还有存在的意义吗？当然有，意义就在材料中。吕思勉认为，经学既脱离时代，作为一门学科自然可以取消，所谓"以经学为一种学科而治之，在今日诚为无谓"。但是这并不意味着经学书籍可以废除，意味着

---

① 钱穆：《八十忆双亲·师友杂忆》，生活·读书·新知三联书店 1998 年版，第 60—61 页。

② 吕思勉：《答程鹭于书》，《吕思勉论学丛稿》，第 681—682 页。

③ 吕思勉：《从章太炎说到康长素梁任公》，《吕思勉论学丛稿》，第 402 页。

可以不通经学。所以他又说："其书自仍不能废，则治经一事，仍为今后学者所不能免。"① 经书不能废的原因在于："材料之存焉，仍以此为大宗，仍不可不细读。"② 在这里吕氏突出了经学的资料意义，这就把经学带入了史料学的现代学术轨道。

从史料学角度来看，经学典籍确乎有着一些其他资料所无法比拟的独有价值，它主要体现在两个方面：一是资料的独特性，它们是最古老的历史资料。因为研究学问尤其是历史研究讲求追本溯源，所谓"求学问之材料于书籍，亦宜自最古者始"。所以吕思勉指出："经为最古之书，求学问之材料于书籍上，其书自仍不能废。"③ 二是经学资料对于先秦史的研治具有特殊性。所谓"先秦之史，本别一性质"④。这一时段的资料主要存在于经部和子部书籍中，如果不知道辨析经学和子学资料，尤其是经学资料，这段历史的研究就无法展开。而当经学资料转为史料时，无疑极大地拓展了历史研究的空间。

当然，将经学转为史料学并不是什么新鲜的东西，在这一点上吕思勉与其他新史家别无二致，也可说是史学发展的必然。但是，如何转化，如何认识经学的特殊性，并如何将旧学与新学衔接，在这些问题上，比之其他学人，旧学功底深厚的吕思勉显得更为游刃有余。由于对经学特殊性的认识更为准确清晰，所以他对经学的史料转换问题处理得从容自如。具体说来，史料意义上的经学特殊性，在于其资料的错综复杂，如不加辨析就简单运用，则不仅全失史料的价值，甚至引用伪书而不自知，这是十分危险的。吕思勉指出："经学专行二千余年，又自有其条理。治史与治经异业，然不通经学之条理者，亦必不能取材于经。"⑤ 概言之，处理经学材料与一般的史料整理是有所不同的，研治史学的人必须深通经学的"条理"，也即内在规律，才能将其转为可信可用的史料，从而为历史研究服务。为此，20 世纪 20 年代时，吕思勉

---

① 吕思勉：《答程鹭于书》，《吕思勉论学丛稿》，第 681 页。
② 吕思勉：《整理旧籍之方法》，《吕思勉论学丛稿》，第 487 页。
③ 吕思勉：《答程鹭于书》，《吕思勉论学丛稿》，第 681 页。
④ 吕思勉：《〈史通〉评》，《吕著史学与史籍》，第 270 页。
⑤ 吕思勉：《经子解题》，第 6 页。

曾出版了《经子解题》一书，此书虽同时包括了对经书和子书的学术评点，但吕氏认为"然则先经后子，固研求古籍之良法矣"①。故又当以经学书为大宗和核心。在此书《自序》中，吕思勉自信地说道："群经及先秦诸子之真者，略具于是矣。"② 从中我们可以知道，他写就此书的一个重要目的就是：对经部及子部书籍，尤其是经书，进行细致的辨析，使其转为可用的史料，以达到求其真、致其用的目的，这无疑是一种史料学的思维。所以杨宽指出："《经子解题》是吕先生早年指导青年阅读先秦史料的著作，属于史料学范围。"③ 总之，吕氏力图以现代学术方法将经学的史料学价值发挥出来，完成经学的类型转化。

但经学毕竟是门复杂的学问，总的来说，吕思勉所在的时代，学术界对经学材料的认识还是比较混乱的，这种混乱主要体现在一些极端"信古"和"疑古"派身上。就信古派而言，往往信奉经书为真理，这一点自然不为吕思勉所取，另外，针对当时信经疑传的学术风气，吕氏也加以了彻底否定，将经、传等赋予了同等的史料价值。④

"信古"的对立面是"疑古"。近代以来疑古学派对于史料的估定，极大地影响了史学发展，这种工作当然有它的价值和意义。但由于它是破坏性工作，走至极端，就大量怀疑先秦两汉的典籍为伪造，这一学术风潮中经学资料是主要针对面，经书几乎受到普遍怀疑而无法在研究中加以使用。而我们知道，经学典籍是研究先秦史的主要资料，这样就带来了一连串严峻的问题：经书还可用吗？中国还有上古史吗？按照当时古史辨派的流行说法，古史研究要"缩短二三千年，从诗三百篇做起"⑤，以至于东周以上无信史。对于这种看似科学的史料观，吕思勉是强烈反对的，他指出："近二十年来，所谓'疑古'之风大盛，学者

---

① 吕思勉：《经子解题》，第 2 页。

② 同上书，自序。

③ 杨宽：《吕思勉先生的史学研究》，《蒿庐问学记》，第 31 页。

④ 见吕思勉《经子解题》，第 8—9 页。

⑤ 胡适：《自述古史观书》，载顾颉刚主编《古史辨》第一册，上海古籍出版社 1982 年版，第 22—23 页。另外顾颉刚在《自述整理中国历史意见书》（《古史辨》第一册，第 35 页）中说："照我们现在的观察，东周以上只好说无史。现在所谓很灿烂的古史，所谓很有荣誉的四千年的历史，自三皇以至夏商，整整齐齐的统系和年岁，精密的考来，都是伪书的结晶。"

每訾古书之不可信，其实古书自有其读法，今之疑古者，每援后世书籍之体例，訾议古书，适见其卤莽灭裂也。"① 这段话实际上提出了一个重要的问题：古代典籍研治的特殊性。他严肃地指出："读古书当先通古书义例，乃为正当方法。"② 也即是说，古代典籍有自己的编撰体例，不能以今律古。正确的方法应当是深入古书的内在规律中去，破除主观成分，从中获得正确的信息。所谓"披沙拣金，除去其主观成分以求之"③。按照吕思勉的看法，古书的成书体例简言之，为"传信传疑"，即在传递他人信息尤其师说时是极为严谨的，关于这点他阐释道："一方面，自己立说的，极其随便；一方面，传他人之说的，又极谨严。此即前所云传信传疑，及所据的材料、来源不同，不使其互相屡杂，亦不以之互相订补之例。书之时代愈早者，其守此例愈严。"④ 经书是最古老的书，自然严守此例。明白了这一点，在使用古籍尤其是经书时，就能通过辨析将一些受到怀疑的资料加以科学整理，从而以资运用。吕氏正是沿用这种思路，十分谨慎地处理着史料问题，从而作出了突出的学术贡献，事实证明吕氏的史料辨析思想总体上是科学可信的。

总之，吕思勉在将经学材料转为史料的过程中，以现代学术眼光，科学严谨地进行着材料辨析。他高度重视经学资料对于历史研究，尤其是先秦史研究的独特史料价值，并力图理解经书等古籍的内在规律性，从而将其转为可信的史料。既不盲目"信古"、信经，也不简单"疑古"，而是以历史主义的眼光，将经书放至历史情景中加以研求，从而使得经学的史料价值得到充分的运用，为近代学术发展作出了重大贡献。

孟子有言：知人论世。吕思勉学术体系的产生及发展，与他那个时代密切相关。毋庸置疑的是，晚清至民国乃是中国学术史上一个极重要的时段，而它在学术发展史上最为重要的意义则是，中国传统学术在这一时期日渐完成了向现代学术形态的转换，旧的学术体系，尤其是作为

---

① 吕思勉：《先秦史》，第6页。
② 吕思勉：《古籍选文评述》，《吕著史学与史籍》，第139页。
③ 吕思勉：《经子解题》，第31页。
④ 吕思勉：《中国史籍读法》，《吕著史学与史籍》，第109页。

传统学术核心的经学，受到前所未有的冲击，学术范式发生了空前的转换，产生了一批由旧入新的学术大师，吕思勉就是这批学者中具有典型意义的代表。我们看到，在这一学术发展进程中，吕思勉的知识结构发生了重大改变，经学的基础性指导地位让渡于科学的新学，并且在现代学术视野下，完成了由今文学派立场向"今古贯通"的经学转换，在将经学带入现代史料学领域的同时，吕氏自己也实现了由士大夫向现代研究者的转型，从而步入了现代学术的场域。本文以吕思勉的经学问题为切入口，就是意在提供一个近代以来学术发展转换的观察侧面，从中我们可以更为真切地观察到一代大师的学术发展理路。但更重要的是，我们可以在一个特定视角上，从学术转型的典型个体问题中，去思考知识群体的学术命运。我们希望通过这种考察，能更好地体会到知识结构的演进与时代风潮之间的关系，了解范式转换对学术转型的影响。并在历史动因的探究中，既看到传统学术系统与现代学术形态间的断裂疏离，也观察到它们之间的内在继承与发展。只有这样，我们的研讨才能不失意义和深度，并为今后的深入研究奠定基础。

原刊于《史林》2010 年第 4 期，2012 年 2 月改定。本文初稿完成于 2006 年 5 月，修订稿提交于由上海大学历史系暨古代文明研究中心举办的"中国传统学术的近代转型"国际学术研讨会（2009 年 10 月 16—18 日），后收录于陈勇、谢维扬主编《中国传统学术的近代转型》（上海人民出版社 2011 年版）。

时势与理路："整理国故"运动与
吕思勉的史学道路

自晚清以来，伴随着"千年未有之变局"，中国学术开始由传统向近代转型。① 在这一进程中，中国新史学开始酝酿、发展，一大批学术大师应运而生。其中，吕思勉是一位值得我们高度关注的史家。他被誉为"史学四大家"，却长期为人所忽视，作为一位"默默枯守，不求闻达"的学人，旧学之厚为世所公认。② 然而，吕氏成就的取得并非孤恃旧学，靠枯守户牖而成。可以说，外在的"时势"时刻激荡着他，他是那个时代的产物，从来没有外在于新的学术思潮之外。而发端于"五四"，兴盛于20世纪20年代的"整理国故"运动，正是这么一个对其学术发展具有转折性意义的思潮，吕氏的学术理路受其拉动，并在内外交织的紧张与调整中，走上了新的研究道路。近年来，对于吕思勉史学的研究，已日益受到学界的关注，但将其放置在具体的学术思潮之下，详尽考察外在时势与内在理路之间的互动、发展，尚有阙如。为此，笔者以"整理国故"运动与吕思勉史学之间的关系作为切入口，希望通过具体探研，既明晰吕氏史学路径与时代之关系，更由此管窥中国史学及史家在学术转型中所遭受的挑战与机遇。

---

① 本文所论及的近代（mordern）包含了所谓的现代时段，即20世纪上半叶之前的晚清民国时期。

② 严耕望：《通贯的断代史家——吕思勉》，俞振基编：《蒿庐问学记：吕思勉生平与学术》，生活·读书·新知三联书店1996年版，第83—85页。严氏还指出："他的史学是建筑在国学基础上，然而他的治史意味并不保守。"

一 新史家的成立："由旧入新"
与"整理国故"运动

罗志田说："（吕思勉）大致是近代学术由旧转新的过渡人物。"①
"过渡"与否可先存而勿论，但"由旧转新"的确是吕思勉学术的重要
特征，或者进一步称之为"由旧入新"，当更为准确。因为"转新"是
一趋向，"入新"则已达目标，毫无疑问，吕氏是已经进入了近现代学
术场域的史家。王家范师称其为："新史学旨趣实践会通第一人"②，这
是足以当之的。

考察吕思勉的史学成就，可以发现如下的事实：以 20 世纪 20 年代
为界，吕氏此前的研究虽已向"新史学"靠拢，尽力"趋新"，但依然
"旧"有余，"新"不足；然而，自 20 年代以来，开始大踏步前进，日
渐透现出"新史学"的气派，直至构建出宏通渊深的学术境界。要言
之，此时段为吕氏史学的一大分水岭。如果说此前还往复徘徊于新旧边
缘，至 20 年代，他终于完成了"入新"，标志着已成为新时代的史家。
这期间，对其产生深刻推动力的是"整理国故"运动，正是在这一运
动的影响下，吕思勉积极投身其间，学术面貌为之一新，吕氏的"由旧
入新"之途也终于得以打通，这是他成为新史家的重要条件。

吕思勉治史是从青年时代开始的。据其自述："自二十三岁以后，
即专意治史矣。"③ 此年应为 1906 年，在吕氏学术道路上有一件标志性
的事情，那就是，他第一次读遍了二十四史。而这一工作的完成，来自
从屠寄（字敬山）问学之后。吕氏学术受多种因素影响，但授业之师

---

① 罗志田：《文学的失语：整理国故与文学研究的考据化》，见氏著《裂变中的传
承——20 世纪前期的中国学术与文化》，中华书局 2003 年版，第 302 页。

② 王家范：《新史学旨趣实践会通第一人——为纪念吕思勉逝世 50 周年而作》，《文汇
报》2007 年 12 月 16 日第 8 版。

③ 吕思勉：《从我学习历史的经过说到现在的学习方法》，《吕思勉论学丛稿》，上海古
籍出版社 2006 年版，第 577 页；《自述》，载《吕思勉论学丛稿》，上海古籍出版社 2006 年
版，第 742 页。

为两人，一是少年时代授其经学的丁桂徵，二是为授其史学的屠寄。①据吕氏自己的讲述，他从 15 岁开始读《史记》，然后渐次读其他正史，21 岁随屠寄学习后，"始读辽、金、元史，并将其余诸史补齐"。从某种程度上来看，所谓 23 岁"专意治史"，实应由师从屠寄算起，因为此前的读史，"都是当作文章读的，于史学无甚裨益"②。应该说，师从屠寄后，吕氏才开始有意识地读完了二十四史，更重要的是，明确了初步的史学研究意识。

然而，以此作为吕思勉史学研究的起点，至 1920 年止，足有 15 年的时间，在这 15 年里，吕氏虽然进行了一些史学研究，但自评甚低。在吕氏晚年的《自述》中，老先生对于自己一生的学术进行了总结，列出了 15 部代表性著作，但它们皆为 20 年代"整理国故"运动兴起之后的著述。至于此前的史学著作，如《苏秦张仪》《关岳合传》等，竟无一语及之。此外，吕思勉一直有作史学札记的习惯，学界一般公认："吕先生治史是从撰写读史札记入手的。"③ 他曾表示："半生精力所在，不忍弃掷。"④ 这是吕氏史学的基石。然而，在 1915 年的一篇文章中，吕思勉披露，他曾对 1905 年以来摘抄的大量资料，以火焚之，理由是，其劳神而无用。⑤ "不忍弃掷"之物竟决绝烧之，须知在许多年后，他在史学方法中特为推崇这种"史钞"，此种表现实反常态。更值得深思的是，摧烧者为 1905 年以来的资料，它们正是从屠寄问学，并确立"专意治史"阶段以来的产物，吕氏何以会如此呢？

这些必须从学术心态上作分析。翻检吕氏诗文，可以看到，20 年代之前，在决定"专意治史"之后，吕氏不止一次地自哀自怜，如他 30 岁时，在一首赠诗中这样说道：

---

① 吕思勉：《从我学习历史的经过说到现在的学习方法》，《吕思勉论学丛稿》，上海古籍出版社 2006 年版，第 578、580 页。
② 同上书，第 580 页。
③ 李永圻、张耕华：《吕思勉读史札记》（增订本）前言，上海古籍出版社 2005 年版。
④ 吕思勉：《燕石札记自序》，《吕思勉读史札记》（增订本），第 1444 页。
⑤ 吕思勉：《国体问题学理上之研究》，《吕思勉论学丛稿》，第 270—271 页。

今日悔昨非，未必今皆是。……忆昔识君时，我年才廿四，意气各豪雄，顾盼轻一世。勋业讵足论，浮云太虚耳。忽忽三十年，乃无立锥地。①

这首诗所表现的情绪是十分悲观彷徨的，不仅是"勋业"不能建立，居然认为自己连立锥之地都没有，这非常不符合他自信甚至自负的个性。② 要理解这种情绪，就必须明白在吕氏心中的何谓"勋业"，到底指向何方？可以肯定的是，这种勋业不是政治上的，而是学术上的追求。在晚年的《自述》中，吕思勉告诉我们，民国建立之初，他本有多次从政当官的机会，由于自己对此"甚不以为然"，故而"卒无所与"。只有成为一名大史家，才是吕思勉真正的梦想。细品此诗，更可注意的是，他那发出"意气各豪雄，顾盼轻一世"抱负的24岁，不正是"专意治史"的开始吗？理想既未达到，对于本来自信满满的吕思勉来说，自然是情绪低落了。要之，在"整理国故"运动之前，吕思勉虽在史学方面抱定了决心，做了努力，希望有所建树，但看起来很不如意，所得成绩难孚所愿，故而彷徨失望也就在所难免。可以说，这段史学之路，吕思勉走得很不顺畅。

然而，"整理国故"运动之后，吕氏的史学研究出现了质的飞跃。

前已论及，吕氏在晚年列出了15部代表作，它们皆为"整理国故"之后的作品，其中除了《先秦史》《秦汉史》《两晋南北朝史》三部断代史及贯串始终的读史札记之外，剩余的11部作品中，9部皆为20年代所作，它们产生于"整理国故"运动的兴盛期，而且大部分就是呼应这一运动而来，如在被学界称为"中国史学界第一部有系统的新

① 吕思勉：《诗舲招叔远同饮兼怀文甫》，《吕思勉诗文丛稿》，上海古籍出版社2011年版，第67页。
② 吕思勉是谦逊的，同时也是极为自信，甚至颇有自负之情的学者，这一点不仅可通过读其文字，想见其为人，他本人亦自陈"少亦自负"（李永圻：《吕思勉先生编年事辑》，上海书店1992年，第62页）。女儿吕翼仁则这样评价他："有一百二十分的自信心的人。"（张耕华：《人类的祥瑞：吕思勉传》，华东师范大学出版社1998年版，第322页）

式的通史"的《白话本国史》① 中，他提出，自己的研究"颇有用新方法整理旧国故的精神"②。而另外两部作品虽出版于 30 年代，却是由 20 年代在光华大学授课讲义整理而来。加之三部断代史与 20 年代以来吕氏的治学理路一脉相承，从一定意义上说，吕思勉的代表作与"整理国故"运动皆有着直接而密切的关系。不仅如此，更值得注意的是，吕氏的学术自信大为增强，字里行间所透现的气概，比之此前的低落情绪判若霄壤！

那么，对于吕思勉的史学研究而言，"整理国故"运动最实质性的意义在哪里呢？答案是：突破与方向。即，突破旧的学术樊篱，确立新的学术方向。

所谓"新"与"旧"总是对立而言的。从一定意义上说，近代中国纯粹的"旧"已不复存在，唯有以"后新"替换"前新"而已。众所周知，就总体的史学发展来说，鸦片战争为一大界，此前为传统阶段，此后进入近代史学阶段。这期间，屠寄为一重要人物，他被誉为晚清以来蒙元史研究的"三大家"，③ 是近代史学的第一批开山。

但屠寄史学属于晚清学术范畴。这种学术虽然在西学冲击下一步步走向世界舞台，但从内在理路来说，还是延续着清代学术"复古"的路数，梁启超说："综观二百余年之学史，其影响及于全思想界者，一言蔽之，曰'以复古为解放'。"④ 它的总趋势是以古压近，由宋入东汉；再进西汉；再入春秋战国，在"复古"中觅"实事求是"。这种学术路径虽以"古"见"新"，但毕竟是在传统的圈子里觅"新"，如一路倒追，势必陷古愈深，如"丸之走盘"，难出其位。这样的学术取向，使得承接晚清史学的屠寄等老辈学者虽"趋新"终难"入新"，作为转入民国学术的吕思勉辈，则不得不对此有所突破，否则将无法进入

---

① 杨宽：《吕思勉先生的史学研究》，载俞振基编《蒿庐问学记：吕思勉生平与学术》，第 12 页。

② 吕思勉：《白话本国史·序例》，上海古籍出版社 2005 年版。

③ 齐思和：《晚清史学的发展》，载氏著《中国史探研》，河北教育出版社 2003 年版，第 536 页。

④ 梁启超：《清代学术概论》，上海古籍出版社 1998 年版，第 7 页。

学术新境。然而对于深受旧学影响的吕思勉来说，这种突破难以自主完成，这或许正是其彷徨苦闷的原因所在。

　　时代的走势产生了突破。"五四"以来新文化运动的发展开始全面突破旧的束缚，在传统文化上也开始了"重新估定"，"整理国故"运动由此展开。就学术研究来说，方向性的扭转开始出现，即学术不再是到古代找根据，而是将古学引入近现代学术世界。接受了西方学术训练的胡适成为了当时的风云人物，他曾一语道破清代学术的关键：

　　　　这三百年的考证学固然有一部分算是有价值的史料整理，但其中绝大的部分却完全是枉费心思。如讲《周易》而推翻王弼，回到汉人的"方士《易》"；将诗经而推翻郑樵、朱熹，回到汉人的荒谬诗说；讲《春秋》而回到两汉陋儒的微言大义，——这都是开倒车的学术。①

　　反言之，学术要"不开倒车"，就得调转方向，这一方向就是以西学为主导，以科学为内核的近现代学术。于是在这种转向中，出现了古今中外的对接问题，作为史学等人文性研究，此点尤为重要。毕竟史学承接传统而来，要让传统学术不再往古走，就必须找寻到其现代性的一面。这一点胡适深有贡献，他对乾嘉以来的清学赋予了西方式的科学解释。通过"以西学部勒中学"②，自此，传统考据之学获得了"科学"地位，并与西学实现沟通，融入了现代学术体系。③ 从这个角度来说，"整理国故运动"是一场中国传统学术的现代转型运动。以此为桥梁，

---

　　① 胡适：《治学的方法与材料》，欧阳哲生编：《胡适文集 4》，北京大学出版社 1998 年版，第 112 页。

　　② 陈以爱：《中国现代学术机构的兴起——以北大研究所国学门为中心的探讨》，江西教育出版社 2002 年版，第 196 页。

　　③ 王晴佳指出："（胡适）有意无意地把清代的考据方法与科学方法等量齐观，因此就沟通了中西学问，在那时和以后都产生了重大和深远的影响。"王晴佳：《中国史学的科学化——专业化与跨学科》，载罗志田主编《20 世纪的中国：学术与社会（史学卷）》，山东人民出版社 2001 年版，第 612 页。

传统学术具备了转型成为现代学术的条件和资格。①

由此，民国与晚清学风之间发生了继承中的异变。在这样的背景下，吕思勉那一代学人开始迅速成长。他们本就旧学深厚，现在樊篱一经突破，新方向一经确定，遂激荡起强大的学术创造力。从一定意义来说，当吕思勉认识到"清人求真之精神固不可无，然处今日学术方向变换之时代"② 的时候，也就是其学术质变之日，吕氏的转换与其说是由于西学的方法加以引导，倒不如说更多地得之于态度和立场的转换，"科学整理"成为了他们"以旧入新"的学术桥梁。屠寄因"复古为解放"，一路"趋新"却最终未能全面"入新"，那么，"整理国故"运动所带来的新风尚，则使得这一工作由其弟子吕思勉加以延续完成，除了个人才性，它更是"时势"之必然，如再进一步言之，它体现的是晚清史学与民国史学之"时差"。

二 从"国粹"到"国故"：吕思勉
史学方法建构的内在理路

吕思勉的是一个十分重视史学研究方法的学者。总的来看，吕氏的史学方法定型于 20 年代，伴随着"整理国故"运动而来，此后主要是这一工作的完善和细化。从一定意义上来说，"整理国故"运动催生了吕思勉的史学方法。故而有学者指出："（吕氏）深受新文化派整理国故主张的影响。"③ 然而，这一结果的产生，其"因"却应追溯于数十年前的"国粹"派时代。

通观吕氏的史学方法，一般多认为其能贯彻进化论，"依照着'社会历史变迁进化'的观念，对古代史进行着新的解释"。并在此基础

---

① 陈以爱说："整理国故运动期间，实际上是中国传统学术向现代过渡的一段里程。"《中国现代学术机构的兴起——以北大研究所国学门为中心的探讨》，第 327 页。

② 吕思勉：《丛书与类书》，《吕思勉论学丛稿》，第 541 页。

③ 陈以爱：《学术与时代：整理国故运动的兴起、发展与流衍》，博士学位论文，台湾政治大学历史系，2001 年，第 86 页。

上，将西学与传统进行结合，"能出'旧'入'新'，以旧国学为基础，借助近代以来西方社会科学的成果，以探索建立一种新史学"①。然而，上述的种种观念及方法，并非在 20 年代横空出世。众所周知，进化论自维新运动以来就深入人心，并很快进入学术讨论。至于在史学研究中，"借助近代以来西方社会科学的成果"，则在晚清时代已经出现，代表人物是"国粹"派学者。《国粹学报》在略例中提出："其有新理特识足以证明中学者，皆从阐发。"这无疑是一种借西学以阐明中学的路数。而且值得一提的是，"国粹派大多在不同程度上接受了进化论，并将其运用到史学研究中"②。

在"五四"时代，"国粹"成员多被"新人物"视为"守旧"分子，但是，在晚清以来的政、学思潮中，他们无疑是一股崭新的力量。在史学研究上，更是被誉为"20 世纪初'史学革命'的重要方面军"，"是推动传统学术向近代化转换的自觉力量"③。"国粹"派学各有自，观点并不完全一致，但核心所在，乃是将国故作为"主义"，而不是材料，也即傅斯年所谓的"大国故主义"，"一切以古义为断"④。就学术理路来说，这种"大国故主义"既有"文艺复兴"式的"革命"一面，更与"以复古为解放"的清学一脉相承，所以它虽下启民国学术，但本质上却是清代学术的一部分。故而，当历史转入民国，尤其是新文化运动兴起之后，对其扬弃就是题中应有之义了。

早年的吕思勉曾深受"国粹"派史学观念的影响。他虽然对"仅仅以国粹废绝为忧"不以为然，更知道"不通知世界之新学问者，其于国粹，亦必不能了解"，然而，最终的学术趋向却是"方驾古初"，

---

① 李向平：《不知风化，焉知山崩》，《历史教学问题》1998 年第 1 期；张耕华：《吕思勉的史学特色》，《历史教学问题》2003 年第 6 期。

② 胡逢祥、张文建：《中国近代史学思潮与流派》，华东师范大学出版社 1991 年版，第283 页。

③ 郑师渠：《晚清国粹派的新史学探讨》，载氏著《思潮与学派：中国近代思想文化研究》，北京师范大学出版社 2005 年版，第 203 页；《晚清国粹派：文化思想研究》，北京师范大学出版社 1997 年版，第 331 页。

④ 傅斯年：《毛子水〈国故和科学的精神〉识语》，载欧阳哲生主编《傅斯年全集》第 1 卷，湖南教育出版社 2003 年版，第 262 页。

"旧说亦因之复活矣"①。可以说，多多少少留存着崇古之念。然而，当"整理国故"兴起后，他很快从"以古为断"中抽身而出，由"国粹"思维走向了新式的"整理国故"道路。学术意识的变化嬗递，也使得史学方法发生了质的变化，归而言之，主要有以下几点：

（一）用现代眼光审视一切材料，不再存高下之见，逐渐建构出现代的古史史料学

很明显，这种立场的发生源自"整理国故"运动中的新文化派。1919 年底，胡适发表《新思潮的意义》，在这篇著名的文章里，他提出，对旧有的学术思想持"评判的态度"，"重新估定一切价值"②。这一观念是"五四"时代最为重要的学术意识，在当时席卷学界，采之与否，甚至可以成为新旧学人的分野所在。这一观念的关键在于打破传统权威，建立学术新格局。吕思勉是深为信服此点的，在 1922 年的一篇文章中，他这样说道："我们现在的学术界，是处在什么样的时代呢？是处在无论哪一件事情，都要重新估定其价值的时代。"③ 正因为有了这样的观念，传统史学中的种种束缚开始被打破，各种旧籍成了吕思勉治史的平等材料。他说："我们现在治史的宗旨，和从前的人不同，全部历史都只认为史材。"即使是以前高高在上的经学材料，也"惟有以相等之价值视之而已"④。而在取"国粹"立场的时代，吕氏却慨言："欲高尚其感情，以纯洁其道德者，舍厌饫乎诗书之林，游心乎仁义之源，复何道之从哉?"⑤ 二者相较，其变化之巨是不言而喻的。

在这样的背景下，吕思勉在号称"用新方法整理旧国故"的《白话本国史》的《序例》中，提出了"新史钞"的概念，并力图将此书作成一部这样的著作，这是他运用史料学方法的第一次学术尝试。此后，吕氏还一再重申这一学术路数，在《历史研究法》中，他说："

---

① 吕思勉：《全国初等小学均宜改用通俗文以统一国语议》《修习国文之简易法》《今后学术之趋势及学生之责任》，第 269、268 页。

② 欧阳哲生编：《胡适文集 2》，北京大学出版社 1998 年版。

③ 吕思勉：《乙部举要（二）》，《吕思勉论学丛稿》，第 497 页。

④ 吕思勉：《乙部举要（一）》《整理旧籍之方法》，载《吕思勉论学丛稿》，第 496、483 页。

⑤ 吕思勉：《修习国文之简易法》，载《吕思勉诗文丛稿》，第 269 页。

（编纂史料汇编）其用意实为最善……当用前人作史抄的办法。"① 联系到"整理国故"运动兴起前，吕思勉曾对自己的"史钞"以火摧烧，吕氏的改变因何而来？"新史钞"又新在何处呢？答案就在于现代眼光。在《白话本国史·序例》中，吕氏强调，古代史钞"去取的眼光，多和现在不同"②。要之，在现代知识基础上，以新的平等眼光决定史料之去取，不仅"史钞"被赋予了新意义，更意味着吕思勉古史史料学的建构得以初步形成。

（二）强调以科学治史，相信史学的科学性质

民国以来，中国学界一方面科学治史蔚为风气；另一方面，对史学的科学性质也处在不断质疑之中。吕思勉相信史学的科学性，只是逐渐将这种科学性归之于社会科学。他曾这样说道："史学能否成为科学，此为最大疑问。……史学亦社会科学之一，固不能谓其非科学也。"③ 这种理论取向，其基点当来自"整理国故"时代。众所周知，科学是"国故运动"得以风行的重要知识基础，这一取向在运动中具有压倒性的优势，并对当时的史学思潮造成了巨大影响。在此风影响之下，吕思勉不仅十分注意史学研究中的科学性，而且这种思考一直贯串、坚持于此后的史学生涯。

就史学研究来说，吕氏所理解的科学，主要在于精密研究和逻辑的严整。他曾说"今日史学之趋势，全受科学发达分科精密之影响"。"今科学之格律既严，又得逻辑以坚其壁垒。"④ 体现在具体的实践中，则是运用西学范畴内的工具概念，用分析的方法，进行理性推断。他曾说："自今以后，意从事于分析。……今后学术之分类，皆当大异于前。"⑤ 在他的著述中，组织、制度、阶级等政治、经济方面的概念常常出现，被用于分析史事，讨论社会状况。虽然他的研究带有浓厚的民族风格，但本质上却完全吻合西方的科学理性精神和严密的逻辑判定。

---

① 吕思勉：《吕著史学与史籍》，华东师范大学出版社 2002 年版，第 26 页。
② 吕思勉：《中国史籍读法》，《吕著史学与史籍》，第 90 页。
③ 同上书，第 69 页。
④ 吕思勉：《〈文史通义〉评》，《吕著史学与史籍》，第 338、331 页。
⑤ 吕思勉：《整理旧籍之方法》，《吕思勉论学丛稿》，第 489 页。

也正因为如此，这些成果具有历久弥新的学术生命力，属于现代史学的一部分。

（三）用"新考据"的研究方式，连接传统和现代史学，得出科学的结论

吕思勉的治学特点偏于实证，这与传统的乾嘉之学有着内在的传承与关联，故而有学者说："他基本上运用清乾嘉学者的治学方法。"① 然而，如果说对于乾嘉方法继承并加以扩展可以，说完全运用此方法来治史则明显不妥。因为吕氏毕竟是新史家，他的成果乃是在新眼光及现代科学辅助下得以完成，吕思勉曾这样评价章学诚："和现代的新史学，只差了一步，而这一步，却不是他所能达到的。这不是他思力的不足，而是他所处的时代如此。"② 所以，一方面吕思勉推崇清代汉学"是我们中国最新而又最精密的学问"③；另一方面，则在将他们不能跨越的那一步跨过去，以完成从传统史学向新史学的转换。所以在承接乾嘉的同时，吕思勉发展出了一套自己的历史考据方法和成果，被学界目之为20 世纪"新历史考证学"的代表。④

那么，这种从传统转化而来的新史学，在治学方法上有些什么不同呢？针对吕思勉的著述，严耕望曾做过这样的评述：一方面，他是"通贯的断代史家"，善作通史，这是斤斤于考据之中的乾嘉派所不具备的；另一方面，在具体的研究上，"他直以札记体裁出之，每节就如一篇札记，是考史体裁，非撰史体裁"⑤。易言之，吕思勉的史学著作不是简单地铺叙史事，而是考订之上的史学见解，这应该就是严氏所谓的"考史"之义了。然而，如果我们通检吕氏的史学著述，就会发现，在"整理国故"之前，这种时代性很强的考订，其特色并不鲜明。如以作于1916 年的《关岳合传》和作于三四十年代的《三国史话》进行比

---

① 汤志钧：《现代史学家吕思勉》，《蒿庐问学记：吕思勉生平与学术》，第 2 页。

② 吕思勉：《历史研究法》，《吕著史学与史籍》，第 13 页。

③ 吕思勉：《白话本国史》，第 9 页。

④ 见陈其泰主编《20 世纪中国历史考证学研究》，北京师范大学出版社 2005 年版，第四章第一节。

⑤ 严耕望：《通贯的断代史家——吕思勉》，《蒿庐问学记：吕思勉生平与学术》，第 86 页。

较，就很能看出这种变化。这两部具有相同题材的作品，前者明显以叙述为主，属于单纯的"撰史"风格；后者则强调"就这一段史事，略加说述，或者纠正从前的误谬，或者陈述一些前人多忽略的事情"①。并且在每段史事之后都有着严密的考订痕迹，已明显属于"考史"之作了。或者说，是建立在考史基础上的撰史，故而其严密性历来为史家所推崇。而由前可知，如果没有"整理国故"运动，没有对乾嘉的"科学性"挖掘，在治学路径上将失去连接的桥梁。易言之，"整理国故"运动为吕思勉提供了将乾嘉之学转型至科学轨道上的津梁，而吕氏也正是在这种转型中发展出了极具特色的史学研究路径。

要之，在"整理国故"运动的影响下，吕思勉以考据为基础，以通贯研究为特色，以科学方法为支撑，实现了史学方法论的建构。他的各项研究都是在现代眼光下进行的，在范围上以社会研究为重点，举凡经济、文化、民族等，无所不包，远超了乾嘉范围；在规模上，通贯全局，并且是在世界学术眼光下对中国历史的审视；在方法上，运用西学工具，得出符合时代的新见解。就学术理路而言，从乾嘉到"国粹"再到"国故"，实在有一内在发展的必然逻辑，而这逻辑的依托点则是：中国史学的近代化转型。

三 "不温故而求知新"与"大器晚成"：从"井田辨"看胡、吕的学术分际

前已论及，吕思勉深受胡适领导下的"整理国故"运动的影响。总体而言，胡适一派的学术特点是考据，从形式来看，它与乾嘉学派实现了沟通，被学界目之为"新汉学"或"新朴学"②。就内容来说，它

---

① 吕思勉：《三国史话》，载氏著《吕著史地通俗读物四种》，上海古籍出版社 2010 年版，第 190 页。

② 参看徐雁平《胡适与整理国故考论：以中国文学史研究为中心》，安徽教育出版社 2003 年版，第 55 页；王学典、陈锋《二十世纪中国历史学——"新史学"与"新汉学"的百年轮回》，北京大学出版社 2009 年版，第 34 页。

涉及的主要是历史方向的整理与研究，故而余英时认为，胡适在"国故"运动中展现了一种全新的学术"范式"，具有"史学革命"的意义。① 吕思勉最初对于这种路向极为叹服，曾表示："适之先生论事精覈，读古书尤多独见，仆最所服膺。"② 然而，随着研究的深入，他逐渐与胡适学术产生了分歧与裂变，直至最后斥责胡适不懂"考据之门径"，"闹成笑柄"③。吕思勉与胡适路向之间的基本关系为：倾慕—纠偏—裂变，乃至否定。这种发展态势绝非孤案，许多史学及旧学研究者都经历了这样的学路历程，它既是不同学术取径的后果，同时也是自主研究所呈现出的必然逻辑。从某种程度上来说，这是史学及国学研究中，速成、外在式路径与要求积淀，讲求内在深入研究之间的一种对立，反映的是中国学者的独立思考和日渐成熟。值得注意的是，从胡适建立"范式"开始，吕思勉即对其吸纳、商榷，乃至决裂，对这一过程的探究，无疑可以深化对中国史学转型中所呈现的方法意识和路径的考察。

这一考察需从 20 年代初的"井田辩"开始，它也是吕氏史学的一大起点。

1919 年，胡汉民在《建设》杂志发表《中国哲学之唯物的研究》，认为中国古代存在井田制，胡适马上写信反对，认为这只是孟子的想象。胡汉民得到了廖仲恺、朱执信的支持；胡适的观点则有季融五等人为之摇旗呐喊，他们将自己的观点以长篇公开信的形式发布于 1920 年的《建设》杂志，从而掀起了一场"井田辩"的学术讨论。作为"我国近代以来第一次采用新观点、新方法对古代史展开的辩论"④，"井田辩"是"整理国故"运动的重要组成部分，对于胡适派的史学研究具有特殊的意义。首先，它是胡适建立"范式"的重要起点和支点。唐

---

① 胡适说："我们整理国故只是研究历史而已，只是为学术作功夫。"见耿云志、欧阳哲生编《胡适书信集》上册，北京大学出版社 1996 年版，第 465 页。余氏观点见《〈中国哲学史大纲〉与史学革命》，载氏著《现代危机与思想人物》，生活·读书·新知三联书店 2005 年版。

② 吕思勉：《致廖仲恺、朱执信论学书》，《吕思勉论学丛稿》，第 654 页。

③ 吕思勉：《中国史籍读法》，《吕著史学与史籍》，第 99 页。

④ 杨宽：《吕思勉先生的史学研究》，《蒿庐问学记：吕思勉生平与学术》，第 5 页。

德刚曾说："在胡先生的著作里，比较接近'科学'（社会科学）的，要算是他《井田辩》里那几篇文章。"① 其次，胡适在此间所提供的研究方法，成为"古史辨"的先导和"范式"底本。众所周知，顾颉刚的学术方法直接承自胡适，而胡适不仅在理论上为其提供指导，更有作为范例的实际研究成果以资借鉴，而这一成果就是井田制研究。故而，在向大众鼓吹顾氏的科学方法时，他曾颇为得意地说道："我在几年前也曾用这个方法来研究一个历史问题——井田制度。"② 最后，在这一辩论中，胡适"西洋汉学"③ 的风格得以展现。

吕思勉积极地投入这场论辩之中，张耕华师评之为："第一次以史学家的立场参加社会上的学术辩论。"④ 吕思勉在当时赞成胡汉民的立场，但不同的是，胡、廖主要从理论上加以阐发，吕氏则是进行材料考辨，由于他的加入，胡、廖获得了有力的史学支撑。吕氏观点通过致廖仲恺、朱执信公开信的形式加以发布，作于 1920 年 5 月，当年即发表于《建设》杂志，文中既不同意胡适的意见，同时也一再表示了向胡适虚心讨教的诚意。与此同时，1921 年 7 月，胡适将自己的几封公开信略加改定后，定名为《井田辨》，并加一《附跋》，以示郑重和纪念。此文收录《胡适文存》，于 1921 年 12 月出版。然而在《附跋》中，胡氏明明白白地说道："当初加入讨论的五个人。"⑤ 这五人除了胡、朱、廖、胡外，还有一人就是胡适所推扬的季融五，而吕思勉似乎从来就不曾参与此役。

这是胡适的一时疏忽吗？显然不是。需知在那两年中，这些讨论文章皆发表于《建设》杂志，胡适本人则密切关注着这份刊物上的相关文字，而且在时人看来，这一系列的讨论文字本来就是 6 人而非 5 人参与，一个可佐证的例子是，1930 年华通书局将《建设》中的系列文字

---

① 唐德刚译注：《胡适口述自传》，第 224 页。

② 胡适：《古史讨论的读后感》，载欧阳哲生编《胡适文集3》，北京大学出版社 1998 年版，第 82 页。

③ 周一良称胡适的学问为西洋汉学，见氏著《西洋"汉学"与胡适》，《胡适思想批判》（第七辑），生活·读书·新知三联书店 1955 年版，第 198 页。

④ 张耕华：《人类的祥瑞：吕思勉传》，第 92 页。

⑤ 欧阳哲生编：《胡适文集2》，北京大学出版社 1998 年版，第 326 页。

结集为《井田制有无之研究》出版发行，著者标明为6人，即胡适所言的5人，再加上吕思勉。加之《胡适文存》前后再版十余次，有些再版还进行了非常严格的重排和校对，在这些时段内，胡适完全可以，也有必要对吕氏的文章加以提及。但事实是，胡适毫无所动。对于一个标榜和实践"只认得事实，只跟着证据走"① 的学界领袖来说，这样的举动耐人寻味。

这一现象的出现，与为学路径关系甚密，简言之，在胡适的眼里，传统考订派的吕思勉根本没有资格与其对话。胡适待人平易颇为有名，但同时他的傲慢也不遑多让，进一步言之，他有着顽固的西来或现代傲慢。就学术而言，他骨子里对古人、古学很不屑，而对于所谓西学方法，却很是迷信。所谓"西洋汉学"乃是以西洋为尊，汉学在他眼中实在低等很多。所以他虽对乾嘉有所推崇，但更为强调的却是："一拳打倒顾亭林，两脚踢翻钱竹汀"，至于"笨陋的汉朝学究"②，更是不值一哂。史上的大学问家不过如此，甚至低能，当下的所谓前辈之成就及方法更不在话下。根据桑兵的研究，在胡适的引领下，"新文化派的整理国故和史学革命""公开鼓吹打倒老辈"③。此风之下，屠寄等人因与之异调而"被摈外间"，以致数年之后，尚有学者认为："北大党派意见太深，秉事诸人气量狭小，其文科中绝对不许有异己者。"④ 屠寄的被排摈，原因固非一端，但在胡适派的眼里，作为旧派人物，被新潮所替，乃学术进化之必然，是一种当然的淘汰。于是在新派那里，接受了西方现代教育，尤其是有西方留学经历者，才能真正入其法眼，桑兵指出："留学不仅是胡适学术成名的重要资本，也是他赖于建立新学术的

---

① 胡适：《介绍我自己的思想》，载欧阳哲生编《胡适文集5》，北京大学出版社1998年版，第518—519页。

② 胡适：《治学的方法与材料》，《胡适文集4》，第114页；《读〈楚辞〉》，《胡适文集3》，第74页。

③ 桑兵：《民国学界的老辈》，见氏著《晚清民国的学人与学术》，中华书局2008年版，第207页。

④ 陈智超编注：《陈垣来往书信集》，上海古籍出版社1990年版，第209页。

社会基础，所以他十分看重学人是否有留学经历。"① 除此，是否得到国际学界认可也是他的一个指标，如王国维享誉国际学坛，所谓"海宁学贯中西，誉载欧亚"②，故得其推崇。从一定意义上来说，胡适派所谓的"新"，就是与西方学界的接轨及承认。无此资质而被看轻的不仅有屠寄，柳诒徵也被认为"是一位不曾学过近代史学训练的人，所以他对于史料的估价，材料的整理，都不很谨严"③。屠、柳乃学界名宿，命运尚如此，作为弟子辈的吕思勉又何尝能被看在眼里呢？

平心论学，在"国故"研究中，传统学者之弊在于眼光，一旦除去此障，建立现代意识，则过去的许多学术方法都将焕发出强大的生命力。反之，新学者因眼光的原因，治学方向值得称道，但内在学力则为其短板。胡适所提倡的方法，实乃由外而内，随着研究的精密要求越来越高，势必难达化境。然而，胡适的所谓"范式"居然是一套既承继乾嘉，更要"取而代之"的考据方法。带着现代的骄傲，他们往往瞧不上过去，这种没有"了解之同情"的取向，极易造成"傅会之恶习"④，研究中的粗疏和古今隔阂也就在所难免了。徐复观说："胡适这一派，从谈西方学术掉回头来整理国故，提倡乾嘉考据学派。他们与乾嘉学派不同之点，一是他们为了打倒国故而整理国故；二是他们的考据，较之乾嘉诸人远为'速成'而大胆。"⑤

针对这种新学风，杨树达曾作《温故知新说》，文中尖锐地指出：

> 夫温故而知新者，先温故而后知新也。优游涵泳于故业之中，而新知忽涌焉。其新出乎故，故为可信也，此非揠苗助长者所能有

---

① 桑兵：《横看成岭侧成峰：学术视差与胡适的学术地位》，《晚清民国的学人与学术》，第257页。

② 卞僧慧纂：《陈寅恪先生年谱长编（初稿）》，中华书局2010年版，第102页。

③ 胡适：《评柳诒徵编著〈中国文化史〉》，载欧阳哲生编《胡适文集10》，北京大学出版社1998年版，第770页。

④ 陈寅恪：《冯友兰〈中国哲学史〉（上册）审查报告》，载冯友兰《中国哲学史》下册，华东师范大学出版社2000年版，第432—433页。

⑤ 徐复观：《五十年的中国学术文化》，见氏著《中国思想史论集》，上海书店出版社2004年版，第220页。

也。……温故而不能知新，其病也庸……不温故而欲知新，其病也妄。①

杨氏所言实有所指，故而在回忆录中明言道："撰《温故知新说》，温故不能知新者，谓黄侃；不温故而求知新者，谓胡适也。"② 众所周知，章黄之学，上承乾嘉，下开近代学术，曾为学界的主流和正统，归国不久，胡适就刻意打倒之，以展现出新的"我们"与旧的"你们"之不同。③ 至"整理国故"时代，这一目标已完全实现。然而，如果就"学之弊"来评判，章、黄之学因受古学牵绊，时人视其为"庸"（这一点其实还可讨论）；而"妄"之"病"，副作用其实更为巨大。

童书业说："胡适的'考据'，往往只用'不值一驳'等话，就抹煞古书、古事，甚至抹煞古人。"④ 从一定意义上来说，此乃"不温故而求知新"的必然逻辑，不入其内，外在观花，遂以朦胧为真切。故而领一时风气的胡适虽聪明异常，但很多议论实则看似痛快，精密不足。其早年论学，在大气中夹杂着粗疏，大胆中颇具武断，在极端情况下敢于放胆大言，无知无畏。这是性之使然，更是时之使然。既然古书、古事都"不值一驳"，作为毫无西学资历的吕思勉当然更是"不值一驳"了，这是可以想见的。

然而，旧学讲求积淀和门径，尤其是史学考据，必得学养深厚方可发力为之，它自内而出，靠的是一手学术"硬功夫"。在时风激荡下，吕氏从"优游涵泳于故业之中"发出新史学，这种"由旧开新"，较之"不温故而求知新"，实有后出转精之势。吕氏与胡适的学术路径遂渐

---

① 杨树达：《温故知新说》，见氏著《积微居小学述林》，中华书局1983年版，第214—215页。

② 杨树达：《积微翁回忆录》，上海古籍出版社1986年版，第152页。按：此条系于1939年5月12日，但据《积微居小学述林》，《温故知新说》作于1939年7月12日，所载年月或有误。

③ 参见罗志田《再造文明的尝试：胡适传（1891—1929）》，中华书局2006年版，第1页。

④ 童书业：《批判胡适的实验主义"考据学"》，《胡适思想批判》（第三辑），生活·读书·新知三联书店1955年版，第253—254页。

行渐远，直至自成门户了。如果要就特点加以区分，吕氏之学强调的乃是"大器晚成"，从 20 年代开始，吕思勉常常有针对性地批判时下的学风，告诫年轻人："读书尚未终卷，即已下笔千言，诋排先儒，创立异说。此乃时人习气，殊背大器晚成之道，深愿学者勿效之也。"① 并一再指出学术积累之重要，他说："大抵恒人只知眼前，坚苦植基于数十年前，而收功于数十年之后，则罕能见及。"② 路径既异，也就逐渐"不相为谋"了。在胡适无视吕思勉的同时，自"井田辩"后，吕氏对胡适的观点亦日加贬斥，直至对其为学路径强力摒弃。《白话本国史》作为在"整理国故"眼光下完成的第一部中国通史著作，在涉及井田问题时，对于刚刚结束的论辩，吕氏已不愿提及，而是颇有意味地说道："《孟子》这一章书，本来并不十分难解，但是近来忽然有人极端怀疑，所以解释得略微详细一点。"③ 虽是轻描淡写，但怀疑的是其基础性的读书能力。至晚年旧事重提，指斥胡适虽"振振有辞"，但对于古籍"根本没有懂"，"甚而至于不读《孟子》，本皆无足为奇，然欲以史学家自居而高谈疑古则谬矣"④。所有的指向都是朝着史料而来，对于号称史料派的胡适岂止是釜底抽薪，更是对其"不温故而求知新"的路径否定。

四 "国故"与接续"新史学"：吕思勉对 "整理国故"运动的省思及其史学走向

习史者皆知，中国"新史学"的创构在晚清民国，关键人物为梁启超。一般来说，"新史学"有广、狭二义，广义的"新史学"，泛指晚清以来用新方法治史的各种路径与门派，它一直沿承变化至今；狭义的"新史学"，则指梁氏在晚清所鼓吹的史学革命运动。从学术史的眼

① 吕思勉：《经子解题》，华东师范大学出版社 1995 年版，第 101 页。
② 李永圻编：《吕思勉先生编年事辑》，第 256 页。
③ 《白话本国史》，第 132 页。
④ 吕思勉：《中国史籍读法》，《吕著史学与史籍》，第 99 页。

光来看，"整理国故"运动以"新汉学"面目呈现，既受惠于梁氏之"新史学"，同时又是对它的一种反动。基于这样的考察，有学者提出，"新史学"与"新汉学"为中国现代史学的两种对立形态，并且认为，整理国故运动是"'新汉学'对'新史学'的腰斩"①。这种现象的出现自有其必然。当梁启超提出"四弊二病三恶果"时，可谓深切"旧史学"之要害，"新史学"建设正当其时。然而，由于"史学革命"中理论强于实践，往往用西方理论"洋货"作为框架，去填充一些常见材料，浅显、附会的毛病也随之而生。从一定意义上说，史料和实证上的不足为"新史学"的最大弱项。桑兵指出，这种为学路径，恰与"胡适以西方系统条理本国材料为开启整理国故的必由之路适相反对"②。易言之，梁氏主导的"新史学"理论先行，缺乏实证；而民国的"整理国故"则是针对史料而来。从这个角度来说，"整理国故"重视材料，是对其偏于史论的反动和纠偏，故而，"整理国故"与"新史学"被学人视为两种不同类型的学术运动。

在"整理国故"前，吕思勉曾受梁启超影响，视其为师辈，他说，从13岁开始，"梁先生之著述殆无不寓目者，粗知问学，实由梁先生牖之，虽亲炙之师友不逮也"③。然而，这主要是少年时代的事情，此后在史学路数上，"国粹派"的影响才最为直接主要。故而，不为人所注意的是，吕氏对梁氏的批判一度十分严厉，他指出："近人每訾中国史部止是'帝王之家谱'及'相斫书'，此乃不知学问之妄言。"而所谓"近人"之论，其实就是梁启超在《新史学》中的著名论断。吕氏矛头所向，在于梁氏"新史学"对于传统史料的轻慢与否定，使得"整理之方法，望空无从谈起"④。桑兵曾指出，梁氏时代的新史学著述在五四后几乎不能进入学人的研究视野，转而向清代学术追寻

---

① 王学典、陈锋：《二十世纪中国历史学——"新史学"与"新汉学"的百年轮回》，第27页。
② 桑兵：《近代中国的新史学及其流变》，《晚清民国的学人与学术》，第23页。
③ 吕思勉：《辩梁任公〈阴阳五行说之来历〉》，《吕思勉论学丛稿》，第201页。
④ 吕思勉：《整理旧籍之方法》，《吕思勉论学丛稿》，第490页。

本土资源。① 这与梁氏在理论上狂飙般的震撼恰为相反的两极。质言之，梁氏"新史学"的影响在于史观和意识，就史料及实证角度来说，值得称道处实在不多。然而，史学研究如果失去了实证依托，其学术质量必然大打折扣。或许正是这个原因，它使得晚清民初的国粹史学一度兴盛，毕竟从考证角度来说，章太炎、刘师培等，蔚为一代大师，其学术价值是难以抹杀的。所以，当"国故"运动开始兴盛时，它所要推倒的老辈学术已不再是梁启超的"新史学"，而是"国粹"派。从一定意义上说，与梁氏"新史学"决绝传统方法不同，它们都承接乾嘉，只是一个更新的"西洋汉学"推倒了"国粹汉学"而已。对吕思勉来说，他走的是实证路数，故而晚清以来，对于梁氏的"新史学"并不热衷，他先是信从"国粹"学术，然后服膺科学"整理国故"，其中有一条不变的核心线在牵扯着他，那就是对史学实证的重视。

然而，历史总是充满了否定之否定。20 年代后，随着"整理国故"运动的深入，它与"新史学"之间不是断裂，而是承接的关系，越来越引起学人的关注。吕思勉就是最早进行这种思考的学者之一，在省思"整理国故"运动的同时，他不仅对中国史学的脉路有了更清晰的认识，接续梁任公的"新史学"精神更成为了他的学术追求。他曾在一篇文章中这样说道：

> （梁启超）又多以新思想论旧学术，从此治新学者之喜研国故，亦实肇端于是焉。……辛壬以后，欧化之趋势渐甚，而国故之论乃同时发生，是时谓之国粹……最足为研究国故者之代表。……要之新方法整理旧国故，今虽已启其机，然其盛大，则尚有待也。②

---

① 桑兵：《近代中国的新史学及其流变》，《晚清民国的学人与学术》，第 22 页。
② 吕思勉：《三十年来之出版界（一八九四——一九二三）》，《吕思勉论学丛稿》，第 283—284 页。

吕思勉将"整理国故"运动分出了三期：（一）以梁氏的"新史学"时代为开端；（二）国粹派学术接续而来；（三）当下的国故整理。此文作于 1923 年，其时"整理国故"运动正如火如荼地展开，据陈以爱的研究，整理国故阵营中出现了两大派，前者以胡适为核心；后者则以章太炎为代表，宣言"发扬国光"，梁氏与此同调。① 从具体的学术立场看，前者为主流的新文化派，抱"捉妖打鬼"的态度，认为国故中多为"国渣"②；后者则沿承国粹派以来的认识，为文化保守主义立场。前已论及，吕氏史学研究曾持国粹派立场，但受新文化派影响，至 20 年代已基本放弃。然而，随着与胡适派的渐行渐远，吕思勉没有重回"国粹"立场，而是将国故研究追溯至梁启超。质言之，对新文化派的补偏，不是回到"国光"派，而是回到梁氏的"新史学"。当吕氏将梁启超的"以新思想论旧学术"奉为"整理国故"的开端时，作为"新汉学"对立面的"新史学"不仅不与其矛盾对立，反倒成为源头，这就事实上剥夺了"新汉学"在"整理国故"中的正统地位。吕氏这一看法是颇异于当时的一般认识的。

从特定视角来看，20 年代的梁启超已经放弃了当年的"新史学"路数，梁氏积极投身于当时的"整理国故"，追求的就是考据，张荫麟说他："晚事考据者，徇风气之累也。"③ 这种风气就是新式的"整理国故"运动，从某种意义上说，他被胡适路数所牵引。梁启超从事于考据实属无奈，因为这是史学研究的根基所在，其"新史学"要得以成立，没有考据必是空中楼阁。然而，问题的另一面是，如果以史料为史学，其负面效应不在梁氏的"新史学"之下。胡适派虽号称科学整理，可是至 20 年代，"科学史学经过胡适的整理改造，成了一种以材料的搜集、整理、考订为主的研究方法"④。史学悄然与史料同等而待，其负

① 陈以爱：《学术与时代：整理国故运动的兴起、发展与流衍》，第 98 页。
② 胡适：《整理国故与"打鬼"》《〈国学季刊〉发刊宣言》，分别见《胡适文集 4》《胡适文集 3》。
③ 张荫麟：《跋〈梁任公别录〉》，载夏晓红编：《追忆梁启超》，中国广播电视出版社 1997 年版，第 139 页。
④ 王晴佳：《台湾史学五十年（1950—2000）：传承、方法、趋向》，台湾麦田出版社 2002 年版，第 16 页。

面效应也日益显现。

这种负面效应主要有三个方面值得我们注意，且与梁氏的"新史学"理念呈背离之势，一是史学脱离现实生活，成为书斋中的学问，他们的基本立场是："我们对国故的态度是'研究'，而不是'实行'。"①这就与梁氏强调史学的经世致用精神完全异调。② 二是以考据为学问，史学的会通功能被淡化，虽突出了细部的精密，却降低了史学的思想力度，更有学术破碎之嫌。而据黄克武的研究，比之于史料派反对道德判断，强调"证而不疏"，梁启超更"重视解释、综合的功夫。"③ 三是20 世纪以来史学研究中呈现科学化与社会科学化两大走向④，胡适派取前者，而梁氏的新史学则取后者，重视社会问题。要之，要补"新汉学"之弊，就必须讲会通、讲全貌、讲社会，否则就会出现郭沫若所说的，所谓科学"整理国故"看上去"实事求是"，但却"知其然"，不能"知其所以然"⑤。

1923 年梁启超在东南大学作《治国学的两条大路》的学术报告，他提出：

> 我以为研究国学有两条应走的路：一、文献的学问。应该用客观的科学方法去研究。二、德行的学问。应该用内省的和躬行的方法去研究。第一条路，便是近人所讲的"整理国故"这部分事业。这部分事业最浩繁、最繁难而且最有趣的，便是历史。

① 顾潮编著：《顾颉刚年谱》，中国社会科学出版社 1993 年版，第 75 页。
② 黄进兴说："梁氏所倡导之史学虽名之为'新'，但与传统史学用心'经世致用'的目的并无歧出。可是在撰史取材方面，梁氏则有意与之划清界限。"《中国近代史学的双重危机：试论"新史学"的诞生及其所面临的困境》，见氏著《后现代主义与史学研究》，生活·读书·新知三联书店 2008 年版，第 222 页。
③ 黄克武：《梁启超与中国现代史学之追寻》，《近代史研究所集刊》第 41 期（2003 年9 月）。
④ 关于此点在近代现史学中的分化和影响，汪荣祖《后现代思潮下中国现代史学的走向》（《近代史研究所集刊》第 56 期，2007 年 6 月）有论及，可参看。
⑤ 郭沫若：《中国古代社会研究》，河北教育出版社 2004 年版，第 6 页。

对于文献学问，梁氏还提出"求真""求博""求通"的三大标准。① 针对梁氏的言论，陈以爱指出，"与北大阵营强调整理国故乃是'研究'的而非'实行'的，恰成反背"②。这种路径取向，一方面继承了"新史学"时代的精神，另一面，最大的不同在于将"新史学"与"整理国故"事业沟通了起来，并且强调科学方法的意义，在当时的语境下，这一科学方法就是"考据"。由前可知，这恰恰是梁氏的短项，吕氏的长处。如果对两位史家做一简单比较，可以发现，吕氏以绵密而著称，乃梁所不能者，但在开风气方面，吕思勉不能与梁比肩。于是，吕氏以精密考订为基础，正好补上了任公史学的短板，从而在承接梁启超史学精神中，将"新史学"发扬光大，也最终确立了吕氏的史学发展路向。

这种路径选择是吕思勉对"国故"运动进行深入省思后作出的主动回应。此后，他在史学研究中强调历史与现实的结合，注重通史著述，力求展现历史全貌，讲求社会生活研究。此外，吕思勉还曾作《史学上的两条大路》，对于史学的致用功能深为致意。毋庸置疑，这些都传承、发扬了梁氏的史学精神，并与史学发展的世界潮流相合拍，同时，这种趋向又以"整理国故"为支点，建立在重视史料的基础之上，简言之，是它们的结合最终造就了吕氏学术。

五 结论

吕思勉是一位"由旧入新"的史家，他的史学道路既受时势的刺激，更有内在学术理路的拉动。"整理国故"运动作为一种外在力量，使其学术方向由"以复古为解放"，转而与世界学术接轨，在突破旧的学术藩篱，确立新的学术方向中，完成了"入新"的质变。从这个意义上来说，吕思勉的史学与"五四"以来新文化派的学术风向关系甚

---

① 《梁启超讲国学》，金城出版社 2008 年版，第 191、193 页。

② 陈以爱：《学术与时代：整理国故运动的兴起、发展与流衍》，第 97 页。

密，甚至可以说，没有"价值重估"的立场及运动，没有学术新范式的出现，吕氏就不能转入民国史学，而只能与其师屠寄一样往复于晚清学术的天空。

对于吕氏史学来说，"整理国故"运动的意义不仅在于这一学术潮流带来了外在时势的推动，更与自身的学术理路实现了对接并轨。在这一进程中，吕思勉走出了"国粹"派影响，他以考据为基础，以通贯研究为特色，以科学方法为支撑，终于在 20 年代实现了史学方法论的建构，成为民国"新历史考证学"的代表。考察以实证为特色的吕氏史学，就学术理路而言，从乾嘉到"国粹"再到"国故"，实在有一内在发展的必然逻辑，而这逻辑的依托点则是：中国史学的近代化转型。

然而，随着史学研究的精密化及中国化日益加深，作为植根于传统的吕氏史学，与胡适为代表的"西洋汉学"在学术取径上差异甚大。从某种程度上来说，前者要求"大器晚成"，重视学术积累；后者则"不温故而求知新"，以西学眼光来裁剪中国学术。这是史学及国学研究中，要求积淀，讲求内在深入研究与速成、外在式路径之间的一种对立，吕氏遂与之渐行渐远，其间既有人事、学路之纠葛，更反映了中国学者的独立思考和日渐成熟。为了消除整理国故中的"新汉学"之弊，剥夺其正统地位，吕思勉在史学道路上自觉地接续起梁启超的"新史学"，使得"整理国故"中既有史料的实证性，更有了历史精神的导引。在对"整理国故"运动的省思中，吕氏的史学路径亦得以清晰，成为既重视史料考辨的价值，更有经世之精神；既有严密考订，又视野开阔的一代大师。

总之，从学术史的角度来看，"整理国故"运动是吕思勉史学转换的关键和枢纽。吕氏的转换与其说是由于西学的方法加以引导，倒不如说更多地得之于态度和立场的转换，"科学整理"成为了他"以旧入新"的学术桥梁。与此同时，如果没有传统的浸润，旧学的积累，也就失去了其"出新"的基础。从这个意义上来说，时势与理路的结合推动了中国近代史学的转型，也造就了吕思勉。

　　原刊于《史林》2014 年第 2 期。初稿完成于 2011 年 12 月，提交于上海大学历史系、古代文明研究中心主办的"民国史家与史学（1912—1949）"国际学术研讨会（2012 年 6 月 29 日至 7 月 1 日），后收录于陈勇主编《民国史家与史学（1912—1949）：民国史家与史学国际学术研讨会论文集》（上海大学出版社 2014 年版）。

晚清民初"小说界革命"与
吕思勉文学活动考论

一 引言："小说界革命"影响下的
吕思勉小说创作与研究

1902 年，梁启超在《新小说》创刊号上发表《论小说与群治之关系》一文，正式拉开了"小说界革命"的序幕，自此，"新小说"的创作及小说研究成为一时之风气。作为晚清民初的重要文学思潮，"小说界革命"的意义早已超乎文学之外，并影响着"五四"以后文学的走向。它狂飙突进般地震撼了士林，成为那个时代的文化强音，近代知识分子鲜有不受其影响者。作为史学大师的吕思勉早年亦被此风，在新小说的创作和研究中作出了不可忽视的贡献。然而在学界，近代小说研究虽然成果颇丰，对于吕氏的探讨却相对不足。① 近年来，随着对吕思勉

---

① 对吕思勉的小说及文学研究，基本集中于对吕氏《小说丛话》的研讨，自 20 世纪 80 年代中期开始，在黄霖、韩同文选注《中国历代小说论著选》（下）（江西人民出版社 1985 年版，第 403 页）中，曾论及吕思勉的《小说丛话》，其中从人物与结构、虚与实、情与知、美与善四方面加以归纳，此后，黄霖在所著《中国文学批评史》（近代卷）（上海古籍出版社 1996 年版）中有专门论述，后收载在王运熙、顾易生主编《中国文学批评史新编》（下册）（复旦大学出版社 2001 年版）。然而，万学的《近代小说理论研究的丰碑：评吕思勉的〈小说丛话〉》（《临沂师专学报》1992 年第 1 期）与黄氏所论几乎一字不差，其中必有剽说者。此外，论及《小说丛话》的成果主要有：关诗珮《吕思勉〈小说丛话〉对太田善男〈文学概论〉的吸入》（《复旦学报》（社会科学版）2008 年第 2 期）；及韩进廉《中国小说美学史》（河北大学出版社 2004 年版）、罗书华《中国小说学主流》（上海书店出版社 2007 年版）；张为刚《〈中华小说界〉研究》（硕士学位论文，华东师范大学，2010 年）中的相关部分。近年

研究的深入，尤其是上海古籍出版社《吕思勉文集》及《吕思勉先生年谱长编》的逐次推出，研究材料日渐丰富，为更细致的考察准备了条件。

对于史家吕思勉的文学活动进行研究，其意义何在呢？长期以来，在学术研究中由于学科界域之影响，除了一些明显横跨文史的大家，如王国维、梁启超等，文、史两界皆有讨论。在一般的研究工作中，一些明显"定性"的学者身份化后，仅被关注于一端。具体说来，就本论题所及，史学研究者不关注史家的文学历程；反之，文学研究中缺乏对史家的文学活动考察，文学史成为了对文学家或文学工作者的研究。然而，仅就近代学术史来看，无论偏史还是偏文，文史大家往往难分轩轾，后世的学术研究在精密化的同时，也造成了文史之间的横隔。吕思勉就是一典型个案，由于吕氏在后世已被视为"纯粹的一代史家"，①加之本人对于早年文学创作尤其是小说研究绝口不提，所以，作为"文学人"的吕思勉长期被漠视，至少此方形象不丰满立体，在研究上留有很大空地。有鉴于此，对吕思勉在晚清民初的小说创研进行考察，不仅可以丰富吕思勉研究的深度和广度，更可由此管窥近代学者在世风之下的文史互动及转换，从而加深对晚清民国以来的学风及学术之理解。

论及吕思勉的小说创作及研究，最基础性的工作是考定其作品。据目前最权威的本子《吕思勉诗文丛稿》②之《前言》，收录吕氏小说方面的著述共四部，其中署名悔学子的《未来教育史》刊于 1905 年的《绣像小说》；署名侠的《女侠客》刊于 1905 年、1906 年的《新新小

来，邬国义师的《青年吕思勉与〈中国女侦探〉的创作》（上海大学历史系、上海大学古代文明中心主办"中国传统学术的近代转型"国际学术研讨会，2009 年 10 月，后载于陈勇、谢维扬主编《中国传统学术的近代转型》，上海人民出版社 2011 年版），则是对吕氏小说创作进行个案分析，具有开创性贡献；张耕华师的《〈中国女侦探〉的作者吕侠就是吕思勉》（《博览群书》2009 年第 1 期）则进一步坐实了吕思勉的小说创作者的身份。然而，就笔者所知，系统全面地论述吕氏文学及小说活动的成果，目前在学界尚付之阙如。

① 邬国义：《青年吕思勉与〈中国女侦探〉的创作》，《中国传统学术的近代转型》，第 499 页。

② 上海古籍出版社 2011 年版。

说》；署名阳湖吕侠的《中国女侦探》1907 年由商务印书馆初版；署名成之的《小说丛话》刊于 1914 年的《中华小说界》。

这四部作品中，《小说丛话》一直被学界公认为吕思勉小说理论的代表作，相关研究成果也最多；《中国女侦探》则在 2009 年后由邬国义师、张耕华师考定为吕氏之作，阳湖吕侠乃其笔名；① 《未来教育史》所署笔名为吕氏早年所用，② 且所叙述的江浦背景，与其早年生活相吻合，故而是吕氏之作应无疑问。③ 然而，《女侠客》被认定为吕氏作品，乃由"侠"之笔名推断而出，或许文集整理者以为，阳湖吕侠既已坐实为吕思勉之笔名，则"侠"可定为吕思勉矣。笔者以为此论不妥，理由在于：（一）晚清以来以"侠"为笔名者颇多，非专属吕氏所有。（二）《女侠客》一文以青楼女子为歌颂对象，主角之行事风格颇有痞气，而且鼓吹"侠之狭义，即报复是也"④，吕氏一生难脱士大夫气，讲求温良敦厚，无论是处世意识还是文风都与之不符。（三）在《女侠客》短短的四回文字中，两次出现了"侠民曰"这样的评论文字，则此处之"侠"即是"侠民"矣。作为晚清小说界一名活跃分子，"侠民"的身份一直有所讨论，现在学界已基本确定为龚子英。⑤ 很显然，《女侠客》的作者不是吕思勉，而应该是"侠民"龚子英。

这样，四部作品中其实只有三部才是吕氏之作。误识的出现很大程度在于，在当时的小说创研中，用笔名为一时之风，而成名后的吕氏对于早年的文学活动又不愿提及，这就为我们锁定作者和作品增加了难度。然而，可断言的是，随着研究的深入，吕氏早年文学尤其是小说方面的著述会不断被发现，而绝不限于以上三部著述。

就笔者的视野所及，在吕氏的作品中，现在至少还可增加署名"侠

---

① 可参看邬国义《青年吕思勉与〈中国女侦探〉的创作》、张耕华《〈中国女侦探〉的作者吕侠就是吕思勉》。

② 关于悔学子的笔名，可参见李永圻、张耕华编撰《吕思勉先生年谱长编》，上海古籍出版社 2012 年版，第 45、81、104 页。

③ 以上由张耕华师告知。另，张师透露，他曾有意对此文做详尽考订，因无暇而未竟。

④ 《吕思勉诗文丛稿》，第 136 页。

⑤ 参见郭浩帆《〈新新小说〉主编者新探》，《出版史料》2004 年第 2 期；杜慧敏《"侠民"小议》，《现代中文学刊》2010 年第 4 期。

人"的文字。"侠人"为"小说界革命"初期的文学研究者,其最为著
名的成果是1904年前后发表在《新小说》之《小说丛话》栏目中的理
论文字,尤其是对《红楼梦》的研究影响深远。而研治小说史者皆知,
《小说丛话》为梁启超所主持,是近代第一个小说理论专栏,在中国小
说研究史中占有重要的地位。有学者说:"在《小说丛话》中,最引人
注目的是侠人对《红楼梦》的评价。"① 更有学者进一步指出:

> 侠人对《红楼梦》的观点在近一个世纪来实际上伴随着红学
> 研究的过程。只要翻检一下从那以后至五六十年代以来的评红论著
> 不难发现,其中不少从方法到某些观点都有着它影响的痕迹,有的
> 专家甚至原封不动地引用其中的话语(却未注明出处)。②

总之,作为晚清民初第一批新小说研究者,侠人在中国小说史上具
有重要的地位。现经过仔细考察,我们认定,侠人其实就是吕思勉,关
于此点,将在下一节详尽考订。

至此,我们可以断定的是,在现有的材料和研究基础上,在小说领
域,吕思勉的作品除了以上三部之外,至少还有一部署名侠人的著述,
依旧维系着四部的原规模。这四部作品的创作时间从1904年至1914
年,横跨十年,与晚清民初的"小说界革命"在时间上相始终,而且
我们可以看到,侠人(也即吕思勉)作为近代第一批小说理论研究者,
文字发表于梁启超所主持的《新小说》,其时距1902年"小说界革命"
仅仅两年,他绝对可算是"小说界革命"的最早响应者和实践者,加
之吕氏其他作品所透现的梁启超气息。从某种程度上来说,吕氏作品就
是"小说界革命"影响下的产物。

然而,从一定意义上来看,吕氏作品既被"小说界革命"所催生,
更由时代风尚所引致。如果我们将吕氏的个人经历与"小说界革命"

---

① 韩进廉:《中国小说美学史》,第423页。
② 章继光:《一项不应淡忘的红学研究成果:谈20世纪初侠人对〈红楼梦〉的评论》,
《中国文学研究》2001年第4期。

重叠至近代的历史环境下，可以发现如下的事实：无论是"小说界革命"还是吕氏个人的文学观念及思想意识，其生发起点应推至甲午战争时代。对于"小说界革命"的起点问题，国外汉学家有过这样的评述：

> 对中国现代小说诞生更具决定意义的，与其说是在梁氏宣言发表的那一年，更不如说是 1895 年，也就是恰值奇耻大辱的《马关条约》之后，随之出现的第一波创作浪潮可视作"小说界革命"的前奏。①

而对生于 1884 年的吕思勉来说，甲午也是具有决定性的时代。正是从那时起，年仅十余岁的吕思勉开始了对于新学的了解，也即所谓讲求经世致用的"经济之学"，此时可以说是其思想意识及知识结构的分水岭时期。一般学界所了解的吕思勉为史学大师，对传统文学亦有较深造诣，然而，他在早年一度最孜孜以求的却是这种"经济之学"，吕氏曾回忆说："甲午战时，予始知读报，其后则甚好《时务报》，故予此时之所向往者，实为昔日所谓经济之学"，"我的性质是喜欢走这一路的。"②

质言之，这一路的知识学问，其目标乃在于启蒙与救亡，虽然从后世的眼光看来，其中不乏粗率甚至幼稚之处，但在那时，却是士风所向。所谓经世致用也好，"经济之学"也罢，其实质是吸纳新知识、新理念，作出切合时代的知识拯救。而"小说界革命"正与这一路数相契合，作为文学改良的一部分，与梁氏所提出的"诗界革命""文界革命"相互鼓荡，承担起了开发"民智"的任务。尤为重要的是，在时势推引之下，"小说革命"俨然成为了中心地带，根本原因在于，其内在的通俗性满足了启蒙的基本需要，夏晓虹指出：

① ［美］韩南（Patrick Hanan）：《中国近代小说的兴起》，许侠译，上海教育出版社 2004 年版，第 9 页。

② 《吕思勉论学丛稿》，上海古籍出版社 2006 年版，第 742、570 页。

虽然梁氏并列地提出了"诗界革命"、"文界革命"与"小说界革命"三大主张，但与诗文相比，小说的"浅而易解"、"乐而多趣"，"易入人"、"易感人"，"有不可思议之力支配人道"，并且接受面最广，优势明显，这使得小说最有资格充当启蒙与救亡的最佳利器。在此意义上，梁启超才肯定小说为最高等级的文学，或曰："小说为国民之魂。""小说界革命"于是也成为晚清文学改良的中心。

由此，随着甲午以来国势日蹙，"小说界革命"日渐成为了"文学救国"的核心。故而，"在《论小说与群治之关系》一文中，梁启超对'文学救国'的思想作了最集中、充分的论述"①。要之，小说已不再是消遣之物，而一跃成为了承载时代使命的文体。在这样的风潮之下，甲午以来报刊风行，而这些报刊又多载小说，晚清小说之兴盛由此开启。

在此风影响下，早年的吕思勉广泛阅读各种报刊，小说革命及新小说的影响日渐进入思想意识的深处。据吕思勉的女儿回忆，吕氏曾"广读新书"，②而这些新书中多为报刊，尤其在青年时代，它们成为吕氏重要的知识来源，在20世纪20年代，吕氏曾作《三十年来之出版界（一八九四——一九二三）》，对于旧报刊可谓了然于胸，他还说："甲午战后，予始知读报，其后则甚好《时务报》"，"粗知问学，实由梁（启超）先生（《时务报》）牖之。"③尤其是《时务报》可说深刻影响了少年时代的吕思勉，就本论题而言，值得我们注意的一个现象是，吕氏对新小说的了解应从此开始。④在晚清时代吕氏所作的《中国女侦探》中，有一个细节描写："座间各纵谈诸种新小说以为快。"⑤与其是小说

---

① 夏晓虹：《阅读梁启超》，生活·读书·新知三联书店2006年版，第132—133、164页。

② 吕翼仁：《回忆我的父亲吕思勉先生》，《历史教学问题》1998年第2期。

③ 《吕思勉论学丛稿》，上海古籍出版社2006年版，第742、201页。

④ 吕思勉在《三十年来之出版界（一八九四——一九二三）》（《吕思勉论学丛稿》第286页）中说："译小说最早者，当推《时务报》，所译《华生包探案》及《长生术》等，皆附载报中。自后日报杂志，亦多附有小说。"

⑤ 《吕思勉诗文丛稿》，第147页。

人物的生活情景，莫若说是吕氏当时生活的投影。质言之，在"小说界革命"影响下，喜好新小说，并进行创研成为了早年吕思勉精神生活的重要组成部分。

二 吕侠与侠人：吕思勉笔名问题

吕思勉在进行小说创作时，曾用过与"侠"有关的笔名，由于一直隐而不言，这一情况在近年才被发现。笔者以此为突破口，钩稽出一些新的事实，并希望由此探寻出其背后的意义，以求得对吕氏文学活动及"小说界革命"的深入理解。

前已言及，吕思勉在 1907 年出版的《中国女侦探》中，署名为阳湖吕侠，此点经考订后已为定谳。阳湖乃吕氏籍贯，在此可略去不谈，吕氏所突出者乃是"吕侠"或"侠"，由此，笔者通过进一步考察，发现晚清时代在《小说丛话》上发表评论的"侠人"其实就是吕思勉。

关于《小说丛话》，前面已经有所讨论，它是梁启超主持下的小说理论专栏，阿英说："当时有《小说丛话》，亦始自《新小说》，应用当时的理论，以评述旧小说之作，时有新颖理解。"[1] 而丛话，顾名思义，由各种言论连缀而成，长短、主题不必一律，与有系统、成逻辑的单篇论述有所不同。它在 1903—1904 年的《新小说》上连载，后集为一帙，于 1906 年由"新小说社"刊行单行本。《小说丛话》的基本资料，现收载于阿英编《晚清文学丛钞·小说戏曲研究卷》（中华书局 1960 年版），黄霖、陈同文编《中国历代小说论著选》（下册）、陈平原、夏晓虹编《二十世纪中国小说理论资料·第一卷（1897—1916）》（北京大学出版社 1989 年）亦大部分收载，但侠人文字稍有删节。据梁启超的识语，《小说丛话》为"谈话体之文学"，由不同作者"东鳞西爪"拼

---

[1] 阿英：《晚清小说史》，人民文学出版社 1980 年版，第 3 页。

合而来，质言之，是多人的小说笔谈汇集。①

《小说丛话》的作者分为两类：一是梁启超身边的朋友，即梁氏所提到的"平子、蜕庵、璱斋、慧庵、均历、曼殊"，他们与梁氏"相与纵论小说，各述其所心得之微言大义"；二是外界投稿者，也即梁氏所称的"海内有同嗜者，东鳞西爪，时以相诒"，他们来历不清，侠人显然属于后者。② 也正因为如此，长期以来，侠人到底为谁？学界难有定论，阿英曾说：

> 侠人不知为谁，为《红楼梦》作一长辩，辩其非淫书，实为一极有价值之社会小说、政治小说、伦理小说、哲学小说、道德小说，并作事实之引伸，其结论是：《红楼梦》一书，实系"以大哲学家之眼识，摧陷廓清旧道德"，攻击"旧社会"及黑暗政治之作，以曹雪芹与龚定庵并论，称为"近百年来两大思想家"③。

然而，以上材料虽还未能揭示侠人的真实身份，但有两点却很清楚：一、他不是梁启超身边的朋友，很可能在当时只是初出茅庐的人物；二、崇拜龚自珍。这两点皆符合当时吕思勉的状态。"小说界革命"初起时，吕思勉还是个20来岁的年轻人，在那个时候一度酷爱文学，诗文方面受两人影响最深，一为龚自珍，一为梁启超。据他本人的《日记》：

> 予是时（二十岁左右）思想极驳杂，为文喜学龚定庵（自珍），又读梁任公先生之文，慕效之。诗文皆喜用新名，史朗人姑丈尝谓予曰："君之诗文，非龚则东。"④

梁启超和龚自珍对吕氏的影响不仅在文学上，更在思想上，晚清时

---

① 陈平原、夏晓虹编：《二十世纪中国小说理论资料·第一卷（1897—1916）》，第65页。
② 同上。
③ 阿英：《小说闲谈四种》，上海古籍出版社1985年版，第40页。
④ 李永圻：《吕思勉先生编年事辑》，上海书店出版社1992年版，第31页。

代，吕氏笃信康梁理论，曾表示："影响实最深，虽父师不逮也"①；而对于龚氏，则誉之为晚清时代"最大的思想家"②。当然，在晚清时代崇拜或者深受龚、梁思想影响的年轻人不在少数，我们不能由此推断侠人就是吕思勉，只可说由此缩小考订范围而已。

而在此基础上，再进一步缩小范围，则可关注以侠为笔名者，这其中最值得辨析的是侠民。侠人与侠民皆为晚清小说的创研者，一字相差，且语义相通，他们会是一人吗？答案是否定的。由前可知，侠民实为龚子英，龚氏为秀才出身，同时又身处买办家庭，所以他通晓外语，并且翻译过《法兰西革命歌琴谱》。③ 然而，《小说丛话》中的侠人却自陈："余不通西文，未能读西人所著小说，仅据一二译出之本读之。"④由此，则侠民绝非侠人矣。而反观吕氏，"于外文，仅能和文汉读"⑤，尤为重要的是，孙楷第《中国通俗小说书目》卷7著录有吕侠人编"《惨女界》二卷三十回"，为光绪三十四年（1908）商务印书馆本，孙氏提出："吕侠不知是否吕侠人否？"此外，还有论者指出："作者为常州晚清民国间人。"则吕侠之"侠"与侠人或可相通。在学界，对于吕侠人是否为吕侠或吕思勉，颇有争议。邬国义师审慎地表示："尚待进一步研究"；而张耕华师则说："孙楷第《中国通俗小说书目》所记《惨女界》一书作者的吕侠人似乎不像是吕思勉，目前也没有发现吕先生曾用过吕侠人的笔名。"⑥ 笔者未曾查到《惨女界》原书，不敢妄下定论，但吕侠人既是晚清民初常州人，此点又一次吻合吕思勉的身份，加以侠之笔名与吕氏相通，吕侠人是吕侠，也即是吕思勉的可能性是很大的。

---

① 吕思勉：《自述》，《吕思勉论学丛稿》，第745页。
② 吕思勉：《中国政治思想史十讲》，见氏著《吕思勉遗文集》（下），华东师范大学出版社1997年版，第85页。
③ 参见杜慧敏《"侠民"小议》，《现代中文学刊》2010年第4期。
④ 陈平原、夏晓虹编：《二十世纪中国小说理论资料·第一卷（1897—1916）》，第75—76页。
⑤ 吕思勉：《自述》，《吕思勉论学丛稿》，第741—742页。
⑥ 邬国义：《青年吕思勉与〈中国女侦探〉的创作》，载《中国传统学术的近代转型》，第492页；张耕华、李永圻：《〈中国女侦探〉的作者吕侠就是吕思勉》，《博览群书》2009年第1期。

当然，以上种种还不足以坐实这一猜想。但如果结合十年后吕氏发表的《小说丛话》，再旁及其他证据，侠人就是吕思勉的说法，则应该可以成立了。

吕思勉是一位文史大家，但笔者注意到一个奇怪的问题，他在1914年发表的《小说丛话》与梁氏所主持的理论栏目重名。这一栏目在小说界早已深入人心，如此命名，难道没有其他深意吗？更何况，吕氏之《小说丛话》为长篇论文，中间有着连贯的逻辑系统，根本就不是一种"东鳞西爪"式的言论辑要，这种写法与丛话体例毫不相符，作为学养深厚的吕思勉，不会不知道这一点，这种有意的"误用"可谓颇不寻常。① 更有意思的是，他在文中还以三分之一多的篇幅来讨论《红楼梦》问题，对于文字洗练的吕思勉来说，这是少有的特例，此外，耐人寻味之处是，吕氏在文中宣称：

> 以前评《红楼梦》者甚多，予认为无一能解《红楼梦》者，而又自信为深知《红楼梦》之人，故借论小说所撰之人物为代表主义，一诠释之。②

吕思勉为世人所了解的是他在历史学方面的贡献，文学成就长期以来为人所忽视，而红学方面的论述，大概除了此篇长文，似乎找不到其他成果，在此前提下，能豪迈地说出：学界"无一能解《红楼梦》者，而又自信为深知《红楼梦》之人"，岂不大有曲折？需知，吕氏是一严谨的史家，为人笃实，欺世与自吹不符合其个性。

然而，这些疑窦如果结合侠人问题则能迎刃而解。易言之，只要吕思勉是侠人，则一切疑点不仅不成问题，而且合情合理。用丛话之体例，看似不合规范，然而吕氏的小说研究正是从梁氏的《小说丛话》开始起步，当他在创作一部颇有总结性的论述，甚至可说是小说研究的

---

① 在梁启超之后，吕思勉之前，也有作《小说丛话》者，如侗生、梦生（参见陈平原、夏晓虹《二十世纪中国小说理论资料·第一卷（1897—1916）》），但他们也是零散为文，符合丛话之体例，非是有逻辑、一以贯之的长篇大论。

② 《吕思勉诗文丛稿》，第 245 页。

收山之作时，用自己初入小说研究之门时的篇名，则不仅颇具纪念意义，实质上更是一种提示性的暗喻。大讲红楼，"自信为深知《红楼梦》之人"亦是如此，当年的侠人对于红楼早已论述在先，得到学界推崇，此时吕氏的任何红学"大言"皆不为过，算不得大言不惭。

此外，当我们翻检侠人的言论时，发现它们与吕思勉在晚清以来的活动及语言习惯有许多相应处。下面分别说明之：

（一）从个人活动及独特性上来看

侠人在《小说丛话》中对中国小说大加赞美，认为不输于西洋小说，然而，其不足处在于侦探小说方面，他说："唯侦探一门，为西洋小说家专长。"[①] 而在几年后吕氏的《中国女侦探》中有这样的句子："中国小说之美，不让西人，且有过之。独侦探小说一种，殆让西人以独步。"[②] 二者之间在意旨上一脉相承。从一定意义上来说，《中国女侦探》就是侠人理论的实践。又如，侠人认为"文学之性，宜于凌虚"，而"科学小说"以"征实"为特点，他接着阐释道："如《镜花缘》、《荡寇志》之备载异闻，《西游记》之暗证医理，亦不可为非科学小说。"到了1914年的《小说丛话》中，观点已有所变化，将上述小说归入了"杂文学"与"纯文学"的讨论，而不是所谓的"科学小说"，但在例证中依然延续着当年的知识结构，吕氏这样说道："如《镜花缘》之广搜旧闻，如《西游记》之暗谭医理，似可谓之杂文学的小说矣。"[③] 所谓《镜花缘》，尤其是《西游记》的评价，实乃一人之语气，十年间观点虽有变化，然措辞及细部知识结构间却透现出内在的高度契合。尤为重要的是，言及"《西游记》暗证医理"，在当时实为吕氏之创见。此前，言《西游记》为丹道一类之书，与五行相符等，时或有之，然而，所谓医理之论的得出，颇为少见。而且得此论者必既精文史，又通医学。在当时的文史界中，此种人极少，吕思勉即预此选。少

---

① 陈平原、夏晓虹编：《二十世纪中国小说理论资料·第一卷（1897—1916）》，第76页。

② 《吕思勉诗文丛稿》，第147页。

③ 陈平原、夏晓虹编：《二十世纪中国小说理论资料·第一卷（1897—1916）》，第77页；《吕思勉诗文丛稿》，第222页。

为人知的是，晚清民初以来，吕思勉与国医名家谢利恒等过从甚密，经常询以医事，他虽谦虚地表示："读古医书，时或下问。"[①] 但他却协助编纂过《中国医学词典》，并撰写过《医籍知津》一书，胡道静为此评价道："先生读过的古典医籍之多，钻研之深，是罕有伦比的。"[②] 既然通医且精文史者，除了吕氏而外难有二选，则不正说明侠人与吕思勉为一人吗？

（二）侠人的很多观点在 1914 年的《小说丛话》中得以继承和引申

如侠人说：

> 今观《红楼梦》开宗明义第一折曲，曰："开辟鸿濛，谁为情种？都只为风月情浓。"其后又曰："擅风情，秉月貌，便是败家的根本。"曰"情种"，曰"败家的根本"，凡道德学一切锁禁事之代表也。曰"风月情浓"，曰"擅风情，秉月貌"，人性之代表也。[③]

以情性、人性来解读《红楼梦》，此点在吕氏的《小说丛话》中得到继承，而且对第一折曲进行解说之后，不仅阐释道："曰'风月情浓'之'情'字，人心之代表也。"而且对"人之性"与小说之关系深为致意。[④] 比较两篇文章的思想及文字，颇疑为一人手笔。又如，侠人说："不知资著者大智大慧，大悲大慈之眼观之，直无一人而不可怜，无一事而不可叹，悲天悯人而已，何褒贬之有焉。"这种"同情"的态度在吕氏《小说丛话》中也很强烈，且风格极为一致，而且吕氏强调说："无悲天悯人之衷，决不能做《红楼梦》。"[⑤] 论点、语调如出一辙。

---

① 吕思勉：《谢利恒先生传》，载《吕思勉诗文丛稿》，第 27 页。

② 胡道静：《吕诚之先生〈医籍知津〉稿本题记》，载吕思勉《中国文化思想史九种》，上海古籍出版社 2009 年版，第 69 页。

③ 陈平原、夏晓虹编：《二十世纪中国小说理论资料·第一卷（1897—1916）》，第 75 页。

④ 吕思勉：《小说丛话》，《吕思勉诗文丛稿》，第 230—231、222 页。

⑤ 陈平原、夏晓虹编：《二十世纪中国小说理论资料·第一卷（1897—1916）》，第 74 页；《吕思勉诗文丛稿》，第 251 页。

（三）侠人文中的一些习惯用语与吕思勉的行文习惯相合

如侠人说："孔子曰：'我欲托之空言，不如见之行事之深切著明也。'吾谓此言实为小说道破其特别优胜之处也。"而在吕氏的《小说丛话》中，则这么说："孔子曰：'我欲托之空言，不如见之行事之深切著明也。'斯言也，可为小说作一佳赞。"① 二者的说话语气、用词习惯基本一致。又如，侠人说：

> 呜呼！戴绿眼镜者，所见物一切皆绿，戴黄眼镜者，所见物一切皆黄，一切物果绿乎哉？果黄乎哉？《红楼梦》非淫书，读者适自成其为淫人而已。②

所谓黄眼镜、绿眼镜之喻本来自梁启超，③ 而作为深受梁氏影响之人，吕思勉特别喜欢套用这句话，如在《三国史话》中，吕氏这样说道：

> 历史上的事实，所传的，总不过一个外形，有时连外形都靠不住，全靠我们根据事理去推测他、考证他、解释他。观点一误，就如戴黄眼镜的，看一切物皆黄，戴绿眼镜的，看一切物皆绿了。④

总之，侠人的观点、文字风格与吕思勉颇为一致，且能与其作侦探小说、通医理等活动相映证，须知侠人在《小说丛话》中所留下的文字总共才三千字不到，在如此短的篇幅内，竟能有如此多的相类处，实令人惊诧。加之前面所论及的各种因素，综合考量，我们完全有理由相信，侠人就是吕思勉。

吕思勉以侠为笔名，乃晚清民初的风尚所在，在当时的知识分子阶层中，作侠士、讲侠蔚为潮流。龚鹏程说："（好侠）应视为一种剧

---

① 同上书，第 77 页；《吕思勉诗文丛稿》，第 247 页。
② 同上书，第 75 页。
③ 参见梁启超《惟心》，《饮冰室合集》专集之二，中华书局 1988 年版，第 45 页。
④ 《吕著史地通俗读物四种》，上海古籍出版社 2010 年版，第 100 页。

烈变迁社会中，知识分子常见的性格。"① 可以说晚清以来剧烈的社会
转型，造就了知识人在精神寻觅中的苦痛与迷茫，同时也促使他们常以
"侠"来破世风，发忧愤。然而对于"侠"的理解各自不同，吕氏所谓
的"侠"非鼓吹单纯暴力，作为一介书生，儒雅和温良是他的底线，
作为向往大同之世的年轻人，好儒更是他那一时期的思想特征。② 他虽
推崇强健尚武，但更反感"蛮横不讲理，而专恃武力"③，对于当时的
社会风气及暴力，更是痛斥道："其时之社会，混乱已极。粗猛者为暴
民间，几同肆掠。"④ 所以，吕氏之"侠"从一定意义上说，是非暴力
的，乃在于对社会的责任及豪杰之气，它建构在传统儒家意识之上，即
所谓"儒侠"。这在当时非吕氏一人之选，乃是知识界的重要风尚，章
太炎曾作《儒侠》，鼓吹道："世有大儒，固举侠士而并包之。"⑤ 在晚
清民初，吕氏是很在意这种儒侠之气的。在他眼中，尤其在存亡继绝时
代，传承文化之真儒就是这样的侠士，他曾在一篇文章中这样说道：

> 每当蜩螗沸羹，学绝道丧之际，而命世之儒出焉。此亦不必证
> 诸远，观于顾、王、黄、李诸大儒，笃生于明季可知也。英雄造时
> 势，时势亦造英雄，吾不禁于今日之学术界有厚望焉矣。⑥

而这一风尚，如要再追其晚清的直接源头，则可溯于龚自珍，他的
任侠作风，他的侠气与柔情之合体，直接影响了晚清士人，龚鹏程说：

> 龚氏影响当时知识分子最大的，并不在字句方面，而是他那种
> 合儒、侠、佛、艳为一的生命态度，英雄美人之思、侠骨柔情之

---

① 龚鹏程：《侠的精神文化史论》，山东画报出版社 2008 年版，第 183 页。
② 关于此点可参看吕氏的《自述》，载《吕思勉论学丛稿》。
③ 吕思勉：《小说丛话》，《吕思勉诗文丛稿》，第 225 页。
④ 吕思勉：《三十年来之出版界（一八九四——一九二三）》，《吕思勉论学丛稿》，第 286
页。
⑤ 陈平原编校：《中国现代学术经典·章太炎卷》，河北教育出版社 1996 年版，第 223
页。
⑥ 吕思勉：《论国人读书力减退之原因》，《吕思勉诗文丛稿》，第 527 页。

感，才是令这些儒侠们神销谷醉、低回不已的所在。①

总之，晚清时代直接源自龚自珍的侠风意识在知识层中得以鼓荡，也在小说创作者中得以风行。作为龚氏崇拜者，在小说创作之际以"侠"为笔名，不仅是那个时代的风尚所致，也与吕氏内在的知识认同、年轻激情相关联，它们成为了吕氏所推崇的文化符号。

三 跨越梁启超与小说本体之确立：晚清民初小说"深入期"中的吕思勉

按照一般通识，"五四"是中国现代文学史的开端。然而，随着研究的深入，越来越多的学者认识到，如果没有晚清以来的积累，就不会有"五四"的跃进，这一点在小说发展中尤为突出。王德威为此写下了《被压抑的现代性：没有晚清，何来五四?》一文，提示大家注意此一时段的"现代"意义，并且正确地指出："重审现代中国文学的来龙去脉，我们应重识晚清时期的重要，及其先于甚或超过五四的开创性。"② 可以说，在近现代文学研究中，关注和审视晚清民初以来的文学发展，尤其是小说的创研进程，已成为关键性的课题。

晚清民初小说之兴衰，反映的是整个时代的脉动，从一定意义上来说，其成也时代，败也时代，而身处期间的作者或学人，或被时代所局限和裹挟；或左冲右突，谋求跨越之途。就论题所及，吕思勉属于后者，也正因为如此，虽然吕氏所从事的文学活动并不算多，但其成就和路径，理所当然地应该得到后人的尊重和珍视。更为重要的是，通过此一个案的考察，有助于我们在具体的历史情境中，更深入地体认当时的时代和文学。

---

① 龚鹏程：《侠的精神文化史论》，第 198 页。
② 王德威：《想象中国的方法：历史·小说·叙事》，生活·读书·新知三联书店 1998 年版，第 3 页。

针对晚清民初以来的文学及小说发展，杨义曾这样评述道：

> 我国近代自甲午海战、戊戌维新到"五四"运动的二十余年中，小说理论和文学思潮遽涨急变，开历史上前所未有的局面。近代小说观的崛起、深入、蜕变和逆转，为时代发展所决定，又与近代启蒙主义的盛衰沉浮息息相关。

在上述分析的基础上，他将"五四"前二十年的小说发展分为三期，梁启超、严复代表"崛起期"，"以启蒙主义给小说理论带来新的气象，较为强调'善'与'俗'"；林纾、黄人等代表"深入期"，在纠正梁启超偏失之中，转为强调"真"与"美"；鸳鸯蝴蝶派等则代表了"蜕变和逆转期"，"真、善、美在他们的手中变质，成为苍白和卑庸的东西，他们强调'趣'和'利'"①。

吕思勉的小说创研无疑属于"深入期"的风格。如果再进一步突破时间顺序，可以发现，当梁启超在"崛起期"引领风尚之时，吕氏一方面受其影响进行创研，另一方面，已开始对其纠偏，其中最典型的就是其以侠人之名参与的小说讨论，在这场讨论中，回应与纠偏共存。杨义指出："对于梁启超小说理论上的偏颇，其友朋之辈在《新小说》的《小说丛话》栏，作了枝枝节节补充和修正。"侠人等"皆对'水浒'、'红楼'时有好评，这是与梁启超相抵牾的"②。不仅如此，侠人之论已经涉及小说本质问题，诚如有学者所指出的："阐明了小说与社会何者为本的根本问题，从理论上纠正了梁启超的错误观点。"③ 而这为以后小说学的理论建构奠定了基石。可以说，正是这一工作的展开，拉开了吕氏既受惠于梁启超，更超越梁启超的小说创研过程。而随着时间的推移，到了民国初年，小说发展进入了杨氏所言的"蜕变和逆转期"，吕思勉依旧坚持着"深入期"的风格。他曾批评当时的小说界

① 杨义：《中国现代小说史》第 1 卷，人民文学出版社 1986 年版，第 17—18 页。
② 同上书，第 6 页。
③ 方正耀：《中国古典小说理论史》（修订版），华东师范大学出版社 2005 年版，第 269 页。

"至民国二、三年以后，乃鄙陋一无足观，且恶劣无所不至"①。厌恶可谓深矣，然而，恰恰是在民国三年（1904），他最重要的小说理论著述《小说丛话》发表，在文中殷殷期盼道："知小说为文学上最高等之制作，且为辅世长民之利器。文人学士皆将殚精竭虑而为之，自兹以往，良小说或日出不穷，恶小说将居于天然淘汰之列乎？予日望之矣。"②在这一时段发出此论，从一定意义上可以说，吕氏是在面临小说的美与善变质的状态下，力图坚持"深入期"的价值理念，具体说来，对于小说之"蜕变和逆转"感到忧虑，希望恶小说终归淘汰，而良小说能大行其道，而所谓的"良小说"，正是在跨越梁启超基础上，体现真和美的制作。

总之，吕思勉进入晚清民初的小说界深受梁启超的影响，然而，他成就的获得又恰恰是跨越梁启超的结果。质言之，吕氏的这种跨越及在"深入期"中的贡献，最重要的乃是对小说本体的重视和确立，并在此基础上，力图实现小说功用与本质的结合；本土与域外理念的融汇，以及启蒙与"纯文学的小说"的协调。而这些问题及理念的提出，无疑深化了小说"深入期"的理论，在中国小说史上拥有不可忽视的价值。下面具体论之：

（一）小说本体问题

历史地来看，跨越梁启超，应该是晚清以来小说创研的必然路径。梁氏的"小说界革命"虽贡献卓著，但缺陷也是巨大的，其中最主要的，就是对于小说的认识多从功用论着眼，小说最本质的问题——小说之本体及性质略而不谈，李欧梵指出："在《论小说与群治之关系》等重要文章中，他（梁启超）提出的观点都与小说本身的形式问题无关，而直接关注小说的影响力，所谓'薰'、'浸'、'提'、'刺'等。"③这样的取向使得小说的创研仅有工具理性，缺乏深入的本质性思考，小说

---

① 吕思勉：《三十年来之出版界（一八九四——一九二三）》，《吕思勉论学丛稿》，第286页。

② 同上书，第253页。

③ 李欧梵：《晚清文化、文学与现代性》，《李欧梵自选集》，上海教育出版社2002年版，第273页。

的定位在学理上暗昧不清，独立价值难以得到伸张，久而久之，小说的异化在所难免。从一定意义上来说，梁启超之"小说"可能具备了政治、社会、历史及时代等各要素，它是政治，是其他的一切，却唯独可能不是"小说"。所以，在"深入期"中，淡化小说之功用，深入挖掘小说内在本性成为一个重要任务。1907 年黄人的《小说林》发刊词成为了先驱的声音，诚如有学者所指出的，黄人"一针见血地指出了小说界革命夸大了小说的社会功能。可见，无论是《小说林》，还是本篇发刊词，它们的一个初衷便是要让小说回到小说"①。

然而，"让小说回到小说"不能仅停留于一种姿态或浅层实践，如何从学理上加以系统的证明，成为了势所必然。1914 年吕思勉的《小说丛话》初步完成了这一任务，成为系统思考小说本体或本质的奠基之作。在此文中，吕氏首先论及"小说之势力"及基本特点，当然，如果仅停留于此，还是梁氏遗风，但吕氏由效果论入手，笔锋一转，立刻进入了小说本体性的讨论中。他说：

> 小说势力之盛大，既如此矣。其与社会之关系果若何？近今论之者多，吾以为亦皆枝节之谈，而非根本之论也。欲知小说与社会之关系，必先审小说之性质。明于小说之性质，然后其所谓与社会之关系，乃真为小说之所独，而非小说与他种文学之所同。②

此段阐述，核心问题在于探求小说的"根本之论"，而这种根本之论不在于"小说与社会之关系"具体如何，而在于小说的独特本性是什么，只有将这一问题澄清，才不至于混淆小说与其他文学体裁之界限。也只有将这一问题解决，才可能纲举目张，由内而外地把握小说与社会的关系，否则一切都是枝蔓。吕氏这一认识无疑是对梁启超小说"功用论"的推进和跨越，呈现出向内切入的路径走向。事实上，吕氏在后面的论述中，就是围绕着这一根本问题而层层展开，当然关于这一

---

① 罗书华：《中国小说学主流》，第 316 页。
② 《吕思勉诗文丛稿》，第 211 页。

问题的阐释，在稍早于吕氏的管达如《说小说》中已有论及，但远不及吕氏深入系统，考虑到管氏是吕思勉的至交，二人在晚清时代更是唱和不断，我们甚至有理由相信，管氏的著述中应该有吕思勉参与及讨论的成分，但不管怎么说，到吕思勉时，对小说本体性已接近完整和初步成熟，故而陈平原指出："到了管达如的《说小说》、吕思勉（成之）的《小说丛话》，已经明显借鉴西方小说理论，试图系统阐明小说的基本性质和具体特征，建立完整的'小说学'了。"①

（二）本土与域外理念的融汇

从一定意义上来说，近代以来学术理论的创获，都是西潮冲击之下的产物。"新小说"以至于小说学的成立，也是如此。由于传统小说"现代性"严重不足，时至晚清，已无法适应时代的要求，这也成为梁启超"小说界革命"的内在缘由。质言之，因为不足，才有革命的必要。从这个角度来说，"小说界革命"的理论动力来自域外，它的到来与吸纳，又势必形成对传统的冲击及回应。故而有学者指出："'小说界革命'的主要动力是域外小说的输入，以及由此引发的中西小说的融合和小说观念的变革。"② 于是，从晚清以来，西方小说理念如何与传统相结合，成为了中国小说发展的重要主题，小说学的创立更是直接建立在这两大理念结合与融汇的基础之上。我们或许可以这么说，从特定意义上来看，小说学的建立，其成功与否就在于传统与新理的契合度，二者不可偏废。如果没有西方理论方法的介入，小说园地就没有新的种子，结不出现代性的果实；反之，如果只有西方因素，没有传统的积淀与之结合，则是自弃土壤，再好的种子也无法生根发芽。

就此点来说，作为小说理论先驱的梁启超是颇有缺陷的，其掀起的"小说界革命"在理论上最大的问题，就是将新旧对立，甚至完全否定了整个旧小说的价值，从而过于决绝和武断。罗书华说："小说界革命，不仅是指以小说来进行革命，同时也是指以新小说革旧小说的命。"③

---

① 陈平原：《小说史：理论与实践》，北京大学出版社1993年版，第230页。
② 韩进廉：《中国小说美学史》，第402页。
③ 罗书华：《中国小说学主流》，第288页。

毫无疑问，以这种"革命"的态度来看待和发展小说，不仅毫无积累可言，甚至是自去根基，要在这样的理念下建立小说学势无可能。所以梁氏的主张在当时没有被知识层完全接受，甚至在他所主持的《小说丛话》中，他的朋友们在这方面都有着许多不同的声音。杨义说：

> 传统文学发展到晚清，梁启超提倡政治小说，骂《红楼梦》、《水浒》是"诲淫诲盗"，这实际上就是要制造一次中国小说的断裂，但这一断裂在当时并没有完成。①

这种断裂之所以没有完成，在很大程度上就在于梁氏的决绝态度不为世人所完全认可。易言之，在新小说的创研中，很多人皆主张从传统中挖掘资源。吕思勉不仅为其中一分子，更重要的是，在吸纳西方理论方法中，吕氏一直立足于从本土阐发现代意义。他曾经说："中国小说之美，不让西人，且有过之。"② 所以，我们可以注意到的是，吕思勉虽然深受梁氏小说界革命的影响，但他似乎从没有用过"革命"这个词，甚至"新小说"一词也只在早期有限使用，这种取向，毫无疑问与他尊重和挖掘传统大有关系。

然而，从一定意义上来说，现代学科的建构要得以成立，不能光凭传统，而必须依托西方的学术体系，从这个角度来看，吕氏在小说学的建构中就不能没有西学的深度参与。如对《小说丛话》进行细致考察，可以发现，里面的西学成分可谓比比皆是。我们完全可以说，吕氏在西学的吸纳和运用上，较之同时代的学人更为突出，已经具备了现代理论的自觉意识。而最突出的表现乃在于，吕氏对当时最新的域外理论加以融汇吸纳，据关诗珮的研究，吕思勉的《小说丛话》深受日本学者太田善男的《文学概论》影响，而太田氏的这本著作 1906 年才在日本出版，在当时可谓学界新著。当然，作为外语水平有限的吕氏要快捷准确地吸纳域外的最新理论素养，必然要付出更多的艰辛。除了译本要大量

---

① 杨义：《中国现代文学流派》，人民出版社 1998 年版，第 16 页。
② 《吕思勉诗文丛稿》，第 147 页。

涉猎，更需通过友朋随时了解新的外来理论。如，关诗珮在研究中一直不解的一个问题是，吕思勉何以接触到《文学概论》。她说：

> 吕思勉从来没有在自己的日记和自传提到《小说丛话》，对于他曾经参考太田善男的《文学概论》，文学史上就更讳莫如深。的确，直到今天，我们没法确定吕思勉通过什么渠道接触到《文学概论》。据现时的材料看来，太田善男的《文学概论》并没有被翻译成汉语。①

我们的答案是通过友朋得以接触，而这师友就是黄人。据有关研究，通日文的黄人在文学研究中深受太田善男的影响，② 黄人长期担任东吴大学国学教习，而吕氏曾在1907年赴东吴任教，其间二人多有诗文相酬，③ 同为小说研究者，吕氏从黄人处获得对太田理论的了解和吸纳乃是顺理成章之事。总之，既注意并吸纳西方理论是吕氏的一大优点，同时将这些理论方法化入中国的小说传统及实践中，更是其小说学得以成立的关键，故而，有学者在分析《小说丛话》的成功及特点时，特别指出："（吕文）以大量的古代小说作品为参照系，将西方理论引入了中国小说的分析中。"④

（三）启蒙与"纯文学的小说"问题

前已论及，吕思勉重视对小说本体的研究，从文学本质论出发，他指出，小说是"美的制作"，拥有"美术之性质"⑤。在超越梁启超的同时，开始进入了"纯文学"领域的探研。具体说来，吕氏将"除了美的方面而外，又有特殊之目的"的小说，称为"杂文学的小说"；反

---

① 关诗珮：《吕思勉〈小说丛话〉对太田善男〈文学概论〉的吸纳》，《复旦学报》（社会科学版）2008年第2期。

② 见汤哲声、涂晓马编著《黄人评传·作品选》，中国文史出版社1998年版，第17页。

③ 参看邬国义《青年吕思勉与〈中国女侦探〉的创作》，载《中国传统学术的近代转型》，第490—492页。

④ 许建平：《小说丛话》之《论文简介》，载氏编《二十世纪中国文学史论文精粹·小说戏曲卷》，河北教育出版社2000年版，第9页。

⑤ 吕思勉：《小说丛话》，《吕思勉诗文丛稿》，第212页。

之，除了美的要求，"别无目的者"的小说，则称为"纯文学的小说"。二者的分水岭在于，"纯文学的小说，专感人以情；杂文学的小说，则兼诉之知一方面"。他还指出，"中国旧时之小说，大抵为纯文学之小说"。值得注意的是，吕氏这样的判断，事实上宣告了梁氏所鼓吹的"新小说"虽"知"有余，但在"美的方面"则有着重大的缺陷，不具有"纯文学之小说"的资格，而梁氏所抨击的"旧小说"反倒因为其"供人娱乐为目的"，具有了纯文学的地位。①

众所周知，梁氏的"新小说"乃为"新民"而来，即所谓启蒙，其目标正在于"知"。此种路径所具有的正面意义毋庸置疑，但一个很大的问题是，它一旦走向深入，很容易将文学本有的"美"给摒弃，这样的作品久而久之就会失去美感，成为鼓噪的说教。吕思勉评价道："支离灭裂，干燥无味，毫无文学上之价值，非唯不美，恶又甚焉。"最终会让人提不起兴趣，"为睡魔所缠扰也"。而没有美感，不吸引人的原因在哪呢？吕思勉认为，在于没有顾及人性的基本要求，所谓"好恶拂人之性而已矣"②。很显然，吕思勉的立场是，文学是建立在人性之上的主"情"之作，如果不顾及人类情感要求，任何"知"或者启蒙的功效不仅荡然无存，甚至将适得其反。换言之，小说创作必须以情为主，不能先存说教之心。

但是，这是不是表示小说要放弃一切启蒙及社会功能呢？不是的。吕思勉认为，文学要顺应自身特性，遵循本有规律，启蒙或者说教必须服从于此。所以，他主张，"必于情的方面之中，行智的方面之教育"，如此，才能达其目标，所以，纯文学的小说看似没有目标，其效果反胜不是纯文学的说教之言。在具体的实践中，创作者务必要排除一切干扰，不必有意去鼓吹价值取向，而应以纯小说为旨归，但是，作者本身的意识势必会带入小说创作中，只要作小说者"理想高尚"就能达到"善与美的相一致"。换言之，"善"人作"美"文，就一定会成功，高尚作品一定出自高尚之人，所谓"无悲天悯人之衷，决不能作《红楼

---

① 吕思勉：《小说丛话》，《吕思勉诗文丛稿》，第 222 页。
② 同上。

梦》；无愤世嫉俗之心，决不能作《水浒传》"，这是"作小说的根本条件"①。这一论述，对作者、作品之分际及性质，分析得极为深入，呈现出圆熟、辩证的特点。质言之，吕氏所论，其要义在于，小说是一种美的结晶，此种创作必须符合植根于人性之上的美学原则。就小说或文学本性来说，启蒙或者善的原则，为第二要义，必须附之于情感之上，否则必产生反效果。而一个作者只要具备高尚理想，作品一定会反映出善的追求，而不必也不能事先设定教辞。

吕氏在"纯文学"方面的论述并非自造，作为"二十世纪以降中国文学研究的基础性概念"②。在晚清民初，吕氏之前已有学者在讨论与运用这一概念，其中最为著名的是王国维。所以，在这一讨论中，我们也可以看到一些王氏的影子，故而有学者说："作者受到王国维的人生哲学及所宣扬的《红楼梦》旨在'描写人生之苦痛与其解脱之道'等影响……代表了近代资产阶级小说理论的发展水平。"③ 然而，事实的另一面是，王国维固然有功于纯文学，但当下学界的论述中也有着过度阐释之嫌，其文学观念实际上在当时还"未够纯粹"④，纯文学的最先讨论者并非只此一家。就本论题来看，吕思勉的纯文学观念在当时博采众家，固然化入王氏之论，但他最主要的影响者应是黄人。杨义指出，黄人"把真和美的原则引进小说领域，是和梁启超持异，而和王国维相呼应的"⑤。而王氏一则其研究重点不在小说；二则其学术追求总的来说是所谓的纯粹学术，对启蒙是不以措意的。与王氏不同，黄人不仅是晚清小说界的重要人物，与吕氏亦有私交，加之他既追求文学及小说的美学品质，鼓吹"文学而不美，犹无灵魂之肉体"。同时也承认小说的启蒙功能，认为"小说之影响于社会固矣"⑥。很显然，黄、吕立

① 吕思勉：《小说丛话》，《吕思勉诗文丛稿》，第 223、251 页。

② 李贵生：《纯驳互见：王国维与中国纯文学观的开展》，《中国文哲研究集刊》第 34 期，2009 年 3 月。

③ 王运熙、顾易生：《中国文学批评史新编》下册，第 560—566 页。

④ 李贵生：《纯驳互见：王国维与中国纯文学观的开展》，《中国文哲研究集刊》第 34 期 2009 年 3 月。

⑤ 杨义：《中国现代小说史》第 1 卷，第 8—9 页。

⑥ 黄人：《小说小话》，汤哲声、涂晓马编著：《黄人评传·作品选》，第 72、83 页。

场是一致的，所以，就吕思勉纯文学的接受来看，与其说来自王氏，不如说来自黄人。当然，吕氏对这一概念亦有自己的创造与发挥，其最大贡献在于，在小说学的视野下，第一次系统全面地论述了"纯文学的小说"其性质及价值，对纯文学界域下的小说真、善、美问题进行了深入的讨论，这些都是中国小说史上具有开创性的成果。

四　结　论

本课题的研究建立在两大认识基础之上：一是学术与时代密不可分；二是学者的多面性。毫无疑问，学者与学术不可能外在于时代，所谓"知人论世"是学术史研究的关键所在。基于此点，考察"小说界革命"时代的吕思勉如何受着时代思潮的拉动，通过个案研究展现出微观个体与宏观社会之间的互动，将有助于我们深刻地体察时代特性与学术性格；而探研史学大师的"文学人"一面，既有助于从学者的非主流侧面窥其全貌，更可突破文史界域的横隔及"定性"。有鉴于此，笔者以吕思勉青年时代的文学及小说活动为突破口，将其放置晚清民初"小说界革命"的学术背景下，做一全面的专题性考察。此一研究不仅意在提升吕思勉研究的深度和广度，更希望由此管窥近代学者在世风之下的文史互动及转换，从而加深对晚清民国以来的学风及学术之理解。

笔者以为，"甲午"之后，吕思勉从少年时代始，直至青年时期，受时势之引领，关注经世之学，与鼓吹启蒙与"文学救国"的"小说界革命"日益合辙，从而迈开了小说创研之路。作为"小说界革命"的最早实践与响应者，吕思勉在中国小说史上占据了独特的地位。为了厘清吕氏的小说活动，笔者为此进行了若干专题考订，发现现今留存的吕氏小说著述至少有四部，其中可刨去一部误植为吕氏的"侠民"龚子英的作品，而增添一部侠人的作品。笔者还考订出，侠人乃是吕思勉早期笔名，并且认为，吕氏在小说创作之际以"侠"为笔名，不仅是那个时代的风尚所致，也与吕氏内在的知识认同、年轻激情相关联，它们是吕氏所推崇的文化符号。在此基础上，笔者进一步论述和阐发了吕思勉在中国小说史上的贡献，认为其地位之不可忽视，不仅在于晚清时代的小说创作，更在于他在民国初年以来日渐成熟的小说理论阐发，从而使得完整的"小说学"得以成立。吕氏的研究既反映了晚清民初小说研究的最高水平，也使其成为小说"深入期"的重要人物，而这种贡献中最重要的，乃是对小说本体的重视和确立，并在此基础上，力图实现小说功用与本质的结合；本土与域外理念的融汇，以及启蒙与"纯文学的小说"的协调。这些问题及理念的提出，都是在跨越梁启超的基础上所取得，它们深化了小说"深入期"的理论，在中国小说史上拥有不可忽视的价值。

值得指出的是，笔者的研究不单纯在于通过文史界域的突破，勾勒出一代史家在文学思潮中的活动，从而展现出一个不一样的吕思勉，更希望在这样的具体研究中，将学者从"单面性"的考察中拉升出来，延展到为人所忽视的界域，从而在立体、丰富的审视中，连接起断裂的历史碎片，在新的学术思考中获得更全面的认识。

原刊于《问学：思勉青年学术集刊》第一辑（华东师范大学思勉人文高等研究院主办，生活·读书·新知三联书店 2015 年版），此文在修订过程中，得到张耕华师的悉心指导与资料馈赠，谨致谢忱。

"二胡论战"与《学衡》时代的胡先骕

　　胡先骕先生是"中国植物学之父",同时又是著名的文化保守主义者,作为学衡派主将之一,他与胡适在新文学运动前后所展开的"二胡论战"曾影响一时。这场论战主要围绕着白话文与古文之争展开,核心是白话诗问题。论战从美国开始发动,在国内展开,不仅直接刺激了《学衡》及学衡派的产生,对整个新文学史的发展也有着非同一般的意义,作为植物学家的胡先骕因此与吴宓、梅光迪等一起在各种文学史著作中携手出现。然而,遗憾的是,长期以来,学界对此所作出的评判与研究,多缺乏历史性的了解,许多问题尚需廓清。

　　要讨论胡先骕及《学衡》,胡适是个不可不说的人物,留学海外的学衡派主将们正是由于他的文化刺激,才最终创办了《学衡》杂志。这些人中最为大家所熟知的是梅光迪和吴宓。梅曾是胡适留美时的好友,后因白话诗问题而闹翻,由至友转为敌手,胡适曾说他搞白话文,直至搞新文学运动,是被梅光迪"逼上梁山"①,此话虽有英雄自夸之处,但胡、梅之间的冲突大体如此。至于吴宓等人,虽与胡适无密切过从,但他们大多出身哈佛,在美期间已对胡氏言论大为不满,据《吴宓自编年谱》载,吴在 1918 年 8 月与梅做了一次长谈后,达成了"抗胡"联盟的意向,为此后《学衡》的创立奠定了基础。② 从特定视角来看,《学衡》杂志的创立就是为了打倒胡适,套用胡适的话来说,也是"逼上梁山"。

---

　　① 胡适:《逼上梁山——文学革命的开始》,见姜义华主编《胡适学术文集·新文学运动》,中华书局 1993 年版。
　　② 以上可参看沈卫威《回眸"学衡派"——文化保守主义的现代命运》,人民文学出版社 1999 年版,第一章第二、三、四部分。

随着近年来研究的深入，梅、吴与胡适的种种恩怨，已为一般治史者所熟悉，但胡先骕与胡适之间的关系，却少为人知。一个重要的原因是，学界更多地将胡先骕定位于有成就的植物学家，而忽视了他在现代文化论争中的关键性作用。当我们回溯历史，可以发现，在新文学运动中，作为文化保守主义者的胡先骕是个核心角色，胡适的白话文运动一开始正是以他为目标，并由此引出了一场"二胡论战"。

下面，笔者将不揣浅陋，对此问题进行专题性的讨论，以就正于方家。

一　"二胡论战"的前奏：从《文学改良刍议》到《中国文学改良论》

胡适在正式推行白话文的新文学主张时，具体的攻击对象是胡先骕。选择胡先骕为白话文运动祭旗绝非偶然，首先，胡先骕好作古诗文，而新文学运动就是从白话文能否作诗的争论开始的，胡适自己曾说："新文学是从新诗开始的。最初，新文学的问题算是新诗的问题，也就是诗的文字的问题，哪一种文字配写诗？哪一种文字不配写诗？"[①]胡适提出"文学革命"的主张时，正留学于美国，取好作古诗文的留学生胡先骕来攻击属于就近取材。其次，胡先骕旧学渊源有自，他虽是植物学家，但古诗文造诣颇深，是清末"同光体"的重要传人。同光体"由文学言，不外受桐城文派的影响"[②]。偏好桐城派的林纾，又恰恰是胡先骕就读京师大学堂时期的老师，而这些人物及文派，正是胡适要打倒的对象。将胡先骕祭出，可达到牵一发而动全身的目的。

正因为如此，当 1916 年 11 月，在美国的胡适开始写作《文学改良刍议》，掀开新文学运动序幕时，他所选择的具体攻击点正是"吾友胡先骕"。当 1917 年 1 月，《新青年》登出此文后，陈独秀、钱玄同等纷

---

① 胡适：《新文学·新诗·新文字》，《胡适学术文集·新文学运动》，第 280 页。
② 郭绍虞：《中国文学批评史》下，百花文艺出版社 1999 年版，第 556 页。

纷响应，遂引起了空前的热议，唐德刚曾说："新文学运动又是他那《文学改良刍议》一篇文章刍出来的，因而在中国近数十年来深入群众的各项激进文化和政治运动，归根结柢都与他这篇文章有关。"① 此话或有夸张之处，但此文影响巨大也是不争的事实。而胡先骕也因为这篇文章，一开始就不由自主地深深卷入了"新文学运动"之中。

在《文学改良刍议》里，胡适指斥胡先骕所作古诗词为滥调套语，说它是"似是而非，貌似而实非之诗文"，以此证明文学改良或革命之必要。为了更好地加以讨论，我们不避繁复，将胡词及胡适的批语俱引如下：

胡先骕原词为：

> 荧荧夜灯如豆，映幢幢孤影。凌乱无据。翡翠衾寒，鸳鸯瓦冷，禁得秋宵几度？幺弦漫语，早丁字帘前，繁霜飞舞，袅袅余音，片时犹绕柱。

胡适所下的判语为：

> 此词骤观之，觉字字句句皆词也，其实仅一大堆陈套语耳。"翡翠衾"、"鸳鸯瓦"，用之白香山长恨歌则可，以其所言乃帝王之衾之瓦也。"丁字帘"、"幺弦"，皆套语也。此词在美国所作，其夜灯绝不"荧荧如豆"，其居室尤无柱可绕也。至于"繁霜飞舞"，则更不成话矣。谁曾见繁霜之"飞舞"耶？
>
> 吾所谓务去滥调套语者，别无他法，惟在人人以其耳目所亲见亲闻所亲身阅历之事物，一一自己铸词以形容描写之；但求其不失真，但求能达其状物写意之目的，即是工夫。其用滥调套语者，皆懒惰不肯自己铸词状物者也。②

---

① 唐德刚：《"刍议"再议》，载汪荣祖编《五四研究论文集》，台湾联经出版事业公司1979年版，第158页。

② 文见《胡适学术文集·新文学运动》，第23页。

毋庸讳言，此词在胡先骕的诗文中实非上乘，遣字表意上确有可商榷处，胡适所谓"去滥调套语"的主张有其合理性。但是，胡适在此最为不妥的有三点：一是旧辞的沿用被不加区分地等同于滥调套语，进而得出白话文优于古文的论点。二是以绝对写实主义的尺子来衡量文学，于是文学的含蓄，虚与实的结合，意境与意象问题被排挤得几乎没有了空间。三是判语武断，以己之是非为是非，过于相信自己的才学。

这三点总括而言，就是主观性过强，造成偏执之处颇多。

就第一点而言，从一定意义上来说，它更多的是胡适的个人感受问题，是一种个性化的文学态度。但这样的态度取向是否立得住，却是值得推敲的。同样的态度，我们还可以从对胡适推崇有加的废名身上看到，胡氏曾有"两个黄蝴蝶，双双飞上天"的新诗，废名欣赏不已，而"枯藤老树昏鸦"这样的名句，废名却觉得不好，理由是："《蝴蝶》算是一首新诗，而'枯藤老树'是旧诗的滥调而已。……看不出好处来。"① 且不论其他，当文学艺术中的好坏与新旧画上了等号，其前提本身就值得高度质疑。当然，不可否认的是，当年那些塞满了古典诗文的头脑，是会对"枯藤老树"之类的文字感到厌闷，反而会因一时之新奇，被"两个黄蝴蝶"之类的句子所吸引。然而，当时间淘洗掉当年那些时髦的热情后，试问今人，谁还会同意废名的见解，极力贬斥经典，而全力推崇《蝴蝶》那样的诗呢？

至于第二点，文学追求的不是完全的真，而是美，所以"余音绕柱"是一种美的描写，何必在意居室是否有柱与否呢？如按照胡适的这一思路，试问鲁迅的"城头变幻大王旗"的句子中，"城头"又何在呢？所以，"似是而非，貌似而实非"虽是胡适对胡先骕诗文的讥讽，但如运用得当，能做到神韵皆在，"似与不似之间"反倒是优点。

至于第三点，我们可以看到，"翡翠衾""鸳鸯瓦"之类，不过是通过色彩、质地的意象描写，表达一种思念远方爱人的心境。它典出《长恨歌》里的"鸳鸯瓦冷霜华重，翡翠衾寒谁与共"，只因这一点，胡适便断言这是帝王之物，胡先骕不能将其入词。但事实上，在中国古

---

① 废名：《论新诗及其他》，辽宁教育出版社 1998 年版，第 3 页。

代诗文里，这是常有的用法，《西厢记》里就有："鸳鸯枕，翡翠衾，羞搭搭不肯把头抬，弓鞋凤头窄，云鬓坠金钗。"宋刘镇的《贺新郎·题王守西湖书院》写道："春满轩窗无着处，更银蟾、冷浸鸳鸯瓦。"它们都与帝王所居、所用无关，甚至很有豪杰气的刘克庄在他的《沁园春·辽鹤重来》里也诵道："不辞露宿风餐。怕万里归来双鬓斑。算这边赢得，黑貂裘敝，那边输了，翡翠衾寒。"何曾有半点帝王色彩呢？至于"繁霜"自然不能飞舞，但这里写的是秋景，所谓繁霜，可指白菊如霜的情景。白居易《重阳席上赋白菊》："满园花菊郁金黄，中有孤丛色似霜。还似今朝歌酒席，白头翁入少年场。"若是白菊飞舞如霜，惆怅凄婉中，不是很有古典美学意蕴吗？总之，胡适为达成自己的观点，以己意强加于人的痕迹是很明显的。从一定意义上来看，与其说是胡先骕的诗文有问题，不如说胡适为了自己的文学目的，制造出了若干问题以供驱使。此后，胡适又发表了一系列文学革命的文章，但"万变不离其宗"，都是对《文学改良刍议》中建议的强调与重申。

两年后，胡先骕对此文作出了回应。即刊于《南高校刊》，后又登载于《东方杂志》的《中国文学改良论》[①]，从名字就可以看出，这是一篇回应《文学改良刍议》的文章，而且主题也是要求中国文学改良。整篇文章中，胡先骕的态度是比较温和的，他表明对于改良文学是赞成的，只是反对以偏激的态度，用白话推倒文言而已。他说："素怀改良文学之志，且与胡适之君之意见，多所符合。独不敢为鲁莽灭裂之举，而以白话推倒文言耳。"在此，胡先骕并不认为他与胡适是对立的阵营，所以对于胡适的错误，他仅做了简单的点评。总体而言，此时的胡先骕还是希望与胡适成为文学改良的同路人，他认为，只要"以古文学为根基，而发扬光大之"，就可以去"创造一时之新文学"，至少对胡先骕来说，双方并无走上对抗的必要。当 1920 年胡适的第一部白话诗集《尝试集》发表后，双方才开始了针锋相对的论争，这时二胡论战才算

---

① 载《东方杂志》第 16 卷第 3 期，1919 年。

真正展开，《学衡》杂志也由此催生。①

二 "喝倒彩"与"反对党破产"：《评〈尝试集〉》的命运与文化保守主义的阵地问题

　　《尝试集》是胡适的白话诗集，也是新文学运动中激进派的第一个标志性成果。它结集于 1919 年，1920 年 3 月出版，半年后再版，至 1922 年已经出了四版，此书一印再印，在当时真可谓轰动一时。再版时，胡适在南京高师作序，他颇为自得地表示，要再一次自己给自己喝彩，他说："'戏台里喝彩'是狠难为情的事，但是有时候，戏台里的人实在有忍不住喝彩的心境。"② 前已论及，白话文之争的核心是白话是否可以入诗，胡先骕被攻击的也正是旧体诗。1917 年新文学运动开始不久，还在美国的胡适即"自誓三年之内专做白话诗词"，并取陆游诗"尝试成功自古无"，来给自己的诗集取名为《尝试集》。③ 现在三年期满，《尝试集》按时出版，且一版再版，胡适理所当然地认为自己已经取得了辉煌的战果，兴奋之情是可以想见的。而对胡先骕等人来说，胡适的"喝彩声"刺耳异常。④ 加之南京高师是胡先骕供职所在，后改制为国立东南大学，到 1921 年梅光迪、吴宓等纷纷来此，文化保守主义者的阵营在此形成。胡适在这里所作的自序，对于胡先骕及吴宓等人

---

　　① 在此期间，曾有胡适的学生罗家伦作《驳胡先骕君的〈中国文学改良论〉》，但此文认为胡先骕"毫无改良的主张和办法，只是与白话文学吵架"（见郑振铎选编《新文学大系·文学论争集》，上海文艺出版社 2003 年影印版，第 125 页）。说理不仅不充分，而且对胡先骕观点有着曲解，其影响力不大。

　　② 载《〈尝试集〉再版自序》，《胡适学术文集·新文学运动》，第 408 页。

　　③ 胡适：《寄陈独秀》，《胡适学术文集·新文学运动》，第 31 页。

　　④ 在《文学改良刍议》中，胡适就曾说："尝试成功自古无，放翁此语未必是。"后来在《尝试集》第一版自序中他又再次重申这一见解，志得意满之中，是在告诉世人，他已大获成功，探出新路了。在《建设的文学革命论》中，他还说："对于那些腐败文学，个个都该存一个'彼可取而代也'的心理。"（《胡适学术文集·新文学运动》，第 40 页）以项羽的故事来取喻，认为自己已取代了旧文学（在这里他自己已经违背了自己所定的不用典的禁条）。所以胡先骕的《评〈尝试集〉》否定其已成功，并将其比作陈胜、吴广，而不是高祖、项羽，意为胡适还只在破坏，根本没有建设。

不啻是一次文化叫阵。在这样的情况下，胡先骕历时二十余日写就《评〈尝试集〉》，对胡适的新诗作了全面的否定，可以说，这时"二胡论战"才真正展开。

然而，20世纪20年代已经成为白话文全面胜利的时代，从1920年开始，教育部门开始明令废除文言文中小学教材，白话文成为国语。这种史无前例的快速转变，使得新旧人物在当时的文化命运大为迥异。当然，这种所谓的"新旧"从学理上来说并不准确，在此不过是历史名词的沿用，是以激进主义眼光来立说的，为当时的一般舆论，并成了后世的习惯称谓。如果胡先骕及学衡派也算"旧人物"的话，我们完全可以说，这种所谓的"旧人物"，其实并不守旧，只是因为反对全盘否定历史文化传统的立场而被目为"陈旧"。学衡派之前这样的"守旧派"已不在少数，但他们文化压力极大，最后基本上都被排挤出了主流文化圈。如曾发表过《中国文学改良论》的《东方杂志》主编杜亚泉，无论资历还是学养都堪称一等人物，却因为与激进主义的论争，于1920年被迫迫职。反观文化激进主义者却风光无限，如被称为"只手打倒孔家店"的吴虞，竟在1921年被聘为北京大学教授。众所周知，教授是学问精深者所拥有的职衔，吴虽与陈、胡为同一阵营，但就学问而言，却远非同类。撇开各种意气之见来公正地评判，我们完全可以说，此老除了一些激愤之言吸人眼球之外，实无学养可言，学术上可谓一无所长。然而，他靠骂孔子骂成了北京大学教授，说是当日的"文化明星"，当不为过。只是以骂孔子而得此地位，就凭这一点，当时的风尚就值得反思。

所以在此背景下，当胡先骕用尽心血写就的《评〈尝试集〉》问世后，竟找不到可以发表的地方了，这一状况也催逼着文化保守主义者必须开辟自己的文化阵地。据《吴宓自编年谱》记载："《学衡》杂志之发起，半因胡先骕此册《评〈尝试集〉》撰成后，历投南北各日报及杂志，无一愿为刊登，或无一敢为刊登。"① 仔细玩味这段文字，我们可窥见，当时的思想文化风气已完全一边倒，胡适自我"喝彩"赢得一

---

① 吴学昭整理：《吴宓自编年谱》，第299页。

片掌声，而胡先骕的"喝倒彩"却找不到话语空间。"无一愿为刊登"或者还有价值不认同之处，而"无一敢为刊登"则可见当时文化激进主义力量之强势，以杜亚泉那样的身份尚避让不及，黯然离场，何况他人呢？简言之，文化保守主义受到排压是大势所趋，时人即使不趋新，也不敢公然对抗这股势力。

其时为1921年，吴宓、梅光迪等人已齐聚东南大学，并有意与胡适决战一番，《学衡》杂志的出版也正在酝酿之中。此时，《评〈尝试集〉》的遭遇无疑是对学衡诸子的当头棒喝，是改弦易辙还是坚持原来的文化保守主义立场，成了摆在他们面前极为现实的选择。如果和胡适等人合流，以他们的学养和背景，不说声名鹊起，至少总要赛过吴虞之流的。如果坚持与文化激进主义对抗，《学衡》的未来命运很不乐观。《学衡》诸子之所以坚持办这一刊物，更多的是出于一种文化使命感，知其不可为而为之。胡先骕在一首诗中说道："非敢谓希圣，天责无所逃。"[1] 颇能反映这种心境。

1922年1月，《学衡》正式创办，找不到地方发表的《评〈尝试集〉》终于公之于众了。它连载于《学衡》第一、二期，此文分为八个部分，对胡适的《尝试集》进行了系统全面的批判。有学者认为："胡先骕完全否定了《尝试集》。"[2] 在此我们必须指出的是，否定《尝试集》并不意味着否定新文学或新诗，胡先骕只是对胡适的文学方向表示异议而已，希望另走别路，他说："'此路不通'，终有他路可通之一日。"[3] 这与《中国文学改良论》中的精神是一脉相承的，只是在此文中发挥得更为详尽清晰。所以胡先骕此文不仅仅是贬胡之作，更主要的是站在古典主义文学立场，以胡适的诗歌创作为切入点，对新诗的未来进行理论性的探讨。胡先骕说："且评胡君之诗，即可评胡君论诗之学说，与现时一般新诗之短长。古今中外名家论诗之学说，以及真正改良

---

① 胡先骕：《三十初度言志八章》之四章，《学衡》第25期，1924年1月。
② 沈卫威：《回眸"学衡派"——文化保守主义的现代命运》，第153页。
③ 《评〈尝试集〉》（续），《学衡》第2期，1922年2月。

中国诗之方法。"① 公正地来看，比之胡适的论诗之作，它更理性，也更具学术性。

此文主要集中于三大问题的讨论，简言之：一是古文是否为死文字，是否可以入诗。胡先骕认为，古文、白话文是不能强分死活高下的，它们只是文字材料而已，所以强行排斥古文是极端错误的。他说："文学之死活以其自身之价值而定，而不以其所用之文字之古今为死活。"他还指出，古文与白话文之间的关系，不能用希腊、罗马文字演进为英、德、法文的例子来硬套，因为它们终属两种不同民族的话语，恰如汉文与日语的关系，与汉语的一脉相承是完全不同的，将它们随意比附是极不负责的欺世之举。胡适作为具有现代学术训练者出此言论，实在令人难以原谅。他说："以不相类之事相提并论，以图眩世欺人而自圆其说，予诚无法以谅胡君之过矣。"二是诗歌是否要打破一切束缚，胡先骕认为诗文是有别的，"诗之有格律，实诗之本能"。否则作诗如作文，古今中外皆无此理。三是形式与内容的问题。胡先骕认为旧体诗之衰不在形式，而主要在内容，这才是文学改良的真正方向。所以胡适等人攻击的清代旧体诗不是输在形式上，而是内在内容不够，这是时代所造就，非人力所为，或者说那是时代的缺陷，而非文体之过。他说："以曾受西方教育，深知西方文化之内容者观之，终觉其诗理致不足，此时代使然。"② 这里所谓的"理致"，不仅是时代精神和创作经验的问题，更主要的是现代学术发展所带来的理论深度及思考力。换言之，随着各种新学术的发展，新诗自然会结出成果，但它不是割裂历史，推倒过去的后果，而只能是新旧文化融会的结晶。

胡先骕的文章有理有据，且不论其具体结论是否都能成立，但他提出的问题至今仍旧值得我们深思。此文刊出后，胡适没有马上正面回应，但据《胡适日记》，胡适对于《评〈尝试集〉》颇有针刺之感，在1922年2月4日的日记中，他引了一篇对胡先骕作批评的《评〈尝试

① 胡先骕：《评〈尝试集〉》，《学衡》第1期，1922年1月。以下引文未注明出处者，皆出自此文。
② 胡先骕：《评〈尝试集〉》（续）。

集〉匡谬》，以图自我抚慰。但此文强词夺理之处甚多，学理亦不通，故1922年2月6日，他开始作《五十年来中国之文学》，此文可谓不论而论，它以历史总结的方式，宣告旧文学的死亡，新文学的创立。所以虽不正面回应，但等于宣告胡先骕之文无价值。

胡适素以"大胆假设、小心求证"为所谓的科学方法，在这篇文章中，他大谈文学的变迁，就是为了证明他一系列"大胆假设"的正确，而这些"假设"中最主要的是：古文是死文字，白话文是文学正宗，古文已死，白话文胜利。至于说胡适的论说方式是否科学，我们先且不论，问题的要害是，胡适文中对胡先骕提出的问题几乎没有作出学术性的回应，仅仅说："中国人用古文作文学，与四百年前欧洲人用拉丁文著书作文，与日本人作汉文，同是一样的错误，同是活人用死文字作文学。至于外国文与非外国文之说，并不成问题。"随后就在文中大胆宣告道："学衡的《议论》，大概是反对文学革命的尾声了，我可以大胆说，文学革命已过了讨论的时期，反对党已破产了。从此以后，完全是新文学的创造时期。"①

从学理上来说，反对党是否破产不是这几句话就可以打发的，作为受过现代学术训练的学者，胡适或许也能感觉到自己在论辩中的脆弱性。1922年3月3日的胡适日记中载道："回家，作文，到十二时，居然把《五十年的中国文学》作完了。共152页，四万余字。此文费了我一个月的功夫，但还不很满意。"②"不很满意"，就证明胡适自己也意识到论说中尚有缺陷。但胡适是实用主义的信徒，注重文学的社会实际效果，所以他以实用主义的方法态度，极力来弥缝这种缺陷，例如，在文中他说，古文造诣极好的鲁迅兄弟以前也曾用古文翻译过小说，但"十年之中，只销了二十一册"，他说："这一件故事应该使我们觉醒了。用古文译小说，固然也可以做到'信'、'达'、'雅'三个字——如周氏兄弟的小说——但所得终不偿所失，究竟免不了最后的失败。"③

① 《五十年来中国之文学》，《胡适学术文集·新文学运动》，第159页。
② 曹伯言整理：《胡适日记全篇》（三），安徽教育出版社2001年版，第568页。
③ 《五十年来中国之文学》，《胡适学术文集·新文学运动》，第111页。

周氏兄弟的"失败"与"反对党"的"破产",在他看来原因都是一个,那就是推崇古文这样的死文字,将会没有受众,白话文胜利是历史大势所趋。但这种思路已超出文学理论的讨论范畴,基本不具学理的意义。

胡适此文作成于1922年3月,1923年2月在《申报》五十年纪念刊中正式发布。在此期间,此文已在学界流传,结果又一次好评如潮,这也使胡适再次信心十足。据胡适日记,1922年3月11日:"孑民先生有信,他很赞许我的《五十年的中国文学》。"① 10月29日,日人桥川要求胡适将《五十年来中国之文学》交予他译为日文。不仅蔡元培等学界名流站在胡适一边,甚至外国学界也深为接纳,这无疑大大地给胡适鼓了劲。加之《尝试集》一如既往地大受欢迎,当时已销到一万部,这些事情足以使实用主义者胡适相信,以古文作诗文是没有生命力的。所以1922年10至11月间,在《尝试集》四版自序中,胡适再次断言:"现在新诗的讨论时期,渐渐的过去了。"②

总的来说,胡先骕的文章在当时的确没有得到大力的响应,从主流学者到一般民众,心之所向都是文化激进主义。在文化情绪战胜学理的背景下,他注定了被忽视,甚至被误解,被歪曲,胡适的新文学风头依旧。胡先骕提出的问题,不仅在当时,甚至在很长一段时间内,都没有引起重视。当年《评〈尝试集〉》无处发表,现在发表后少有人响应,理性的声音被淹没在激进主义的浪潮里。在当时,文化保守主义的命运从一开始就是边缘化的,并始终被边缘。1923年2月《申报》五十年纪念刊同时刊出胡先骕的《评胡适〈五十年来中国之文学〉》,在文中他强调指出:"一种运动之价值,不系于其成败,而一时之风行,亦不足为成功之征。"虽然胡先骕不以"一时之风行"为成功标志,但社会的风尚已注定了文化保守主义的弱势。如果真要说"反对党破产",那并不是学理上的淘汰,是时代的风尚使然。

---

① 《胡适日记全篇》(三),第577页。
② 胡适:《尝试集》四版自序,《胡适学术文集·新文学运动》,第419页。

三 从文学论战看胡先骕在
学衡派中的地位及作用

学衡派与文化激进主义的论战是以文学为核心的，诚如有学者所指出的："二者交锋的场地主要是文学，并由此发散到人生信仰、学者精神、学术研究，以及整个新文化思潮。"① 由前可知，在这场论战中，胡先骕不仅是文学主将，而且是激进主义"文学革命"的主要对象，种种缘由纠葛都与他有着千丝万缕的联系。作为一名植物学家，他因为这场论争在中国文学史上写下了自己的名字，更在学衡派中担负着重要的角色。

论及学衡派时，一般来说，学界多聚焦于吴宓、梅光迪等人。毫无疑义，《学衡》杂志的创立与他们关系极大，甚至可以说，《学衡》就是他们"抗胡"的成果。但是，在《学衡》初期与胡适等的论战中，胡先骕所起到的作用并不在他们之下，甚至可能更为突出。这一点从对手的反应就可以看出，当《学衡》问世后，胡适最为看重的是两位对手：梅光迪和胡先骕。前者与胡适一度私交甚密，后因学术立场势如水火，最终分道扬镳。所以梅光迪的文章中多有意气之言，这些话对于胡适产生了刺激作用。胡适曾说，《学衡》是"学骂"，所谓"学骂"，主要是梅光迪在《学衡》第一、二期的《评提倡新文化运动者》《评今人提倡学术之方法》中的一些愤懑之言。胡适说："东南大学梅迪生等出的《学衡》，几乎专是攻击我的。"② 沈卫威指出："梅光迪在先后两篇文章中，把胡适暗示为政客、倡优，的确让胡适不快。"③ 在胡适日记中，曾载有一首打油诗，虽是诙谐之词，却掩饰不住愤愤之气：

---

① 沈卫威：《回眸"学衡派"——文化保守主义的现代命运》，第 5 页。
② 《胡适日记全篇》（三），第 546 页。
③ 沈卫威：《回眸"学衡派"——文化保守主义的现代命运》，第 140 页。

老梅说：

"《学衡》出来了，老胡怕不怕？"（迪生问叔永如此）

老胡没有看见什么《学衡》，

只看见了一本学骂！①

如果说梅光迪由于愤懑之气难以排遣而有"学骂"的痕迹，胡先骕则从头至尾都是在客观理性的基础之上进行辩难。但在《五十年来中国之文学》中，胡先骕和梅光迪一起遭到了胡适的抨击。胡适说："南京出了一种《学衡》杂志，登出几个留学生的反对论，也只能谩骂一场，说不出什么理由来。"② 这番话放在胡先骕那里是极不准确的，由前可知，胡先骕没有谩骂，"说不出什么理由"的恰恰是胡适自己。胡适表现出这种态度，是因为胡先骕的文学批评已经刺痛了他。这也从另一方面证明，虽然胡先骕的论点没有得到时代及民众的认可，却让对手感受到了力量。

这是一种知识力量。这种力量对于普通民众或许无知无觉，不放在心上，但对于真正的知识分子却是安身立命之所在。知识分子对于世俗名利可以表现出清高与鄙夷，但在争夺知识话语权或真理代言人上却从不让人，从一定意义上来说，知识分子是生产文化、捍卫真理的人，所以美国著名社会学家刘易斯·科塞（Lewis Coser）将知识分子称为理念人（men of ideas）。就学术问题来说，这种生产和捍卫的合法性一般都来自知识群体的认可，而不是普通受众。所以在二胡论战中，胡适的言论虽得到民众的拥护，却无法从知识理论上使文化保守主义群体心悦诚服。胡适虽以实用主义的效果论遮蔽过去，但窘态已现，越辩越显现出理论准备的不足，这或许就是胡适"不很满意"的知识心理所在。西方社会学家曾将知识群体分为真理战士与党派圣哲（the partisan sage），这二者明显有别，"真理战士希望他信为绝对真理的体系能在逻辑上取

---

① 《胡适日记全篇》（三），第549页。迪生是梅光迪的字，叔永是任鸿隽的字，他们都是留学美国的同学，当时曾在一起讨论文学问题。

② 《五十年来中国之文学》，《胡适学术文集·新文学运动》，第158页。

得胜利；而党派圣哲则力争他及群体所代表的行动趋势在社会上取得胜利"①。认同真正的知识分子身份的学者，总是将自己标榜为前者；而社会改革家则多归于后者。胡适所认同的无疑是前者，他十分强调自己的学者身份，与陈独秀等人最终分道扬镳，在很大程度上就是这种选择路径的不同所致，后五四时期胡适致力于学术研究也是为了凸显自己的这种身份。诚如研究者所指出的："胡适最希望后人记得他的，绝不是革命领袖，也不是社会改革家，更不是外交家，而是学者或思想家。"②从总体上来说，学衡派其实也是致力于非政治化讨论的学者群，他们淡化政治，强调文化，所以胡适成为了他们的主要论敌，而不是态度更激进的陈独秀等人，其原因也正在于此。

所以在普通受众不能真切了解的文化氛围里，这种力量的产生完全来自学理。这种学理主要表现在两个方面，一是现代科学方法；二是西方文艺理论。

就前者而言，我们知道，胡适一生都在标榜自己以"科学方法"治学，科学成为他制胜的利器。然而，他的对手胡先骕就是真正的科学家，于是，以科学对科学成为制约胡适的重要法宝，这是其他学衡诸子所无法企及、无以替代胡先骕的地方，也是胡先骕对于学衡派的最大贡献。即使今天看来，胡先骕文章中透现出的逻辑性、科学性也是极为严密的，《评〈尝试集〉》以质上的逻辑推演、量上的数目统计为基础展开讨论，这是胡适以前的论敌中所没有的。沈卫威曾指出："胡先骕个人的学术专长是植物分类，他用科学的统计分类法，把胡适的《尝试集》作了如此科学的肢解，该诗集的尝试精神、创新精神和开一代新诗风的时代精神完全化整为零了。"③

就后者而言，胡先骕从西方文艺理论出发，与胡适进行了全面的文学论战，具备这种学养的对手也是前所未有的。郑振铎在《新文化大系·文学论争集》中指出："林琴南们对于新文学的攻击，是纯然出于

---

① [波兰] 弗·兹纳涅茨基（F. Znaniecki）：《知识人的社会角色》，郏斌祥译，译林出版社 2000 年版，第 95 页。

② 周质平：《胡适与现代中国思潮》，南京大学出版社 2002 年版，第 123 页。

③ 沈卫威：《回眸"学衡派"——文化保守主义的现代命运》，第 153 页。

卫道的热忱，是站在传统的立场来说话的，但胡梅辈却站在'古典派'的立场来说话的，他们引致了好些西洋的文艺理论来做护身符。"① 郑振铎所说的"胡梅辈"，当然是指胡先骕和梅光迪，它来自胡适《五十年来中国之文学》的影响，但又有了微妙的变化。这种变化就在于胡先骕被放在梅光迪前面，成为了"反对党"的首席代表，这是因为当时以文艺理论为"护身符"的主要是胡先骕，而且由前可知，胡适对于这些"护身符"并没有能够进行实质性的回应。从这个意义上来说，胡先骕在文学论战中更具核心地位，所以被提到了前面。还需要指出的是，在《新文化大系·文学论争集》中，郑振铎第一次提出了学衡派的概念，此书的第三编标题即为"学衡派的反攻"，这是学衡派名称的首次出现。这种排序反映了当时文学界的一般观念，即胡先骕是学衡派的最重要代表。总之，由于胡先骕在文学论战中所居的核心位置，奠定了他在学衡派中举足轻重的地位，也使之成为了20世纪上半叶最重要的文化保守主义者之一。

四　是"复古"还是"纠偏"："新文学运动"中的学衡派价值

前已论及，二胡论战以胡适的胜利而告终。但胜利并非就意味着完全和真理站在一边，以非学术方式取胜的学术问题，终究还得接受历史的检验与评判，从这个意义上来说，胡先骕及学衡派虽然失败了，但他们所表现出的价值并不会被历史的尘埃所掩盖。当我们今天来评说学衡派的功过得失时，我们应该更加从容地面对历史，而不是简单地对号入座。

在讨论新文学问题时，很长一段时间里学衡派被定位为"复古"和"倒退"的代表。如当年一本权威的文学史著作中是这样说的："以胡先骕、梅光迪、吴宓等为主，写了很多攻击新文化与文学革命的文章。……打着复古主义和折衷主义的旗号，向新文化运动进攻。这些人

---

① 郑振铎：《新文学大系·文学论争集·导言》，第13页。

都是留学生出身，是标准的封建文化与买办文化相结合的代表。"① 长期以来，在学界的主流观念中，《学衡》与新文学一直被认定为尖锐对立的关系。在激进主义的文化思维下，文学也笼罩着你死我活的战斗理念，非新即旧，不拥护革命就是敌人，这种思路至今仍隐在一些人的意识深层挥之不去。

然而我们要说的是，胡先骕及学衡派并不是愚顽的彻底复古主义者，他们从来就没有反对过新文学，他们所反对的不过是激进主义的文学路径。如果我们的新文学视野能够容纳面更广一些，而不是仅有胡适、陈独秀、鲁迅等人物的话，我们完全可以说，从始至终，这个"反对党"不仅不是新文学的对立面，甚至还是它的有力一翼，只不过他们所选择的是一条更为稳健的改良路线。如果说陈、胡等是新文学中的激进派，那他们就是新文学中的保守派。只是那个时代没有给他们足够的机会和空间来实施他们的新文学主张，甚至连他们的解释也常遭误解。有学者曾指出：

> 学衡诸人其实也在思考着新文化和新文学，探讨着文化和文学的时代发展路向，他们并不是一味地反对文学的创新活动，甚至在理论上就不是以"新文化""新文学"为论争对手的。……"学衡派"其实应当属于现代中国知识分子中的一个思想文化派别，同倡导"文学革命"的"五四"新文化派一样，他们也在思考和探索现代中国文化和文学的发展道路，他们无意将中国拉回到古老的过去，也无意把中国文学的未来断送在"复古主义"的梦幻中。在思考和探讨中国现代文化的现实与未来方面，"学衡派"与其说是同各类国粹主义、同"甲寅派"沆瀣一气。还不如说与五四新文学运动的倡导者们有更多的对话的可能。②

若抛开全是全非的惯性思维，需要申明的是，我们无意否定陈独

---

① 王瑶：《中国新文学史稿》上，上海文艺出版社 1982 年版，第 39 页。
② 李怡：《论"学衡派"与五四新文学运动》，《中国社会科学》1998 年第 6 期。

秀、胡适等人的文学倡导之功，然而，如果尊重历史，我们也应该正视其短。如果今天还不对文学建设中的激进主义思路进行必要的反思，其负面效应将日益显现，终将阻碍文学及文化的全面发展。新文学运动中激进派最主要的问题在于一元化的思维，以死、活等极端对立的名词概念来划分阵营，文学成为了一种替换与取代的关系，学衡派与他们的对立其实就是从这里生发的。

无可否认的事实是，至少在对待古文及古典文学等文化传统上，激进派的态度是很偏执片面的。其实，他们自己也不是没意识到这一问题。然而，他们的方针是：矫枉必过正。所以他们崇尚斗争，反对调和。陈独秀曾说：

> 譬如货物买卖，讨价十元，还价三元，最后的结果是五元，讨价若是五元，最后的结果不过二元五角；社会进化上的惰性作用也是如此，改新的主张十分，社会惰性当初只能够承认三分，最后自然的结果是五分；若是照调和论者的意见，自始主张五分，最后自然的结果只有二分五，如此社会进化上所受二分五的损失，岂不是调和论的罪恶吗？①

正是这种决绝的态度逼使得激进主义者们一元独进，他们对于古典文化资源，几乎采取全盘抛弃或者鄙视的态度。延着这种路径，文学的战斗性在强化，而其经典性、多样性、艺术性则日渐边缘化。而反观学衡派至始至终反对走极端的学术路线，在其宣布的杂志《宗旨》中曾说道："以中正之眼光，行批评之职事。无偏无党，不激不随。"如果说学衡派与胡适等人真的存在对立的话，那么这种对立当是"矫枉过正"与"不激不随"的差别。所以有学者指出："（学衡派）并非一味的'反动'，他们甚至和新派文人也有资源共享。在传统文化如何转型以及如何'融化新知'方面，包括对新文学以及激进思潮某些弊病的批评方面，'学衡派'不乏冷静的见识，起码在学理上可以给新派文人

---

① 陈独秀：《调和论与旧道德》，《新青年》第 7 卷第 1 号，1919 年 12 月 1 日。

一些提醒与纠偏。"① 从这个意义上我们完全可以说，学衡派是新文学激进派的补偏者，正是由于他们的出现，才使得新文学增加了更多的理性色彩，不至于在脱离传统的轨道上走得太远，而这些也正是学衡派对于新文学的价值所在。

这种纠偏主要体现在三个方面：一是融合中西古今的文化资源。现代文学的发展必然要建立在民族和历史的基础上，激进主义过于强调世界性、共性，文学的民族个性常被有意无意的忽略。在这方面学衡派的立场是：既坚守传统价值，又不忘输入西来学说。他们认为，文学创作对于各种资源都应加以利用，而不应采用排斥一方的态度，按照胡先骕的说法，这是自我"拣择之重要"，如对于白话与古文之争，胡先骕说："认定以白话为诗，不知拣择之重要。但知剿袭古人之可厌，而遂因噎废食，不知白话固可入诗，然文言尤为重要也。"② 固然，胡适等人对于文学传统并非一概抛弃，但他们眼中只承认俗文学及白话文的价值，去主流化是明显的。学衡派则主张保存传统文化中的精髓，《学衡杂志简章》中说："昌明国粹，融化新知……以见吾国文化有可与日月争光之价值。"由于这一反对力量的存在，给激进主义带来了牵制，它使得中国现代文学发展不至于完全自我斩断根基，失去古典的滋养。二是《学衡》对于现代文艺批评的学科发展具有贡献。一种新的学说不能仅仅"自我喝彩"，"喝倒彩"者往往比赞颂者价值更大。从这个意义上来说，学衡派对于胡适等人的批评，反而是一种文学促进力量，而不是阻力。我们应该看到，胡先骕及学衡派等人是在学理上与激进派进行论争，他们引入了大量的西方理论，并结合传统文论进行论说，从而使得中国的文学批评内容得以丰富。在与实用主义文学观的斗争中，他们大量引入新人文主义的理念，正是在这种抗辩中，现代文艺批评的理论得以不断建构与发展。三是学衡派一直坚持文学中的古典主义传统，这使得文学的古典美学意蕴得以保存不断。以我们前面所讨论的白话诗

---

① 温儒敏：《文学史观的建构与对话——围绕初期新文学的评价》，《北京大学学报》（哲学社会科学版）2000 年第 4 期。

② 胡先骕：《评〈尝试集〉》。

为例，胡适等人的主张使得诗歌漫无约束，成为诗文无别的俗语大成，事实上是损害了诗歌的美感。后来闻一多、徐志摩等新月派诗人对新诗的改造主要就是从美学上入手，这其实是一种古典主义传统的恢复。从这个意义上来说，他们与学衡派的主张是有内在继承关系的，所以有学者指出："迄今为止，学界多把有着统一学术背景的学衡派和新月派割裂开来，分而述之，这也是一种偏误。……如果说学衡派主要偏重于思想意识即道德方面倡导古典主义的话，那么，新月派则是偏重于文学艺术即美学方面倡导古典主义。"① 事实上，新文学不可能在大量破坏之上建立，没有束缚、没有传统的新文学必将走入死胡同，闻一多等人的文学转向至少是对学衡派主张的部分肯定。总之，学衡派的文学主张不是"复古"，而是"纠偏"；不是新文化运动的阻扰者，而是建设者，只是他们提出了另一种路径而已。而在这中间，胡先骕无疑是值得特别重视的一个人物。

往事已矣。

当我们回溯历史，可以看到，从文学改良的反面典型到学衡派主将，"二胡"论战中的胡先骕，似乎是不自觉地卷入了新文学运动的论争之中。但是，作为坚守传统，对于古典文学具有深厚底蕴和感情的知识分子，他的种种作为又是一种必然。与此同时，他更是一位具有科学素养的新式知识分子，他及学衡派的许多观念并不复古，只是更具理性、更为稳健而已，他们的主张是新文学中的另一种路径选择。由于时代的风尚，文化保守主义的阵地一再受到排压，理性的声音被激进的情绪所淹没，从而也使得我们长期以来没有正视，甚至曲解了他们的言说及价值。所以，当我们重新考察和反思这段历史的时候，是非功过自可评说，但我们没有理由漠视他们的存在，因为他们也曾致力于中国新文学的建设，思考中国文化的命运及前途，他们是中国现代文化的重要组成部分，他们理应得到我们的尊重。

原刊于胡迎建主编《胡先骕研究论文集》，文化艺术出版社 2010 年版。

---

① 俞兆平：《中国现代文学中古典主义思潮的历史定位》，《文艺研究》2004 年第 6 期。

文化危机与知识应对：从胡先骕的知识结构看
《学衡》的文化保守主义

胡先骕先生是"中国植物学之父"，作为一位现代科学家，在人文领域，他却以文化保守派的面目出现。20世纪20年代，作为《学衡》主将之一，与文化激进主义展开了激烈的论战。知识分子之间的交锋，从本质上来说应是价值之争，它必须依托知识而展开，这也就决定了论战者文化背景及知识结构的重要性。在学衡派学人中，胡先骕拥有他人难以取代的知识结构，理由至少有二：一是他留学美国，最终成为自然科学的巨子，但并不媚外，一生服膺中国传统文化，古诗文造诣深厚。二是他以科学家身份兼作文学，成为文学论争中的核心人物，在中国近代学术界称得上绝无仅有。在那个以科学和西学为荣的时代，这种知识结构具有极大的文化威慑力，从而也给《学衡》的创立和发展带来了深远的影响。下面，我们就以胡先骕的知识结构为考察点，去看看在近代知识转型背景下的学衡派及文化保守主义。

一　知识转型与知识人的结构调整：
晚清到民国的士裂变

近代中国是一个大裂变的时代，这种变化不仅体现在政治经济结构的剧烈转型中，更体现在对思想文化造成的冲击上。所谓"数千年未有之变局"，其最大震荡其实还是文化上的，一个思想统一的大帝国突然间失去了精神方向后，迷茫失措，陷入了前所未有的文化大危机。不变化就没有出路，变是唯一的选择。在这样的背景下，学习西方成为了必然的选择。于是近代中国开始由妄自尊大走向学习西方，变与学日渐成为思想的主旋律，然而，怎么变、如何变？这个问题在思想界一直得不到统一的认识。争论的焦点主要集中于：改变过程中，对于传统是有所保留还是全盘抛弃？与之对应的是，对西学的态度，是中体西用还是全盘西化？这是一个严肃的选择。于是，在近代中国，守护还是抛弃的矛盾就显得异常突出，而所谓文化保守主义也由此而起。

文化的守护和抛弃不是简单的器物置换，这种变动必将带来一连串的震荡和反应，其艰难与复杂异乎寻常。而这其中最重要的结构性变化，莫过于古典知识的扬弃及知识群体的裂变。从社会传统来看，中国自古以来就是文化大国，从某种程度上，我们甚至可以说，是个以文化立国的民族。作为文化传承最重要的力量——士阶层，在整个社会结构中占据着中心位置，他们以文化所带来的优越性而取得社会支配权。所谓"学而优则仕"，使得传统中国文质彬彬，士大夫亦学亦官，文化自豪感一直维系了数千年。马克斯·韦伯（Max Weber）曾指出："（在传统中国）由教育特别是考试规定的出仕资格，远比财产重要，决定着人的社会等第。"① 毫无疑问，士阶层地位的形成是历史的过程，但是其基本内核却一直是知识系统，这种知识不完全同于西方，具有神圣性与强制力。所谓学统、道统、政统中，士大夫一直以自己的知识体系傲视王侯，拥有"学"的正当性是其他一切的基础。具体来说，这种知识体系以儒学经典为核心，是传统士人安身立命的关键所在，也是前近代士大夫的价值基础所在，如果失去了它，士大夫就没有了身份依托。然而，时至近代，这种知识系统一步步地遭到了否定，它对于士大夫的解体起到了关键性的作用。与此同时，随着知识基础的转移，新式的知识分子开始产生，他们的知识基础或者说立说依据不再是古典知识，而是所谓的现代西学，知识权威或文化资格发生了重大位移。从科场到学堂，从中学到西学，不仅是知识基地的转换，更是知识分子结构的巨大调整。

但我们不能简单地以进化论或新陈代谢的眼光，来看待知识文化的

---

① ［德］马克斯·韦伯：《儒教与道教》，王容芬译，商务印书馆 2002 年版，第 159 页。

变迁，士人的逐渐消失及被排斥，并不意味着传统文化的彻底死亡。除了死守传统的遗老遗少，一批要求保存旧文化的新人物日渐出现，以学衡派为代表的新文化保守主义者就是其中的典型。这些现代中国的保守主义者并没有复古癖，相反的是，他们大多具有良好的现代眼光及知识背景，与文化激进主义者全盘抛弃传统不同的是，他们要做的是旧学的现代转换。这种转换主要是在东西文化调和的基础上，以西学为基础进行中学改造，以造就一种新的文化，《学衡》简章中说："期以吾国文字，表西来思想。"这就与新文化运动前的保守主义有了很大的不同。有专家指出："在文化学的理论方面，学衡派与当时其他文化保守主义流派多直接取资于儒家传统价值观念的做法不同，而是试图按照西方新人文主义的学术途径，去从事未来文化框架的设计和建设，由此形成了其鲜明的个性。"① 我们或者可以说，在文化危机面前，激进和保守两种路向，是出于两种不同的价值观而产生的知识应对，它们都植根于现代知识及价值体系上，而非所谓的倒退与进步的对立。在救国与启蒙的双重任务中，知识分子们希望以西方资源来造就一个新的中国，于是中国问题后面大多有了西方的思想背景。但他们所面对的西方并非铁板一块，随着理解的深入，西方的思想文化日渐呈现出各种面相，中国知识分子也面临着多元选择。一时间，各种西方思潮纷纷登场，知识分子按照各自喜好与背景加以不同的选择，各种思想及学术流派相互碰撞，争雄一时，从一定意义上我们可以说，从士大夫转换为近代知识分子的那一刻起，这一阶层就已经由同质性转为异质性的群体，中国近代知识分子产生之初就是碎片化的，这种碎片就溯源于不同的思想路线之中。文化价值的差异使得他们从一开始就分裂、游弋在不同阵营，而这其中最重要的自然是激进与保守主义的对立。

按照知识社会学的理论，在知识分子阶层中，价值及知识分歧是极为重要的分野，并由此产生不同的文化阵营，文化论战的激烈程度也往往与分歧的大小成正比。所以美国著名社会学家刘易斯·科塞（Lewis

---

① 胡逢祥：《社会变革与文化传统：中国近代文化保守主义思潮研究》，上海人民出版社2000年版，第137页。

Coser）将知识分子称之为理念人（men of ideas）。换言之，知识分子就是生产及捍卫理念的人，并由此产生剧烈的论争，近代中国之所以文化论战异常激烈，正反映着背后理念价值、知识系统的巨大差异。

二 "西与西斗"中的胡先骕：
留学背景与话语权问题

士人裂变为近代知识分子后，呈现出明显的异质性，知识群体不再是一个统一的整体。在话语权的争夺过程中，文化论战出现了，而这其中最大的对立阵营则是文化激进主义与保守主义。文化激进主义者多具留学背景，一直以来以西学相标榜，颇得时人信从，在这种新知识体系面前，旧式士大夫纷纷败下阵来，与《新青年》为敌的古文大师林纾等人最为典型。然而，20 世纪 20 年代学衡派的出现改变了这种不平衡的格局，在知识对等性上给文化激进主义造成了巨大的阻力。

学衡派的崛起与其留学生背景有重大关系。众所周知，《学衡》杂志于 1922 年 1 月在南京东南大学创立，它和文化激进派相抗衡，成为文化保守主义的坚固营垒，学衡派名号亦由此而起。杂志的具体发起人为梅光迪、吴宓、胡先骕、刘伯明、柳诒徵、萧纯锦、徐则陵、马承堃和邵祖平等九人，其中前五人最为重要，有学者称其为"《学衡》杂志的五大主力人物"①。这五人中，除柳诒徵外，都是留学生身份，一比四的比例足以说明，作为持文化保守主义立场的《学衡》，对于传统文化及本土学者的重视固然为题中应有之义，然而，其大部分骨干却是来自西方，西学色彩，简言之，留学生色彩之浓厚，是不争的事实。

所以，当以留学生为主力的学衡派与文化激进主义展开论战时，已不再是过去那种意义上的新旧之争，比之陈独秀、胡适等人，学衡派诸子的西学色彩有过之而无不及。罗志田说："《学衡》杂志的出现确有

① 沈卫威：《回眸"学衡派"——文化保守主义的现代命运》，人民文学出版社 1999 年版，第 18 页。

象征性的转折意义。……到 1922 年《学衡》出，表面上似仍以对中国传统的态度区分，实际上已成为西与西斗，争的是西学正统。"① 这种所谓的"西与西斗"，其实质是要打破激进主义者对西方文化资源的独断。与以前的保守派着眼于赞扬古代，排斥西方不同的是，学衡派也是宣扬西学的一支重要力量，西学同样是他们的知识基础。所以梅光迪曾说胡适等人是"伪欧化"，"以彼等而输入欧化，亦厚诬欧化矣"②。抛开意气之见，以知识社会学的视角来看，这是一种对西学话语权的争夺。

比之学衡同人，胡先骕在这方面的意识更为强烈，所以冲击力也更大。胡先骕虽是农科出身，但人文修养十分深厚，在中学方面，他先后受业于沈曾植、林纾，问学于陈三立，这些人都是旧学中的宗师或翘楚，所以胡适在《文学改良刍议》中，曾以"吾友胡先骕"的词作为"陈词滥调"的代表加以攻击，以期敲山震虎，进而吹起新文学运动的号角。从一定意义上来说，胡先骕对文化激进主义的论战，是因其新学中的旧色彩而被迫卷入的，这一点与其他学衡诸子很不一样。③ 在西方人文理论方面，胡先骕也十分熟稔，故常能以严密的科学眼光，运用西方资源对激进主义展开论战。他思路敏捷，写作速度快，吴宓在评价《学衡》诸人时曾说："（胡先骕）直爽活泼，喜多发言，作文迅速，为当时《学衡》杂志最热心而出力最多之人。"④

当时激进主义的文学阵营也敏锐地看到了这一点，比之此前被他们

---

① 罗志田：《西方的分裂：国际风云与五四前后中国思想的演变》，载罗著《二十世纪的中国思想与学术掠影》，广东教育出版社 2001 年版，第 157 页。

② 梅光迪：《评提倡新文化者》，《学衡》第 1 期，1922 年 1 月。

③ 胡先骕早年赴美留学时曾决意自然科学研究，无意于人文论战，他曾向胡适表示："从事实业，以求国家富强之方。此所以未敢言治国平天下之道，而唯农林山泽之学是讲也。"（见耿云志主编《胡适遗稿及秘藏书信》，黄山书社 1992 年版，第 30 卷，又见于胡宗刚《胡先骕先生年谱长编》：江西教育出版社 2008 年版，第 40 页）此后由于他自己热爱的传统文化遭到攻击，加之本人及师长如林纾等，被卷入此中，所以他出而卫道。胡宗刚《不该遗忘的胡先骕》（长江文艺出版社 2005 年版，第 54 页）中曾引胡先骕的回忆："胡适诸人欺侮林琴南等老先生不懂英文，我却引经据典，以西文之矛来陷胡适的西文之盾。"关于这些将作专文论述，此处不展开。

④ 吴学昭整理：《吴宓自编年谱》，生活·读书·新知三联书店 1995 年版，第 228 页。

击败的古文大师林纾等人，郑振铎曾指出："林琴南们对于新文学的攻击，是纯然出于卫道的热忱，是站在传统的立场来说话的，但胡梅辈却站在'古典派'的立场来说话的，他们引致了好些西洋的文艺理论来做护身符。"① 这其中所说的"胡梅"即指胡先骕与梅光迪，在《学衡》初期，在文化激进主义者看来，他们是最为重要的论敌，而他们的武器则是"西洋的文艺理论"②。我们可以这么说，当激进主义者揣着舶来的傲慢，将传统文化视为腐朽、妖孽的代名词时，以胡先骕为代表的留学生群体正是凭着入室操戈的手段，用西方理论武器来捍卫传统的价值及尊严，虽声音还稍显微弱，但却拥有强劲的战斗力。所以，当时属激进主义文学阵营的陈子展就曾说："胡先骕这可以说是文学革命者自林纾而外所遇的又一劲敌。"③

在留学生之间的抗衡中，胡先骕还特别强调留学生守护传统的责任，以与激进派分庭抗礼。1922 年他在一篇《说今日教育之危机》的文章中论述道：

> 吾尝细思吾国二十年前文化蜕变之陈迹，而得一极不欲承认之结论：则西方文化之在吾国，以吾欧美留学生之力始克成立，而教育危机亦以吾欧美留学生之力而日增。吾国文化今日之濒于破产，惟吾欧美留学生为能致之，而旧文化与国民性之保存，使吾国不至于精神破产之责，亦惟吾欧美留学生为能任之也。④

---

① 郑振铎：《新文学大系·文学论争集·导言》，上海文艺出版社 2003 年影印版，第 13 页。

② 学衡派五大主力中，吴宓的特点在于组织，文章主要集中于对西方文学的分析；刘伯明持论平允，加之负有行政责任，在论战中有所顾忌；柳诒徵主要致力于史学研究与传统诗词创作，基本上没有正面的论战文章。所以论战中胡梅辈最为主要，胡先骕本人对于梅氏也十分推崇，但是梅氏不愿作文，这也从另一方面使得胡先骕不得不在论战中冲在前面。胡先骕曾说："惜梅先生不勤于著作，虽有崇高理想，而难于发表，遂使所蕴藏之内美，未能充分发挥，因而不能发生重大之影响，殊为憾事。胡适之尝言觌庄之病在懒，懒人不足畏，不幸乃系事实。否则旗鼓相当，未知鹿死谁手矣。"（《胡先骕先生年谱长编》，第 83 页）

③ 陈子展：《最近三十年中国文学史》，上海古籍出版社 2000 年版，第 293 页。

④ 《学衡》第 4 期，1922 年 4 月。

　　从上文我们可以了解到，胡先骕认为，在西潮冲击之下，作为引领风潮的留学生群体具有挽救本土文化危亡的责任。在西学的强势面前，留学生以其知识优势，既可以使得传统破产，同时也能借助西学之力，保存固有文化。具有文化责任感的留学生应成为挽大厦于将倾的群体，承担起传播西学和守护中学的双重文化任务，这是他们新的文化使命。在胡先骕及学衡派那里，西学不再成为摧毁传统的力量，而是使传统得以自存发展的知识屏障。这样一来，它就呈现出了全新的面貌，成为了传统文化得以不间断地走向未来的转换器。这是立足于现代文化发展之上的推论，是对中西学术文化的一次重大调整。概言之，传统是断裂还是得以保存，已主要决定于西学的运用及留学生的态度，争夺西学话语权及留学生中的主流地位，基础在于西学，落脚点却是在中学之上，为了文化传统的保存，这种争夺已成为势在必行。当西学话语权完全掌控于激进主义者之手时，传统被树为西学的对立面，贬得不名一文，甚至被极端妖魔化，现在随着这批欧美留学生的出现，中西学关系终于得到了转换，一边倒的格局开始改变。如胡先骕曾讽刺钱玄同"中国旧学者也，舍旧学外不通西学者也，乃言中国学术毫无价值"[1]。倘非具有留学背景的同道中人，是不敢下此断言的，且前引文中一再言道"欧美留学生"云云，隐然有对陈独秀等速成型，且不正宗的东洋留学者的轻视。而这些人在文化激进主义者中占了极大部分，在这种特殊语境中，胡先骕的态度就不是单纯对其身份的轻视了，而是话语权的一种另类争夺。[2] 总之，他利用自己的知识优势，反复强调激进主义者对于西方学

　　① 胡先骕：《论批评家之责任》，《学衡》第 3 期，1922 年 3 月。
　　② 文化激进派以当年《新青年》诸子为最大代表，虽然学衡派成立时他们已发生裂变，且情况极为复杂，但从否定传统的路向来说，学衡诸子还是以他们为激进派的核心，这些人中，鲁迅的情况为人所熟知，其他人，如李大钊，北洋法政专门学校毕业后至早稻田大学习政治，周作人入东京政法大学学习，吴虞入日本法政大学速成科学习，吴稚晖入日本的高等师范学堂学习，钱玄同入早稻田大学中文系学习。胡先骕在《说今日教育之危机》中曾这样说道："至留学日本者，有多习法政，其习物质科学者，亦多未深造。……各种高深之科学家大多数为欧美留学生也，加以欧西之文学、哲学，亦以亲炙其教之欧美留学生言之较详。"此处直指留日学生，对他们西学话语权的否定是显而易见的。此前胡先骕对留学资格看得并没有这么重，留美期间与胡适的通信中还一再表示赞成"非留学"（《胡先骕先生年谱长编》，第 40 页），但在论战之下为了话语权问题，故作此表态。

术的隔阂及误读，其目的在于为自己争取理论制高点，以赢得人们的理解与同情。

三 "理致"与"时代"：新文学视野下的旧诗文与新学术

《学衡》并不只是留学生的天下，对于本土文化的强调，使得它与旧学血脉相连、不可分割。但创办之初的《学衡》在旧学上也的确存在一些问题，这些问题主要表现在三个方面：一是作为创办主力的留学生群体，他们的旧学修养在当时有所缺憾。二是《学衡》在理论上是以西学为指导，旧学人士虽也参与其中，但主要是发表旧体诗文，无力运用西方理论开展文学研究及批评。三是当时与文化激进主义的论战点主要在白话文尤其是白话诗方面，胡适自己曾说："新文学是从新诗开始的。最初，新文学的问题算是新诗的问题，也就是诗的文字的问题，哪一种文字配写诗？哪一种文字不配写诗？"① 而这就需要具备诗歌创作实践者参与其中。要解决这些矛盾，必须要有一个精通西学理论，又兼通古诗文之人，胡先骕就是这样一个人。

当然，学衡派中如吴宓、梅光迪等留学生也通晓古诗文，② 但是他们的诗文训练，及与旧学人士的密切度显然不如胡先骕。前已提及，胡氏早年师从沈曾植，沈为当时顶级的国学大师，王国维曾推崇道："学者得其片言，具其一体，犹足于名一家，立一说。"③ 胡先骕的兴趣在古诗文，尤好"同光体"，而沈又是当时"同光体之魁杰"④。源于以上关系，青年时期的胡先骕对于古典诗文的情感及修养远在一般学人之

---

① 胡适：《新文学·新诗·新文字》，姜义华主编：《胡适学术文集·新文学运动》，中华书局1993年版，第280页。

② 其实留学生中如任鸿隽等也一度反对白话诗，但他们与胡适关系密切，且不属于学衡派。

③ 王国维：《沈乙庵先生七十寿序》，载《观堂集林》卷二十三，河北教育出版社2001年版，第721页。

④ 陈衍：《沈乙庵诗序》，载《陈衍论诗合集》，福建人民出版社1999年版。

上，这成为他与旧文人及热爱古诗文者最重要的文化纽带。这种纽带主要作用于两类人群，一是传统学者；二是没有留学背景的《学衡》同人。前者如张鹏一、周岸登、王瀣；后者主要有邵祖平、马承堃、王易、王浩等。

　　总之，胡先骕的学术素养使他足以承担弘扬古诗文的重任，他也由此成为新文学运动中，反对以白话诗替代古诗的最大主力。长期以来，他及学衡派被认为是阻扰新文学及新诗发展的反动力量，但这不过是一种二元对立思维的简单推想。学衡派并不反对新文化，梅光迪曾说："夫建设新文化之必要，孰不知之？"① 从学衡派的知识背景来看，他们大多留学海外，浸润于西学，怎么可能无端地反对新文化或新文学呢？这个问题的提出本就是历史的误会，甚至就是歪曲武断之言。《学衡》从来不反对新文化，反对的是毁弃古文，消灭古典的新文化。或者说，不赞成当时的那种激进方式。

　　就胡先骕及他的古诗文来说同样如此，他做古诗文不是为了故意反对新文学，而是希望有更为稳妥的文学改良之路。他曾表白道："素怀改良文学之志，且与胡适之君之意见，多所符合。独不敢为鲁莽灭裂之举，而以白话推倒文言耳。"他还进一步指出："彼故作堆砌艰涩之文者，固以艰深以文其浅陋，而此等文学革命家，则以浅陋以文其浅陋，均一失也。而前者尚有先哲之规模，非后者毫无文学之价值者所可比焉。"② 在胡先骕及学衡派看来，在新诗的创立发展过程中，如果按照胡适等人的主张，去掉一切束缚，诗没有了规范，那就失去了诗的韵味，走入了绝路，以白话推翻古文，以俗替代雅是一种极端之举，属于"以浅陋以文其浅陋"。简言之，文学的改良不应是从文字形式上去进行，而是时代内容。在新的诗歌形式还不成熟的前提下，不能随意丢弃作为典范的古典诗歌，诗歌的问题绝非如胡适等人鼓吹的，白话诗文是活的，古文是死的，似乎推倒古文，采用白话文的形式，诗歌及文学就面貌一新。新文学或新诗的出现是不应以消灭古典诗文为代价的，二者

---

① 梅光迪：《评提倡新文化者》。
② 胡先骕：《中国文学改良论》，《东方杂志》，第 16 卷第 3 期 1919 年。

不是对立的关系，而是可以两存。胡先骕由此断言，古典诗歌作为学习范本，不是多了，而是少了。他说："现世代之文学尚未产出，旧式之名作亦有时不能尽厌吾人之望。"①

所以在与胡适的论战中，胡先骕着力指出，胡适等人攻击的清代旧体诗不是输在形式上，而是内在内容不够，这是时代所造就，非人力所为，或者说那是时代的缺陷，而非文体之过。他说："以曾受西方教育，深知西方文化之内容者观之，终觉其诗理致不足，此时代使然。"② 这里所谓的"理致"，不仅是时代精神和创作经验的问题，更主要的是现代学术发展所带来的理论深度及思考力。换言之，随着各种新学术的发展，新诗自然会结出成果，但它不是割裂历史，推倒过去的后果，而只能是新旧文化融汇的结晶。在展望中国新诗的未来时，胡先骕无限期待地指出：

> 他日中国哲学、科学、政治、经济、社会、历史、艺术等学术逐渐发达，一方面新文化既已输入，一方面旧文化复加发扬，则实质日充，苟有一二大诗人出，以美好之工具修饰之，自不难为中国诗开一新纪元。宁须故步自封耶？然又不必以实质不充，遂并历代几经改善之工具而弃去之、破坏之也。③

从以上的论述，我们不难看出，胡先骕及学衡派特别强调文学内容

---

① 胡先骕：《评〈尝试集〉》（续），《学衡》第 2 期，1922 年 2 月。胡先骕与胡适的文学论争之中，支持胡适等人主张的自不在少数，但他们大多认为胡先骕是要完全反对白话文或者白话为诗，事实上这是一种二元对立的思维，如罗家伦曾作《驳胡先骕君的〈中国文学改良论〉》（见郑振铎选编《新文学大系·文学论争集》，上海文艺出版社 2003 年影印版），此文固然有一定的合理性，对于胡先骕的论点有补正作用，但是文中有许多地方不是在一个点上争论，甚至有着理解的误差，如罗家伦说，胡先骕"似乎不承认白话可以为诗"，但胡氏一直强调的是不能完全抹杀文言的价值，尤其在诗歌问题上更是如此。翻检胡氏原文写的是"诗家必不能尽用白话"，"白话不能全代文言"，等等，其意在坚持古文的价值，白话、文言完全可以两存，而不是如罗氏所言的"吵架"。再则两文中所共同论及的"朱门酒肉臭，路有冻死骨"，罗氏按照胡适的思路，以为这就是白话诗，而胡先骕以为这是典雅的古诗文。
② 胡先骕：《评〈尝试集〉》（续）。
③ 同上。

的"理致"及历史性，也即《学衡》杂志所宣扬的"昌明国粹、融化新知"的宗旨，从而把旧诗文纳入了现代学科建设轨道中。简言之，文学的发展应在保持文体稳定性基础上，致力于内容的改造，创造出符合现代精神的新样式，这是在新文学视野下，以融通古今的方式进行的另一种文学改良思路。

总的来说，它是以西方学术体系为理论基础，对于传统进行现代性的思考和转换，但它不是"整理国故"者的"打鬼捉妖"，而是挖掘文化遗产的光辉一面，为其注入新的生命力，也即《学衡》宗旨中所说的"以见吾国文化有可与日月争光之价值，而后来学者得有研究之津梁，探索之正规"。在这一思路下，胡先骕主要做了三件事情：一是继续进行古诗文创作，但已有意识地融入了现代意识，以期在逐渐改造中为新诗开辟道路。我们可以注意到，胡先骕虽以旧体形式作诗，但内容及精神却是新的，如对海外各种新事物的描摹，异彩纷呈，为古诗开一新境界；将科学问题入诗，使枯燥的研究变得诗意盎然，钱锺书曾评价道："堂宇恢弘。"① 二是以现代学术眼光，运用西方理论对古诗文进行评析，这实质上是古代诗论的现代转型，属于文艺批评方向上的拓荒。他在《学衡》上发表的许多诗评文章，后来都成为了文艺理论方面的经典之作，如钱仲联等学者多引其论，极为推崇。三是对旧体诗的历史发展做了梳理，胡先骕在通观中国古典诗歌发展的基础上，着重关注的是清代至民国的旧体诗歌，这是向新诗发展的过渡阶段，也是备受激进主义攻击的诗派，其研究价值在当时虽少有人注意，但却为以后的学术发展铺陈了津梁，此点对以后汪辟疆、钱锺书等学者的研究都有相当影响，在中国诗歌研究史中具有不可忽视的地位。

以上努力无疑为中国古典文学的发展和现代研究开辟了道路，同时，胡先骕及学衡派诸子一直坚持的古典主义传统，也使得在文学创作中，古典美学意蕴得以保存不断，对以俗为正宗，为唯一标准的极端文学改良思路，起到了纠偏的作用。后来闻一多、徐志摩等新月派诗人对新诗的改造主要就是从美学上入手，这其实是一种古典主义传统的恢

---

① 台湾中正大学校友会编：《胡先骕先生诗集》，1992 年版，第 160 页。

复。从这个意义上来说，他们与学衡派的主张是有内在继承关系的，所以有学者指出："迄今为止，学界多把有着统一学术背景的学衡派和新月派割裂开来，分而述之，这也是一种偏误。……如果说学衡派主要偏重于思想意识即道德方面倡导古典主义的话，那么，新月派则是偏重于文学艺术即美学方面倡导古典主义。"① 从某种程度上来看，闻一多等人的文学转向，意味着对学衡派主张的部分继承与肯定。

总之，如果我们抛开成见来看待胡先骕及《学衡》对旧文学的回护，我们很难说他们是守旧腐朽，而应是新文学视野下的渐进改良。

四 不同的"科学"：胡适与胡先骕

就知识背景而言，胡先骕具有学衡诸子都没有的一个身份，那就是科学家。在那个时代，科学家是个很有震慑力的头衔，新文化运动正是以科学和民主为号召赢得了舆论的同情与支持。胡适曾说："这三十年来，有一个名词在国内几乎做到了无上尊严的地位……那个名词就是科学。"② 科学的进步意义是毋庸置疑的，这也正是新文化运动的价值所在。然而，如果细加分析，我们不能不承认的是，新文化运动中文化激进主义者的科学理念颇有偏执之处。诚如有学者所指出的："在整个五四新文化运动时期，《新青年》在科学的名义下所指称的对象，都无非是两类东西。一类是被他们推崇的社会理论，一类是非理论形态的社会思潮。而很多时候，科学仅仅是为了批判传统而被抽象出来的一个名词而已，它具有口号的作用，但并无具体所指。"③ 当陈独秀、胡适等以科学代言人自居之时，科学被极大地化约为了一种态度和口号，以极为简单明了的方式出现，于是科学内在的复杂性被遮蔽了。从这个意义上

① 俞兆平：《中国现代文学中古典主义思潮的历史定位》，《文艺研究》2004年第6期。
② 胡适：《科学与人生观》序，张君劢等：《科学与人生观》，辽宁教育出版社1998年版。
③ 任元彪：《启蒙者对启蒙运动的批判》，载许纪霖、田建业编《一溪集》，生活·读书·新知三联书店1999年版，第118页。

去看，我们可以说，对于科学理解的偏差应是新文化运动中最大的不足。当胡先骕以一名卓越的科学家身份而讨论文学问题时，对于激进主义的科学观必带来极大的冲击。在当时的文化氛围下，文学问题表现于面上，本质问题是科学的对决，而这恰是胡先骕之长，陈、胡等人之短。

以胡适为例，他一生最喜讲科学方法，他自己曾说："我的思想受两个人的影响最大：一个是赫胥黎，一个是杜威先生。赫胥黎教我怎样怀疑，教我不信任一切没有充分证据的东西。杜威先生教我怎样思想，教我处处顾到当前的问题，教我把一切学说理想都看作待证的假设，教我处处顾到思想的结果。这两个人使我明了了科学方法的性质与功用。"① 但由上可知，在他那里，所谓的科学，不过是社会进化论加实验主义，或者可以说，进化论指导下的实验主义，他还曾说："赫胥黎是达尔文的作战先锋，从战场的经验里认清了科学的唯一武器是证据。……于是十九世纪前半的哲学的实证主义（Positivism）就一变而为十九世纪末年的实验主义（Pragmatism）。"②

在科学研究中假设与证据自不可少，但如果假设与证据不问根基，则容易流为虚妄。从表面上看起来，似乎胡适的科学具有实验室一般的效用，是一种精准的实证主义，但是他的科学在便捷好用中，常常因其大胆的假设，学随术变，转成另一种简单的感觉性经验。当它成为科学研究的基础和前提时，看似客观的科学往往被主观化了，因此，至少在胡适的早年论学中，往往是信心越满，结论反倒越有失公允。例如他首先认为文化是进化的，便认定昆曲等没有任何价值，应该死亡，他说道："现在主张恢复昆曲的人与崇拜皮黄的人，同样是缺乏文学进化的

---

① 胡适：《介绍我自己的思想》，《胡适文存》四集，黄山书社1996年版，第452—453页。其实，胡适的思想从体系上而言是不很严密的，主观性、随意性比比皆是，虽然他自称得杜威思想精髓，但诚如有学者所指出的："杜威只是他变了形的自我，是他的事业的更有力的代言人。"（周明之：《胡适与中国现代知识分子的选择》，雷颐译，四川人民出版社1991年版，第210页）

② 胡适：《五十年来之世界哲学》，《胡适哲学思想资料选》（上），华东师范大学出版社1981年版，第237页。

观念。"① 首先认定古文是死文学，白话文是中国文学正宗，所以"中国文学当以元代为最盛"②。首先认定符合西方文学样式的就是好文学，便认为有些侦探意味的《九命奇冤》"在技术一方面要算最完备的一部小说"③，而《聊斋》则是"取材太滥，见识鄙陋"④ 等。这些结论都是在"大胆假设，小心求证"基础上推断出的胡适的代表性观点，而实质上此处的"大胆假设"是以一种经验感觉为准，其中假象纷杂，尤其是对于历史文化的判断，"横看成岭侧成峰"，对于这种方法过于自信，就容易演为一种靠不住的主观经验论，所立论处往往难以立，所存疑处难以存。有学者指出："实证主义的存疑原则一开始便带有感觉论的印记，其基本的根据即是人的认识无法超越感觉之域。"⑤ 对于这种方法运用于人文学术研究中出现的纰漏，王国维曾一针见血地指出："今之学者于古人之制度、文物、学说无不疑，独不肯自疑其立说之根据。"⑥

　　然而，这种具有胡适特色的实验主义却在新文学运动前后风靡一时，成为科学的象征，时人曾赞誉道："实验主义的引进，可以说是中国思想走上科学大路的新纪元。"⑦ 为了昭示科学的方法和效果，不久胡适领衔的"整理国故"运动开始，这一努力既为所谓的科学方法找到了切实的研究点，人文学科研究的科学化也随之逐次展开。在 20 年代初的"科玄论战"中，胡适与丁文江再次以科学派自居，给予了所谓"玄学鬼"猛烈的打击，这一方面扩展了胡适特色的科学方法的影响力，另一方面，也使得社会科学成为了科学研究的重要代表，当时丁文江将胡适的方法与爱因斯坦研究相对论相提并论，说："胡适之讲

① 胡适：《文学进化观念与戏剧改良》，《胡适学术文集·新文学运动》，第 74 页。
② 胡适：《文学进化观念与戏剧改良》，《胡适学术文集·新文学运动》，第 28 页。
③ 胡适：《五十年来中国之文学》，《胡适学术文集·新文学运动》，第 144 页。
④ 胡适：《再寄陈独秀答钱玄同》，《胡适学术文集·新文学运动》，第 36 页。
⑤ 杨国荣：《近代中国的科学方法与科学思潮》，《教学与研究》1999 年第 6 期。
⑥ 《观堂集林》罗振玉序。
⑦ 伍启元：《中国新文化运动概观》，黄山书社 2008 年版，第 36 页。

《红楼梦》也是科学"①，此后唯物辩证法也是以科学面貌出现，从而迅速占据思想界的核心地带。罗志田曾指出："新文化运动中的'赛先生'居然走向了'实验主义'和'辩证法的唯物论'，而'科学'这两大分支又具体落实为整理国故、古史辨和社会史研究。"② 整个二三十年代，社会科学研究成为一种热潮，以至于张东荪质疑道："我们中国人一提'科学'二字就有一个大误解，以为科学就是什么社会科学。"③ 在这种氛围下，胡适成为了科学的当然代表，被时人认定为"科学方法派"④。

就知识的深度和背景而言，同是讲求科学之人的二胡，其实差异极大。如果对他们的为学经历进行细致考察的话，可以发现，二胡之间存在着十分有趣的反差。胡先骕是植物学家，但一直醉心于传统文化，尤其对于古诗文十分热爱，旧学功底深厚，但最终因为自然科学而放弃了文史研究。反之，胡适在美国最早是入康奈尔大学学习农科，后来才转习文科，最后到哥伦比亚大学投入杜威门下。胡适一直到晚年还在给自己辩解说，自己之所以放弃农科，是因为没有兴趣。然而，有一个很重要的因素却为其所回避，胡适在果树分类实验中表现不佳，从而打击了自信，这才最终改行，回到了自己所熟悉的中国文史哲研究之上;⑤ 而胡先骕却最终成为了植物分类学的大师，从事了胡适当年放弃的事业。颇具反讽意义的是，本想投身于自然科学的实验之中，但战绩不佳而最终遁入文学与哲学中的胡适，一生都在纸面上大谈科学及实验。

当然，胡适这套理论方法在从事自然研究的科学家那里，没有太大的效用，所以1924年，在中国科学社年会上，翁文灏才会提出："虽有

① 丁文江：《科学与玄学——评张君劢的〈人生观〉》，张君劢等著：《科学与人生观》，第49页。
② 罗志田：《走向国学与史学的"赛先生"：五四前后中国人心目中的科学一例》，载罗著《裂变中的传承：二十世纪前期的中国文化与学术》，中华书局2003年版，第253页。
③ 张东荪：《将来的哲学》，《哲学评论》1930年第3卷第2号，1930年3月出版，载张著《科学与玄学》，商务印书馆2003年版，第144页。
④ 邓中夏：《中国现在的思想界》，《中国青年》第6期，1923年11月24日。
⑤ 此事可参见唐德刚《胡适口述自传》，华东师范大学出版社1993年版，第36—38页。胡适一生行迹在其日记中多有表现，但此段时期的日记已经亡佚，没有留存，所以此事的前因后果多为胡适后来的追忆。

科学社，中国究竟有无科学"的疑问①。但胡适的方法对于人文社会科学的影响却极深，还是回到前面所讨论的文学问题上，胡适以所谓科学方法治文学，使得进化论及生物学在当时风行一时，周作人就曾提出，研究文学需懂得生物学，"现在的青年，都懂得了进化论，习过了生物学，受过了科学的训练"②。他还进一步提出：

> 有人曾问我人生是怎么一回事，我回答说我也说不出来，如必欲要我回答这问题，那么最好你去研究生物学。生物学说明了生物的生活情形，人也是生物之一，人生的根本原则便可从这里去看出来了。文学和生物学一样，是以人生为对象的东西，所以，这两者的关系特别密切，而研究文学的人，自然也就应当去研究一下生物学了。③

这种论点与胡适的科学立场中的进化理念一脉相传，或许就是受他影响的产物。按照胡先骕的说法，这是"误解科学、误用科学之害"。在他看起来，首先，科学主要是理性的问题，是有适用范围，有边界的，不具有包办一切的本领，他说："殆亦知理性之有穷矣。"所以一些人文或精神的问题不是科学可以解决的，而应求之于人性，如文学问题就应该"本人类固有之天性与数千百年之经验而详细讨论"。生物学中的"人"与文学中的"人"虽可沟通，但一个着眼于人体，一个着眼于人性，科学研究主要致力于前者，它们是不应该混淆的两类。其次，由生物学而来的进化论也不是通用性的，"不能概谓有递嬗之迹者，皆为进化为天演"。科学中有进化，还有不属于进化的变迁，自然界中星云、山川的变化如此，文学、道德的变化更是如此，实无进化可言。如果什么都以进化的眼光去看，其中的许多因果就是人为的主观投影，反而扭曲了真相。他进一步以一个科学家的立场指出：

---

① 张剑：《中国科学社年会分析（1916—1936）》，《复旦学报》（社会科学版）1998 年第 6 期。
② 周作人：《中国新文学的源流》，华东师范大学出版社 1995 年版，第 65 页。
③ 同上书，第 10 页。

　　　　吾以为文人误用科学最甚者，莫如天演学说。吾身为治生物学之人，然最恶时下少年所谓十九世纪为生物学之世界之说。……（进化论）固不必影响一般之人生观也，而一般不知生物学者，乃视为奇货可居，动以之为哲学基础。①

　　这里面的文人无疑是以胡适为代表的那些文化激进主义的新学者，这种批评不仅仅是立场或情感的表示，更有一种学术性的痛心感浸透其中。在大肆宣扬科学的氛围里，真正的专家因其出言谨慎，缺乏热情的鼓动，对于民众的接受力而言反有隔膜，不能像胡适的"科学方法"那样简便易行，所以不仅不为人识，还常添误解。这不仅是科学家的不幸，更是科学的不幸。

　　需要说明的是，在此我们无意去全面否定胡适科学方法在那个时代的正面意义。但简便易学的胡适"科学方法"由于其化约性，势必有粗糙甚至不科学之处，有学者曾指出："简便而又万能的'科学方法'的提倡，从一开始便受到不少专家的质疑。"② 胡先骕就是对其方法最早质疑的专家之一，然而在当时的中国社会，胡先骕的科学观念却"弦断无人听"，这其中实在有太多值得我们反思的东西。

　　在近代中国空前的文化危机面前，对于传统的守护催生了文化保守主义，然而这种保守并非顽固落后，文化保守主义中的学衡派更是以西学为理论基础，有着新文化建设的理想。他们与文化激进主义的不同，不是在于守旧，而是在于如何在现代知识体系中，将新旧进行调和，以发扬传统文化的精髓。就知识体系而言，他们是立根于现代文明之上的新知识人，并且利用自己的知识优势，来促进传统文化的延续与发展，从而与文化激进主义展开了激烈的交锋。在这一进程中，比之其他《学衡》诸人，胡先骕的知识优势是极为突出的，在一个标榜以西学和科学治文学及其他人文学科的时代，这种优势至少可以在三个层次逐级展

---

① 胡先骕：《文学之标准》，《学衡》第 31 期，1924 年 7 月。
② 陈平原：《西潮东渐与旧学新知——中国现代学术之建立》，《北京大学学报》（哲学社会科学版）1998 年第 1 期。

开，为《学衡》增添战斗力。一是胡先骕作为留学生，能与梅、吴等联手，以西方资源抗衡激进主义，为传统文化赢得阵地。二是作为古诗文创作评判者，能以自己的学术功底和渊源，集聚旧学人物，团结《学衡》新旧两派，并将旧诗文纳入新学术的轨道，从而为新文学的发展提出另一条道路。三是作为科学家，在科学主义盛行的时代，能坚持真正的科学理念，虽当时少有解人，但对于当时滥用科学之名来宣扬激进主义起到了相当的抵御作用。总之，以胡先骕的知识结构作为切入口，我们可以看到，学衡派的文化保守主义应在现代知识体系范畴之内，是近代中国文化知识转型后的产物，所以它不仅是一种新学对旧学的护卫，更是一种现代知识体系下的创造性转化。从这个意义上去看胡先骕及学衡派，我们就不仅会消除误解，增加真知，更可从中获得一种"了解之同情"。

　　原刊于江西师范大学中国社会转型中心主办《社会转型研究》第一辑（社会科学文献出版社 2016 年版），本文初稿完成于 2009 年 3 月，曾提交于江西师范大学和南昌市新建县人民政府主办的"纪念胡先骕诞辰 115 周年暨学术研讨会"（2009 年 5 月 24 日），当时题名为：《知识体系的转型与文化传统的守护：从胡先骕的知识结构看〈学衡〉的文化保守主义》，改订于 2010 年 9 月。

"严熊书札" 研究三题

　　在中国近代思想史上，严复的大名是与西学引进联系在一起的，胡适说："严复是介绍西洋近世思想的第一人。"[①] 但自从进入 20 世纪，尤其是入民国之后，严复的政治态度日渐消极，对于西学从当初的大力宣扬，转为多有针砭，尊信传统成为思想的主流。因而，长期以来在学界有"晚年严复"之说，即认为晚年时期的严复，在思想上发生了根本性的转折和变化，贺麟曾评价道："他所译述的学说，不是他服膺有心得的真理，而只是救时的药剂。所以到晚年来他会自己放弃，甚至反对自己所译述的学说了。"[②] 当然，亦有学者认为，终其一生，严氏立场并无本质的不同，差异的产生在于观察者的理解偏向，故而，有以"思想视角的位移"[③] 来概述其晚年变化者。但无论结论如何，作为在近代学术思想界一位不可忽略的人物，研究严复的晚年境遇，探究其政治文化态度的真实内涵，是理解晚清至民初知识分子及时代精神的一个重要观察点。近来，这方面的研究虽日渐丰富，但对材料的翔实考辨相对缺乏，在一定程度上影响了论题的深入及立论的准确，甚至有些错讹已呈现误导之势。在现今留存的严复晚年材料中，"严复致熊育钖信札"（以下简称"严熊书札"）最为学界重视，为此，我们以江西师范大学图书馆馆藏的严氏手稿本，及 20 世纪 20 年代《学衡》杂志所载相关文字为依据，对这一史料所涉及的若干问题，及由此反映的严复晚年的思想境遇，做一梳理和辨析，以就正于方家。

---

　　① 胡适：《五十年来中国之文学》，姜义华主编：《胡适学术文集·新文学运动》，中华书局 1993 年版，第 106 页。
　　② 贺麟：《五十年来的中国哲学》，商务印书馆 2002 年版，第 26 页。
　　③ 欧阳哲生：《严复评传》第五章，百花洲文艺出版社 1994 年版，第 149 页。

一 "严熊书札"的流布状况及研究价值

所谓"严熊书札"指的是严复晚年与其弟子熊育锡的通信，计有一百余封，时间跨度从民国元年至民国十年（1912 年至 1921 年），是现存最大宗的严复书信集。熊育锡，字纯如，江西南昌人，严复的得意门生熊元锷的从兄，是当时颇有名望的教育家，曾创办心远中学、南昌二中等，民初时曾被严复聘为北京大学斋务长，熊氏对严复执弟子礼甚恭，民国以来两人交往密切，书函不断。

民国十年（1921 年），严复去世，学界开始有人对其文字进行整理和出版，"严熊书札"虽为私人信函，但对当时的政治文化多有论及，因而颇得时人，尤其是文化保守主义者的推崇。不久，担任《学衡》编务的胡先骕从熊育锡手中获得这批信札，于是分段节钞，在 1922 年至 1923 年间，以《严几道与熊纯如书札节钞》为题，节录了其中的八十封书函，逐次公之于世，这是该书札的首次公开披露。① 1922 年 6 月，《学衡》第六期开始刊布相关内容，胡先骕在《附语》中说道：

> 侯官严几道先生学贯中西，尤具卓识，其译著风行海内，固为学界所推重，无庸赘论。独其书札，关于政治学术，随时皆有精辟之议论，而为世所罕觏，南昌熊纯如先生执贽其门下最久，来往书札论事论学之处极多。兹从纯如先生丐得其遗札全部，分段节钞，以饷读者，亦艺林一大盛事也。

胡先骕，江西南昌人，著名的植物学家，民国时期曾为中央研究院第一届院士，国立中正大学（江西师范大学前身）首任校长，同时也

---

① 虽然由胡先骕第一次披露书札内容，但与书札相关的严复五言古诗，已在此前不久抄录于邵祖平所作的《无尽藏斋诗话》，刊于《学衡》第 1 期。邵祖平，字潭秋，别号钟陵老隐、培风老人，室名无尽藏斋、培风楼，江西南昌人，南京高师附中教师，致力于旧体诗创作及研究，得胡先骕引荐，进入《学衡》杂志社，后投于章太炎门下。

是文化保守主义的重要代表，是 20 世纪 20 年代"学衡派"的主将之一。胡先骕曾留学美国，与熊氏次子熊正理（字雨生）是同学，二人相交甚密，民国五年后学成归国，得以结识熊育锡，在此时他应已知道了严、熊通信之事。① 20 年代初，胡先骕至东南大学任教，并与吴宓、梅光迪等人创办《学衡》杂志，与胡适等文化激进派展开论战，他们强烈反对胡适等人提出的，古文是死文字，应以白话文全面替代，乃至最终否定传统文化的主张，有针对性地提出了"昌明国粹，融化新知"②的意见。众所周知，胡适等人的主张是建立在进化论基础上的，这种主张的源头自然要追溯到严复。然而，晚年严复对传统价值推崇备至，对于"文学革命"一类的主张极为反感。在陈独秀、胡适等人提出"文学革命"之前，20 世纪前后，黄遵宪、梁启超等人曾提出过"诗歌革命""文界革命"的主张，从一定意义上来说，它为后来陈、胡的"文学运动"导夫先路。当时，严复曾对此类主张提出过严厉的批判，在一封给梁启超的公开信中，他愤然驳斥道：

> 且文界复何革命之与有？持欧洲挽近世之文章，以与其古者较，其所进者在理想耳，在学术耳，其情感之高妙，且不能比肩乎古人，至于律令体制，直谓之无几微之异可也。③

十余年后，面对着陈、胡等人更为剧烈的论断，垂垂老矣的严复不再正面争辩，而是冷眼旁观，不屑于此。在给熊育锡的信中，他以天演学说，推定陈、胡的主张是"劣者自败"，进而认为老友林纾与他们的争辩是毫无价值的事情。他说：

---

① 胡先骕在《敬悼熊纯如先生》（江西《民国日报》1943 年 1 月 23 日中曾说道："骕之晋接先生，在民国五年自美国归来之后，虽曾与其哲嗣雨生兄在美国同学，然前此并未识先生也。先生归故里，即邀骕至心远及二中任课，于是弟承先生馨颏之时渐多，而知先生之德业亦渐稔。"此文亦载胡宗刚《胡先骕年谱长编》，江西教育出版社 2008 年版，第 330—332 页。

② 《学衡》杂志简章。

③ 严复：《与梁启超书（二）》，王栻主编：《严复集》，中华书局 1986 年版，第 516 页。

须知此事，全属天演，革命时代，学说万千，然施之人间，优者自优，劣者自败，虽千陈独秀、万胡适、钱玄同，岂能劫动持其柄，则亦如春鸟秋虫，听其自鸣自止可耳。林琴南辈与之较论，亦可叹也。[1]

严复此类立场及主张，对于胡先骕诸人而言，无疑是重要的精神支持力量。[2] 尤为重要的是，这位中国进化论的祖师，对白话文运动表示的异议，正是由这一理论推演而来，而这正是胡适等人的思想基础所在，发布这样的文字，对于胡适派而言，无异于从学理上进行一次釜底抽薪运动。正因为如此，胡先骕等人对这批书札具有的学术文化意义十分看重，强调这是"艺林一大盛事"。二十年后，论战早已硝烟散尽，胡氏再次提及此事时，依然评价甚高，认为将严复信札"刊布于《学衡》杂志中，此实近代学术界中一大事也"[3]。前后一致的体认，正反映了"严熊书札"对于近代学界，尤其是对于文化保守主义者具有的重要价值。

不久，龚尹耕以《严几道与熊纯如书札节录》为题，在 1924 年将这些文字加以汇编铅印。1949 年后，书札原稿从熊家流出，以致散乱残缺，现存于江西师范大学图书馆的"严熊书札"有九十余封，由江西师院（江西师范大学前身）图书馆在书肆购得，为信札大宗所在，另据笔者所知，有少部分信札由辽宁省博物馆辗转收录。20 世纪 80 年代，中国大陆的中华书局编撰"中国近代人物文集丛书"，由南京大学王栻教授领衔组成《严复集》编辑小组，该书于 1986 年正式出版，成为今日学界严复研究的基础性材料。书中以《与熊纯如书》为题，收录了这批书札计一百零九封，其中十四封仅见于《学衡》杂志，为江西师范大学图书馆馆藏稿所无。

---

① 严复：《与熊纯如书（八十三）》，《严复集》，第 699 页，其中"叹"误为"笑"字。按：此处严氏手稿中写作"叹"字，编者或误为"咲"，即"笑"之异体字。

② 黄克武曾评价道："学衡派借着刊登严复至熊纯如的信，来表达对新文化运动的不满。"见黄克武《严复与梁启超》，《台大文史哲学报》第 56 期，2002 年 5 月，第 39 页。

③ 前揭胡先骕《敬悼熊纯如先生》。

经查核，江西师范大学图书馆馆藏的这批严复手札，除一封因身体原因以钢笔书写外①，皆以毛笔誊钞，书体为草书，满纸书写，艺术性极强。仔细观察原稿可以看出，这些手札都不是随手写来，每一封信函都誊钞在事先已准备好的信笺上，并已钤好印信，所以文字往往盖住印章。熊氏对这些书信极为珍视，每封信都加以精心装裱，并留有天头地脚，以便作批语之用。在这些信札中，笔者见到了四通康有为的眉批，以前从未披露过，它对于研究晚年的严、康关系具有重要意义（此点在后面一节将具体展开）。此外，这批手札除严、熊通信外，多出了十种十二件文字。其中最为重要的三件已由《严复集》收录，它们分别是：张勋复辟时期严复给陈宝琛的信（《严复集》定题为《与陈宝琛书（五）》）、《普通百科新大词典》序、给徐佛苏的信（《严复集》定题为《与徐佛苏书》），其中前两件为原稿，与《严复集》中的文字有所出入，可作考订校勘之用。

"严熊书札"对于研究晚年严复及相关问题具有重要的价值，其学术文化意义是毋庸多言的。自入 20 世纪，尤其是民国后，严复总的精神状态是意气消沉，虽然从清室到袁世凯政府，对其多方笼络，然而他并不愿过多地卷入政治是非，在世事哀叹中，进行精神的自我放逐。故而参加公共活动极少，每日以读书、教育儿女为主要生活内容，他曾对熊育钖说："老境侵寻，生趣渐薄，幸是尚能以看书有得为乐。除教导儿女之外，丹铅尚不离手。"② 公共活动的缺乏，造成了外界对他此一阶段的思想活动了解不多，研究资料缺乏，好在"严熊书札"为我们提供了严氏近十年来的一份私人精神记录，从中我们可以窥见其心路历程及所思所想。

信札作为历史资料，对其进行解读时，应考虑到其特殊的性质，一般而言，应酬之作多加敷衍甚至掩饰与歪曲，难以反映作者的真实处境及心态。如是重要的私人信件，则往往言人前所不愿言、不能言，最能

---

① 此札作于民国九年一月四日，由信札可知，严氏大病初愈，身体极弱，勉力回复。或因身体缘故，而以钢笔书写，一改严氏的信札习惯。此札参见《严复集》，第704—705页。

② 严复：《与熊纯如书（七十三）》，《严复集》，第690页。

看出作者的真实心境，"严熊书札"恰恰属于后者。严复看重熊氏的诚笃，引其为同志，他曾说："吾弟朴茂诚笃……勤干不欺之士。"① 所以他对于外界虽多缄默，于熊育钖却知无不言，真实坦荡地披露自己的意见，按照严复自己的说法："非足下无以发吾之狂言。"② 他曾这样告诉熊育钖：

> 不佞平生答复友人书札，惟于吾弟为最勤，此非有所偏重于左右也。盖缘发言质直，开口见心，所不谓然，即于师友之间，无所鲠避，不为世故敷衍之语。③

尤为重要的是，这些个人信函并不仅及于私事，主要讨论的是当时的各种政治文化问题，从国家政体到世界大战，从政治到教育，臧否人物，指点社会，可说方方面面，无所不谈。从一定程度上可以说，这批手札是严复"论道"的平台。尤需指出的是，严复以极为严肃认真的态度来对待此事，所以这些信札往往长篇大论，畅所欲言。严复曾这样说道："尊书朝颁夕答，常复累纸，所言虽不足为吾子之导师，而区区爱惜求之心，亦可见矣。"④ 的确，对比严氏的其他文字，可以看到，在"严熊书札"中，严复对自己的思想展露得最为坦诚，所以《严复集》编后记曾评价道："我们认为最能反映严复辛亥革命以后晚年生活与思想的，还是这一批书札。"

正因为"严熊书札"真实反映了严复的晚年思想，严复本人亦十分看重，不仅视其为严、熊之间的精神交往记录，更作为向同人展示思想的平台。在1916年4月的一份信中，他告诉熊氏，信札可以给陈三立等人阅览，他说："赣中同志如陈伯老者，可私示之，不必为外人道也。"⑤ 这番话至少有两点值得我们注意：一是此信札不仅是严、熊之

---

① 严复：《与熊纯如书（七）》，《严复集》，第607页。
② 严复：《与熊纯如书（四十六）》，《严复集》，第658页。
③ 同上。
④ 严复：《与熊纯如书（三十九）》，《严复集》，第647页。
⑤ 严复：《与熊纯如书（三十）》，《严复集》，第633—634页。

间的交流，也是持保守主义立场的小圈子人的私事，① 此后熊育钖将信札呈交康有为观览，亦用此例。（此点下节展开论述）二是"不必为外人道也"，反映了此时的严复只愿将自己的真实想法公之于少数同道，不愿再居于舆论中心的立场，这使得我们很难直接查考到严复的晚年论述，但这些可以通过信札作进一步的钩稽考订。如严复在民初时期曾在《公言报》上发表了若干文章，据 1916 年 11 月的信，严复告诉熊氏，已嘱报社将报纸寄送给他，希望熊氏对自己的文章加以评判②，12 月 1 日，在给熊氏的下一封信中，他再次讨论起《公言报》所发表的文章，以得到熊氏赞赏为乐，感到"私慰无穷"，并再次言明："不足为外人道也。"③ 这些文章都是以化名发表，据有关学者研究，在此一时期的《公言报》上，有一组署名为"地震"的文章，应为严复所作。④ 如若没有这批信札，此事是很难确证的。

总之，通过"严熊书札"，我们不仅可以看到一个真实可信的晚年严复，对隐于其后的保守主义者群体及其文化活动也可作相当的考察。概言之，就学术研究而言，"严熊书札"的价值主要体现在：（1）它是真实了解晚年严复及其同道思想意识的最为重要的材料。（2）它对于考订和厘清严复晚年行迹提供了最为可信的一手资料。（3）自这批书札面世以来，它还成为文化保守主义者的思想武器，通过对"严熊书札"的考察，能引入和带动对新文化保守主义的观察与研究。

二　由"志同"到"道合"：从"严熊书札"看严复与康有为的晚年思想交往

曾有学者下过这样的判语："晚清之新学实有两个脉系：一是由传

---

① 严复有将信札作为表达思想观点，并共之同道阅览的习惯。如 1897 年前后他曾将梁启超的信与友人分享，见黄克武《严复与梁启超》，《台大文史哲学报》第 56 期，第 43 页。

② 严复：《与熊纯如书（四十一）》，《严复集》，第 651 页。

③ 严复：《与熊纯如书（四十二）》，《严复集》，第 652、654 页。

④ 王宪明：《严复佚文十五篇考释》，《清华大学学报》（哲学社会科学版）2001 年第 2 期。按：王氏发现的严复文章发表在 1917 年后，此前的文章没有被查阅到。

统今文学转化而来的趋于政治化的新学，以康有为为代表；一是以直接译介、输入西方学术思想为职事的启蒙派新学，以严复为第一号翘楚。"① 且不论是否同意这种说法，作为晚清两大思想巨子，严复与康有为的地位确是他人难以替代的。作为重要思想人物，他们都在"维新运动"前后走向历史前台，康氏以领导变法成为万众瞩目的对象，而严复则以天演理论为此运动提供精神支持。但令人惊异的是，当时同为维新人物的严、康，却没有进行过正面接触，对于这种怪相，冯友兰曾评判道："这两个大人物谁也不找谁，谁也不提谁，这两个人好像是并世而不自知。这是为什么呢？原来这两个人并不是'志同道合'，而是志同道不合。他们都主张变法，这是志同，但是变法的内容不同，这是道不合。"②

具体说来，这种"道不合"表现于政治时，康有为的特点是急于立见成效，希望通过暴风骤雨式的变法，走上富国之路，而严复则认为，为免刺激后党，应徐徐图之，步子须持重缓慢。表现在学术上，则呈不同的为学路向，康有为主今文经学，而严复则以深厚的西学素养为知识底蕴。当康有为等人以"托古改制"、附会西学的办法来进行变法，"欲以构成一种'不中不西即中即西'之新学派"③ 时，在"六十年来治西学者，无其比也"④ 的严复看来，简直是浅陋而无可言了。故而在戊戌前后，当康有为的声誉如日中天之时，他曾通过梁启超表达过自己对严复的敬意，所谓"南海先生读大著后，亦谓眼中未见此等人"⑤。但严复并无任何积极的正面响应，反而在与梁氏的多次通信中，屡屡表达不满和批评，或许他希望通过梁，将其意见传递给康氏。在当时的历史环境下，其效果自然是没有，而自维新失败后，严复对康、梁更是一度评价甚低。民国五年四月前后，严复在给熊育钖的信中，还在愤愤不平地指责康、梁为时代之"祸魁"。他认为，在学术上，"('康、

---

① 刘梦溪：《学术思想与人物》，河北教育出版社 2004 年版，第 237 页。
② 冯友兰：《中国哲学史新编》第六册，人民出版社 1989 年版，第 161 页。
③ 梁启超：《清代学术概论》，上海古籍出版社 1998 年版，第 98 页。
④ 陈宝琛：《清故资政大夫海军协都统严君墓志铭》，《严复集》，第 1542 页。
⑤ 梁启超：《与严幼陵书》，《饮冰室合集》第一册，中华书局 1998 年版，第 110 页。

梁')于道徒见其一偏,而由言甚易",此点深刻误导了社会。他还进一步认为,在政治上,如果不是"康、梁"过于激进,光绪帝与西太后不至反目,君主立宪必可成功,革命将难实现。为此,严复痛斥道:"今夫亡有清二百六十年社稷者,非他,康、梁也。……祸人家国而不自知非,则虽百仪、秦不能为南海作辩护也。"①

然而,晚年的严复和康有为却出现了价值观念的趋同,似乎"并世而不自知"的两人最后竟惺惺相惜,成为了同志。由"志同道不合"走向了"志同道合",这其中转变的关键点就是熊育钖及"严熊书札"。从一定意义上来看,二人晚年的思想交往就是通过这批书札得以展开的。进一步言之,是熊育钖作为中间人,通过信函方式使严、康在精神上日益走近,书札成为了他们思想交流的媒介和平台。尤具重要意义的是,康有为在书札上的眉批第一次被发现,为我们了解严、康之间的思想交流提供了有力的证据,很多问题由此得以廓清,模糊的历史实相逐渐明晰。② 下面,笔者将以书札手稿本为中心,对严、康的晚年思想交往作一初步的考察。

大致说来,严复与康有为的晚年交往始于1916年底,至"张勋复辟"前后为第一阶段,复辟失败后为第二阶段。第一阶段是双方正式交往的开始,第二阶段则二人关系深化,相互引为同道。

严、康的交往是由熊育钖发起的。据1916年12月25日严复给熊育钖的信札,我们可以知道,当严复因筹安会一事避祸天津之时,熊氏正居于上海,而康有为也恰来到了此地。熊育钖告诉严复,通过张元济的介绍,他将拜谒"康、梁",并且劝说严复与他们联合起来。严复就此答复道:

> 来书谓得张菊生绍介,将谒南海、新会,此大佳事,不知相见

---

① 严复:《与熊纯如书(三十)》,《严复集》,第631—632页。
② 严复、康有为的交集,及与"严熊书札"之间的关系,严、康二人都没有明确提及。只是康有为在20年代的两次公开演讲中,说过"吾尝见严复之书札",见姜义华、张荣华编校《康有为全集》第十一集(中国人民大学出版社2007年版,第238、278页),但长期以来,此点为人所忽略,加之此前无明确证据,故而不知康有为所见就是"严熊书札"。

有何言论，甚欲闻之。……来教劝与联合，所见极是，但不知既合之余，鄙与两公有何裨补耳。①

这是严复多年来少有的示好表态。严、康之间的走近，固然有熊氏的劝说在起作用，但共同的认识及精神处境才是他们开始交好的基础。自进入民国后，作为君主立宪的坚定支持者，及对传统的坚守，使他们孤寂地立于时代潮流之外，加之一个因恢复满清帝制，一个因被认为襄助袁世凯，昔日精英竟皆成了万夫所斥之人，在此情形下，的确很容易引为同调。这里特别值得提出的还有康、梁关系问题，自民国以来，尤其是"护国运动"后，在是否拥护共和等问题上，大弟子梁启超与康氏已渐行渐远，而当年若即若离的严复反日益成为同志。所以，熊氏在与康、梁接触之时，康、梁已经不是一体，他所能打通的只能是严、康之间的关系。与此同时，严复也开始对二人区别对待，在给熊氏的下一封信中，时间已转入了民国六年（1917 年），严复对于梁启超主张恢复国会和"约法"的做法颇为不满，但同时却表示了对康有为的敬意，他说："鄙人年将七十，暮年观道，十八九殆与南海相同，以为吾国旧法断断不可厚非。"② 当年"祸魁"之首的康有为，居然成为了与自己观念一致之人，这在严复是前所未有的改变。毫无疑义，在严复心目中，康、梁已经分途，他和康有为开始站到了一起，不久，他们直接的正面接触开始了。

民国六年为旧历丁巳年，这一年的二月初五日，是康有为六十岁的生日，严复作了一首长诗以示庆贺，在诗中他对康有为的今文经学大加赞颂，并且说道："相望南北跂风采"，这在以前的文字中是从未有过的礼赞。不仅如此，他还对康有为及其党徒梦想恢复帝制的军事行动表示了担忧。说："今年悬弧逢闰月，仁气蕴积基恢台。"③ 此处的"悬

---

① 严复：《与熊纯如书（四十七）》，《严复集》，第 659 页。
② 严复：《与熊纯如书（四十八）》，《严复集》，第 661 页。
③ 严复：《寿康更生六十》，《严复集》，第 414 页。

弧"有尚武及采取军事行动之意①，而当年恰逢闰二月，② 严复在诗中暗示，这样的行动难以成功。不久，康有为复信，除了对严复的贺寿诗深表感谢外，对严氏的学养大为颂扬，并将自己的六种著述邮寄给了严复，至于武力复辟一事，或许是出于保密原则，或是有所忌惮，不愿事态就此扩大，由此未置一辞。③

众所周知，本年七月，张勋发动了复辟运动，但迹象在此前已经表露了出来，他连开几次"徐州会议"，为后面的活动作了精心准备。严复一方面向往复辟，另一方面也知道此事难成，尤其是像张勋这样的武夫更是所望非人。他曾对熊育钖说："若奉新（张勋）与类乎奉新者。固将有最后之失败，归天然之淘汰。"④ 所以在当年的一月至二月，他与熊育钖连续讨论此事，认为："现在一线生机存于复辟，然其事又极危险。""但此时复辟，故不无冒险之处。"⑤ 张勋复辟最终以失败而告终，参与复辟的康有为也遭到了世人的谴责，这其中甚至包括梁启超。然而严复却对此举及康有为持强烈的同情态度，他在给熊育钖的信中为其辩白道："要是为人所误……康有为归国以还，未尝一出，而我曹又何忍深责之乎？"⑥ 不仅不忍责之，在严复心中这实为一种英雄壮举，对于素所鄙夷的张勋，他尚评价为："独至最后一举，则的是血性男儿

---

① 在古语中，"悬弧"一般为生男之义。《礼记·内则》曰："子生，男子设弧于门左；女子设帨于门右。"但这一意义是由"武事"发展而来，所以，郑玄注曰："表男女也。弧者示有事于武也。"在这里，"悬弧"与生男毫无关联，指的就是"武事"。关于这一意义，还可见《孔子家语·观乡射》："是故士使之射而弗能，则辞以病，悬弧之义。"韦应物《始建射侯》诗："男子本悬弧，有志在四方。"《清史稿》卷140《兵志十一·制造条》："清代以弧矢定天下。"按：此诗在诗集出版时被删，原共有二十余首，《严复集》据原稿增补此一篇，这些诗文遭删汰，应与它们触犯政治忌讳有关。
② 顺便提出，康有为曾在该年的闰二月初五日通过率领家小宴游的方式过了一次生日。《万木草堂诗集》（上海市文物保管委员会文献研究部编，上海人民出版社1996年版）第423页载有诗《丁巳闰二月五日，吾六十寿。携家人宴游圣因寺各洞为寿也。松樵开士招游香雪海，追思旧游赋诗，憾未成行》。
③ 姜义华、张荣华编校：《康有为全集》第十集，第368页。
④ 严复：《与熊纯如书（三十七）》，写于1916年8月30日，《严复集》，第644页。
⑤ 严复：《与熊纯如书（四十八）》《与熊纯如书（四十九）》，《严复集》，第662、663页。
⑥ 严复：《与熊纯如书（五十五）》，《严复集》，第671页。

忠臣孝子之事。"① 康有为此次的行为，应该在严复心中增加了巨大的分量，共同的立场，加之共同的边缘化处境，使二人在精神上愈加接近和同情，他们的关系转入了新的阶段。

此后，熊育钖继续成为他们之间的交流枢纽，他将严复的来信转呈康有为观览，并将康氏之意又转达给严复，在现存的"严熊书札"中，笔者所见严复手稿中有四通康氏的眉批，这些以前不为人知的文字，都写于张勋复辟失败之后，文字中的笔调一改当年的互不买账，展现出的是他们晚年的惺惺相惜之情。

康有为第一封眉批的具体文字为：

> 政治自有阶，不能超躐，不则招乱。四千年君主之俗岂能一旦飞渡？共和非吾所宜，可谓通达。至谓即比踪美、法，尚非所愿，尤为极深之论。更甡识此为民国元、二年书，几老早不以共和为然。

此件写在民国二年九月的一封信札上，从"更甡"这一题款及前后文字可知，写定时间当在复辟失败后的某一时段。② 严复在信函中说道："鄙人愚戆，终觉共和政体，非吾种所宜，就令比踪美、法，亦非甚美可愿之事。"③ 康有为对此论深表赞成，并对严复在民国之初即已反对共和，颇有同道中人，识之过晚之慨。

第二件眉批文字为：

> 几老深于西学而以八字栝欧俗，归宗孔子，尊以"量同天地"，后之游学者应归而求之无妄言哉！有为识目梁、汤为一钱不值，的正论。

---

① 严复：《与熊纯如书（五十五）》，《严复集》，第671页。
② 张勋复辟失败后，康有为遭通缉，避难于外国使馆，此后他给自己取了一个新号"更甡"，有死里逃生之义。
③ 严复：《与熊纯如书（十一）》，《严复集》，第611页，其中"美"误为"英"字。

此件是针对严复在 1918 年 8 月的通信中，痛斥欧西之俗，推崇孔子之道而发表的议论。严复在信中说："不佞垂老，亲见脂那七年之民国与欧罗巴四年亘古未有之血战，觉彼族三百年之进化，只做到'利己杀人，寡廉鲜耻'八个字。回观孔子之道，真量同天地，泽被寰区。"此外，他还对研究会的汤化龙、梁启超进行了贬斥，说："时人看研究会之汤、梁，真是一钱不值也。"① 康有为不仅认为这是"正论"，值得玩味的是，还将弟子梁启超和汤化龙掉了顺序，变成了"梁、汤"，可见其时心中对梁氏的不满了。

不久，康有为的这一评价由熊育锡通过信函转呈给了严复，严复推为知己之言，他对熊氏说道："承示南海知我之言，只增惭怍。我生之后，世界泯纷，眼见举国饮狂，人理几绝，而袖手旁观，不能为毫末补救。虽有透顶学识，何益人己之间，况乎其为虚声者耶？"为了更进一步地了解康有为，最后还叮嘱熊育锡寄送康有为的近作给他，"南海诸作，近者均未经眼，足下如以为可观，望将已阅者寄示，吾知有识者固不异人意也"②。这封信函被熊育锡再一次转给了康有为，对于严复的感慨，康有为惺惺相惜，再次作出眉批，对其怀抱才华，不为世用感到痛惜。这段文字为：

> 从前所知未深，读此诸札，深切著明，以奥博之学而能为致中和之论，尤为倾倒。有此学识而不见用，徒坐观而不能补，遂以藏报。痛哉！康有为识。

第四段眉批是对蔡元培为代表的新派人物的指责之词，严复在 1919 年 7 月的信中，曾这样说道：蔡元培"偏喜新理，而不识其时未至，则人虽良士，亦与汪精卫、李石曾、王茹堂、章枚叔诸公，同归于精神病一流而已，于世事不但无补，且有害也"③。康有为对此深表赞

---

① 严复：《与熊纯如书（七十五）》，《严复集》，第 692 页。
② 严复：《与熊纯如书（七十六）》，《严复集》，第 693 页。
③ 严复：《与熊纯如书（八十一）》，《严复集》，第 697 页。

同，遂作如下眉批：

> 理本圆而无不有然，未至其然则成大害。切中诸人之病，然中国已受其害矣。更牲记

通观"严熊书札"中严复及康有为的文字，二人在精神上逐渐趋同的轨迹清晰可见。虽然他们主要以文字相交，缺乏直接的晤谈，这当然影响了他们之间关系的进一步推进，但这丝毫也不影响我们的判断，即：他们的确在晚年由"志同道不合"走向了"志同道合"，而这其中关键性的人物及中介就是熊育锡与"严熊书札"。这种"道合"的产生有其历史原因，或者可以说，其思想基础与时代发展紧密相连，具体说来，主要有如下几点值得注意：

（一）就政治态度而言，"维新运动"时期，君主立宪作为思想的主流，面临着如何建构的问题，不同的路径分歧使严、康愈行愈远。时至民国，则已不是如何立宪，而是要不要立宪的问题，并最终简化为共和制与君主制之争。在强大的时代潮流面前，君主立宪不仅迅速被边缘化，甚至走到了现政权的对立面，拥护君主制度者迅速被挤压到了政治及社会思想的角落，被时人目为反动，面对着共和制的强大挑战，他们越来越有精神上互相支持的诉求。既然康有为和张勋都能走到一起，他和严复的惺惺相惜只是时间早晚而已。所以我们可以看到，康有为在第一封眉批中，对严复在民国初年就反对共和制欣喜不已，引为同道。

（二）就学术基础而言，总的来看，康有为一生执拗，没有大的变化，以传统经学为根底，尊崇和改造孔子学说，相应地增添一些适合时代变化的内容。而严复则有微妙的重心调整，如果说"维新运动"前后，他主要关注的是引入"西学"以补充"中学"之不足，更多地对西方价值加以强调的话；晚年的严复更加推崇的则是传统价值，前引数例中我们可以看到，他对"欧俗"痛诋不已，反过来力主尊孔，康有为说他"归宗孔子"，可以说深得其心，得到了他本人的高度认同。在这样的学术基础上，康有为才会认为其"深切著明"，为其学识而"倾倒"。而严复则开始承认康有为的今文经学，并且向康氏立场靠近，说："暮

年观道，十八九殆与南海相同。"从一定程度上我们可以说，严、康在学术上的中西分歧开始消失，代之以对传统的一致尊崇和体认，这是他们趋近的学理基础。（三）就思想立场来说，不管是康有为的"旧中出新"，还是严复的"新中带旧"，民国的建立对他们来说，无疑都是个转折点。此前他们还是新思潮的引领者，孰料因立宪及孔教立场，日益成为了"旧人物"。在一个日益趋新的时代，他们既不能流质善变，与时俱进，等待他们的只有日益边缘化的下场。这种共通的境遇很容易使两位恃才傲物者心有不甘，互相同情。所以当康有为替严复"有此学识而不见用"抱不平时，何尝不是一种夫子自道呢？这样就使他们在精神上日益站到了同一立场，对新人、新派颇有微词，无论是对梁启超的不满，还是对蔡元培等人的讥评，都已不是一种简单的意气之争，而更是一种当年新潮，而今的保守主义者之境遇与立场使然。

三　《严复集》相关错讹举要

前已言及，《严复集》为当前研究中最主要的依靠资料，其史料价值毋庸置疑，但其中的文字错讹也使一些问题积非成是，影响了研究的准确性。笔者以"严熊书札"手稿及《学衡》杂志的节钞本为底本，对其进行校勘，发现了若干错讹之处，今举其要者，概述如下：

（一）因文字失检，致人名、地名及时间等出现错讹

1. 在《严复集》中熊育钖的"钖"被误为"锡"字。

"钖"本意为马额上的金属饰物，以铜为之，行走时会发出清脆的声音，《左传》桓公二年："钖、鸾、和、铃，昭其声也。""锡"则是人们所熟知的一种金属，古为"五金"之一，二者不是一回事。此外，熊育钖字纯如，表现的是演奏时的音色之美，典出《论语·八佾》："乐其可知也：始作，翕如也；从之，纯如也。"正与"钖"的意义相呼应，如果是以"锡"为名，则无法表现"纯如"之义。

2. 第645页，"伍廷芳"被误为"伍庭芳"。

众所周知，伍廷芳为晚清、民国间的著名外交家，而不是伍庭芳。

3. 第 671 页,"此次复辟手续可谓标本皆失,本失,刘幼云、万公两辈为之"。

此句中的"两"应为"雨"字。万公雨即万绳栻,江西南昌人,是张勋的参谋长,复辟的主要谋划者,公雨为其字。又,此件已佚,据《学衡》补。《严复集》编号为五十五,《学衡》编号为四十二,载于第十五期,《学衡》本写作"雨"字,无误,被《严复集》误改,此处据《学衡》更正。

4. 第 611 页,"终觉共和政体。非吾种所宜,就令比踪英、法,亦非甚美可愿之事"。

此句中的"比踪英、法"应为"比踪美、法",美、法同为共和制国家,而英国是君主立宪制度的国家,其政体恰恰为严复所推崇,而且在讨论政体问题时,它不可能与共和制的法国相提并论。

5. 第 618 页,德国"不得已而接病夫之实厥"。

此句中的"实厥"应为"突厥"。这里所说的"突厥",指的是土耳其,突厥是勇敢的意思,土耳其一词由突厥演化而来,意为勇敢者的国家。作为突厥人建立的国家,土耳其一度十分强大,但近代以来受到西方列强的欺凌,成为了所谓的"近东病夫"。另外,此句还有一处错误,"接"应为"搂"字。

6. 第 689 页,严复所作《心远校歌》:"中华何所有? 四千年教化。舟车未大通,指此为诸夏。五千年来交五洲,西通安息非美欧。"

此句中的"五千年来交五洲,西通安息非美欧"应为"五十年来交五洲,西通安息非美欧"。此句意为,近五十年来中国对外交流不断扩大,向西和古安息国所在的中西亚地区,以及与更远的非洲、美洲、欧洲都有往来。"五千年"不合文义,中国不可能自五千年远古时代开始,就与五大洲有联系。更何况前面已经说了"四千年教化",所以错讹是极为明显的。

(二)因文字误识,致使一些重要概念发生变化

1. 第 615 页,"士生蜕化时代,一切事殆莫不然,依乎天理,执西用中,无一定死法,止于至善而已"。

此句中的"执西用中"应为"执两用中"。这是儒家一重要理念,来自于《中庸》："执其两端，用其中于民，其斯以为舜乎！"本是对舜的赞词，意为以中庸、不偏不倚之道来从事政治，管理百姓。后来流传甚广的伪《古文尚书·大禹谟》篇"人心惟危，道心惟微，惟精惟一，允执厥中。"即由此发展而来，并成为了宋明理学家极力推崇的十六字真言。自宋以来，随着理学观念的深入，"执两用中"日益成为了探究儒家思想的基础性概念，严复与熊育锡所讨论的正是这种儒家之道。在民国初年，传统文化尚未完全割裂，对于这种理念不仅传统知识分子十分熟稔，就是普通人也不陌生，甚至赳赳武夫张勋的图章中都有一方"执两用中"印。① 说得极端点，这是当时人所共知的基本观念。而事实上，我们只要认真阅读信札，就能发现，严复文字中所讨论的恰恰就是《大学》《中庸》的观念，而绝不是中西文化问题。细绎文本，所谓"天理"，是宋明理学的核心观念，而"止于至善"，则来自《大学》中的首句："大学之道，在明明德，在亲民，在止于至善。"所以，此处的正解只能是"执两用中"，而不是其他。又，此件已佚，据《学衡》补。《严复集》编号为十六，《学衡》编号为第四，载于第六期，《学衡》本写作"两"字，无误，被《严复集》误改，此处据《学衡》更正。

在《严复集》的诸多讹误中，此条所引起的问题最大。众所周知，中西文化问题是晚清、民国以来极为重要的思想论题，于是，由"执西用中"一词，近年来一些学者作出了不恰当的联想，认为它是严复晚年对中西文化的一种新表达，属于严氏的重要思想创意。对于这一理念的误读，主要是从福建师范大学严复研究所林平汉所长开始的，他先是发表了一篇题为《从师夷之长技到执西用中——严复学西方思想的发展》的文章，载于《世纪桥》杂志2000年第6期，提出："这个思想（'执西用中'）是对洋务派的'中体西用'指导思想的有力纠正。"2001年4月14日的《人民日报》第6版又登载了一篇题为《严复研究析疑二题》的文章，对此问题加以确证，在海内外影响甚大。在文章中，他这

---

① 见来新夏主编，焦静宜编《中国近代资料丛刊：北洋军阀（二）》，上海人民出版社1993年版，第436页。

样论述道：

> 1914 年，严复提出一个重要概念——"执西用中"。他说，应"依乎天理，执西用中，无一定死法，止于至善而已。"所谓"依乎天理"即顺应自然，"执西"即吸收西方文化于我有益者；"用中"即从切合中国的实际需要出发，以最完善为追求目标。这种提法是严复经过长期的思考，到了晚年才提出的，将之作为重构中华文化的准则。这是严复爱国主义思想的精华，具有鲜明的现实意义。但由于严复并未专文阐述这一观点，故而在当时影响不大。

林氏的新说作为对严复思想的"新发现"，很快被学界所接受。不久辜振甫引用了他的说法，并引起了大陆学界的注意，2004 年 5 月，香港《中国评论》月刊发布了一篇由王辛撰写的题为《中华民族需"反本开新"——汤一介教授访谈录》的文章，在文中，汤一介对由林氏而来的辜氏之说，做了进一步的引申，他论述道：

> 正如辜振甫先生所说，严复直到晚年才彻底领悟，而将"执西用中"作为重构中华文化及道统之准则。这正是严复晚年有见于西方各种思潮造成对中国传统文化的巨大冲击，致使中国有失去自身文化传统的危险，因而思想上有了这样的适时之变。

然而，遗憾的是，这种阐述是在对传统文化缺乏必要了解的基础上，以错误的材料推出的错误认识，属于一种典型的"郢书燕说"。而且，其影响还在逐步扩展之中。[①] 但我们既已明了了它的讹误所在，则

> ① 现在一些学者在严复思想研究中，已经将这一错误的结论作为真实的前提来加以运用。例如，仅就标题来看，2004 年"严复诞辰 150 周年纪念大会暨严复思想学术研讨会"的论文中，就有王宪明《"执西用中"，融汇创新——从〈社会通诠〉若干段落看严复的文化取向》；苏中立《执西用中·尚实达用·世运转变——严复经世致用思想的独特性》，近年的论文则有牛田盛《执西用中，改良进化——浅析严复的现代化问题观》（《哈尔滨学院学报》2007 年第 12 期）。

希望学界能早日纠正这种思想误判。

2. 第672页，"若唐绍仪之乖张，伍廷芳之老悖，孙洪伊之劣薄，降至吴景濂、谷锺秀、褚辅成，自邻以下，尤无可称"。

此句中"自邻以下"应为"自郐以下"。语出《左传》襄公二十九年："自郐以下无讥焉。"说的是春秋时期的吴国公子季札在鲁国观乐舞，对于其他各国的乐曲都有所评价，但从郐国以下就不再评论了。此后这一典故用来形容对于那些无价值的事物，根本无须论说。严复用此典，是表达对民党人士的轻视，意为从唐绍仪至褚辅成以下的这些人士都不值得评价。此处误为"自邻以下"，则无法解其意。又，此件已佚，据《学衡》补。《严复集》编号为五十五，《学衡》编号为四十二，载于第十五期，《学衡》本写作"郐"字，无误，被《严复集》误改，此处据《学衡》更正。

3. 第673页，"交通不便之国之难用代仪制也"。

此句中的"代仪制"应为"代议制"。所谓"代议制"指的是由人民选出的代议机关行使国家权力的制度，主要以议会为代表机关，掌握立法权。又，此件已佚，据《学衡》补。《严复集》编号为五十七，《学衡》编号为四十四，载于第十五期，《学衡》本写作"议"字，无误，被《严复集》误改，此处据《学衡》更正。

4. 第709页，"东海身为民国总统，果其端已以莅临天下"。

此句中的"端已"应为"端己"。所谓"端己"意为排除私虑，严肃认真的样子。《朱子语类》卷十四在论及学习《大学》之道时，朱子说道："今端己敛容，亦为己也。"这一词在指政治人物时，便有为政清简，无为而治的意思。《南齐书·高帝纪下》曰："端己雄晬，君临尊默。"它与《论语·卫灵公》所载的"恭己"一词相通，其文为："无为而治者，其舜也与？夫何为哉？恭己正南面而已矣。"严复在这里是讥讽东海（徐世昌）做总统时无所作为的状态。要之，"端己"是一习用概念，用"端已"则文义不通。

（三）因文字误识，致使文句不通或原意被改窜

1. 第603页，"凡斯现象，不敢相廷"。

此句中的"廷"应为"迋"字。此字通"诳"，意为诳骗。用

"廷"字不知所云。

2. 第618页，"奥固欲膨胀于巴尔干半岛，然非德为之明主，其所投塞尔维亚之最后书条件，绝无如是之强硬"。

此句中的"明主"应为"阴主"。指的是"一战"时期，德国作为奥匈帝国的暗中主使者，使其立场强硬，从而挑起了巴尔干冲突。用"明主"一词，则意义完全相反。另外，"膨胀"在严复原稿中写作"膨涨"，是严氏时期的习惯用法，无须改订。

3. 第621页，德国"翼幸回民之数，以困俄、英、法。"

此句中的"翼幸"应为"冀幸"，是寄希望的意思，"回民之数"应为"回民之叛"。此处的回民指的是信仰伊斯兰教的土耳其。在"一战"中，德国联合土耳其，希望它能牵制住自己的对手俄、英、法。以上文字如不更正，根本无法理解文义。

4. 第641页，"以此蒙祸，殊可唉耳"。

此句中的"唉"应为"咲"字。"咲"即"笑"的异体字，用"唉"字则意义完全曲解。此外，一般而言，表哀叹，应说"可叹耳"，无"可唉耳"这样的用法。

5. 第651页，"北方政局危如系卵"，"平政院判将部令取消奏当后，孙洪伊既不副署，又不辞职"。

此句中的"系"应为"纍"字，即"累"字，"危如系卵"无此用法。后一句应为"平政院判将部令取消，甚当，后孙洪伊既不副署，又不辞职。"

6. 第678页，"举国饮醒，不知四维为何事"。

此句中"饮醒"应为"饮酲"，即饮酒之意，在此指迷醉无知。用"饮醒"，则其意正相反，且在文句上无此用法。

7. 第711页，"段祺瑞执挺袁门，搂合武人，迫令隆裕让政，创设共和"。

此句中"执挺"应为"执梃"。"梃"本意为棍棒，"执梃"即手持棍棒武器，这里指的是民国元年段祺瑞率兵逼宫，迫使清帝退位的事情。用"执挺"则文义不通。

8. 第 671 页，段祺瑞"性质似系木疆疏简一路"。

此句中"木疆"应为"木强（彊）"。意为质直刚强。《史记·绛侯周勃世家》："勃为人木强敦厚，高帝以为可属大事。""木疆"一词，无此表达法。又，此件已佚，据《学衡》补。《严复集》编号为五十五，《学衡》编号为四十二，载于第十五期，《学衡》本写作"强"字，无误，被《严复集》误改，此处据《学衡》更正。

四　结语

历史建构的真实与意义有赖于材料的质量，故而，对于治史者而言，史料的检讨是首要的研究任务。基于这一认识，本文对"严熊书札"的探研，旨在从核验史料的准确性出发，以求"以点到面"地发现问题，做到"论从史出"。在具体讨论中则体现为，以严复手稿为研究基础，对史料本身及其所涉及的问题，在三个方向上加以展开，即史料的整体认识、新材料问题与资料校勘。

通过初步探研，笔者得到如下的认知：（一）对史料的整体认识主要体现在，研究中需关注材料本身的质量和意义，笔者认为，"严熊书札"不仅是真实反映严复晚年心境及行迹的重要材料，也是文化保守主义者的交流平台及思想武器，故而，我们不应孤立地看待这些材料，而需将其放至更广阔的文化群体中，进行讨论和研究。（二）新问题的推进往往需要新材料，这批书札中的新材料主要就是康有为的眉批，由这些康有为文字，我们可以初步勾勒出严、康晚年的思想交往路径，从而发现他们由"志同道不合"走向"志同道合"的精神历程。新材料的发现一般来说有两种：一是从未面世的全新资料，它们大批量，成系统，属于从未耕耘的处女地，容易迅速出成果，对于这种材料当然是人人羡慕的。二是已经经过整理的材料，但其中也或有遗漏，这种遗漏有时能给我们带来一些新的认识，康有为眉批文字即属此类。这种材料发现的意义在于，史学研究不可能总是会遇到大宗的全新资料，就材料的挖掘而言，我们应有深入一线材料中进行"捡漏"的意识，而且应不惧琐碎，金泥玉屑亦可成为史学工作的重要基础。（三）笔者对《严复集》中若干错讹做了举要，旨在以史料校勘来纠正历史误读，并以例说明近代研究中的材料校勘意义。笔者以为，就史学研究而言，在校勘问题上，古史研究界似乎更为重视和强调，一些古代材料已经千年来的探求和考订，保证了研究的准确度。就近代史料而言，虽年代相隔不远，可以较方便地找到原始底本，这自然是比古史研究优越的地方，但如对材料拿来就用，不重视校勘解读工作，年深日久则必成问题。此外，近代学术史研究中出现的材料错讹，除了转写等问题，还有就是对传统文化的理解不足。由于我们面对的研究对象大都旧学修养深厚，他们引经据典，随手拈来，这就要求近代文史研究者也必须具备相当的古代文化素养，才可能更加深入地展开讨论。如果说近代学人进行"古代研究"，我们则应具备"古代研究之研究"的能力，如前面所出现的"执两用中"的误读问题，研究者若能切实加强传统文化修养，仔细研读典籍，当不至于如此。就此点而言，笔者以为近代学术史研究中，"古今打通"不仅必要，而且已是势在必行。总之，笔者的研究或有不当之处，但力图在讨论中彰显资料的意义，并希望不仅由此带动具体论题的深入，倘更能引起同道对近代学术史在方法论方向上的思考，则至为幸焉。

原刊于《东吴历史学报》第 23 期（2010 年 6 月），2016 年 5 月改订

后　记

本书由十二篇论文组成，正如书名所提示的，是关于古文献与学术史方面的一点学习心得。

长期以来，对于古文献和学术史方面的问题，我一直怀着浓厚的兴趣，很自然的，这也成为了教学和研究的重点所在。在教学之余，我断断续续地撰写了一些不成熟的文字，它们不仅是"谋食"所需，更是情感所寄。随着论文数量的增加，将相关成果结集出版，成为了心中的一大梦想。幸运的是，我最终获得了江西师范大学中国社会转型研究书系的支持，在此，感谢相关领导及学术委员会的各位专家，让我得以"圆梦"，有一个可以获得同道批评和指正的机会。

翻检拙著，细心的读者可以发现，这些文章就研究时段而言，主要分布在先秦和近代，撰写和完成的时间，则是在最近十年。然而，回顾自己的研究之路，这一路向，至少要从研究生阶段开始追溯。

我是在 1998 年正式进入研究生阶段学习的，导师谢维扬教授是国内先秦史研究的大家，在跟随谢师攻读学位的六年间，我对先秦文献进行了系统的学习。习文史者皆知，就学术史角度来说，学习先秦文献，不能仅仅囿于先秦时段，从郑玄到戴震，从今、古文经学到乾嘉学派，皆在视野之内。记得那时，谢师要求我们看《十三经注疏》，特别强调汉唐注疏的重要性；而在先秦文献的授课中，清儒之学时时论及，于是，翻阅两部《清经解》及清儒的相关成果，成为了当时的必备功课。可以说，如果今天我还有些研究能力，主要学术基础就是那时打下的，是谢师的引导之功。

当然，学术基础以广博为上，研究则贵在专精。在真正进行专业研究时，势必要选择一个专门的时段或课题加以展开，否则，泛滥无得，就成为学者的大忌了。这个道理我是非常明白的。所以，虽然我是个学术兴趣特别广泛的人，对于人文社会科学中的许多课题，恨不得照单全收，都去探究一番。但我更知道收缩阵地，一口井挖到底的重要性。至少在某一个时段内，对于研究课题，需集中精力，做到心无旁骛，"咬定青山不放松"。像陈寅老那样以通人之识，成就专家之业，是我的学术梦想。

但在某个时间段内，选择以哪个时段或课题为主攻方向，却并非可以完全自我掌控。

记得在攻读研究生的六年期间，由于学术兴趣和机缘，我选择了秦汉问题作为硕、博士毕业论文的选题。一路走来，秦汉已成为了我重要的学术阵地，今后亦然。但在研究过程中，我又深深地感到"吾生也有涯而知也无涯"。人的精力太有限，从我进入秦汉研究领域开始，很长一段时间一直身陷于此，难以自拔。要解决的问题实在太多，尤其是攻读研究生及随后的工作阶段，围绕着硕士、博士论文及相关问题的研究，时间、精力让我难以顾及其他。有些学界的朋友，初次相识之下，一通报学术背景，常常会不相信我是先秦史出身，其中一个很大原因就是，我所探研的皆为秦汉问题，没有先秦史方面的正式成果。虽然教学之中常常涉及先秦，但毕竟与严肃的科研有着一定的差距。故而有朋友笑问，先秦的"武功"是否荒废？其实这也是我常常自问的问题。固然，长期耕耘于秦汉，对于秦汉研究的热爱与珍视，那是自不待言的。但倘只会做秦汉，不能有点先秦的成果，又实在有辱师教。这就促使我最近十年来开始重拾先秦，希望做点东西出来，同时更重要的是，倘因"久疏战阵"，"荒废武功"，那是至为惋惜的。事实上，我也真的感觉到了吃力，拳要打，字要写，长期不做先秦研究，长此以往，真的会有那么一天，再也无力从事这一领域的研究工作了。我自问也算勤奋，但更深知自己资质愚顽，荒掷过往之学，要不了多长时间，淘汰出局势在难免。一种内在的紧张感常常挥之难去，这是我近年来一定要腾出时间做些先秦研究的主因所在。

至于近代学术史的研究，则是古史研究的一种延伸。我常常对学界的朋友说，我的近代学术史研究是一种"古代研究的研究"，是"学术发生学"的做法。这样的一种想法，是在阅读近代学者们的著作时逐渐得出的。众所周知，古史研究不是光读原始典籍就可以解决一切问题的，参考近代以来的古史研究著作是一种必修课。在研读过程中，一个念头萦绕在我的脑际：传统中国只有一个，为什么不同的学者差别那么大？在王国维、陈寅恪、吕思勉、钱穆、郭沫若等学者那里，我分明看到了各种不同的古代中国。而我的研读方法，往往以求全为主，我会尽可能地通读学人的全部成果，并且比较他们观点的发展脉络，这种阅读的好处在于，让我逐渐看到并日益重视学术的内在理路。而这一点，和近代以来的外在时势相结合，遂毫无滞碍地进入了近代学术史的场域。这一学术转换过程，是很自然而然的，我几乎没感觉到任何的困难。当然，在完成研究生学业之前，时间安排上，由于主要以对付毕业论文为主，精力所限，无力就近代问题展开专门的研究。2004 年博士毕业后，在腾出时间做先秦研究的同时，我开始对近代学术史作一些个案的探研。很显然，它是与古史研究相配套的必然结果。我的基本思路是，古史研究中的很多范式和结论，为近代以来所建构，今天，它们已经成为了古史研究的基础与前提。从这个意义上来说，对古代中国的研究，并不是直接面对着古代，实在还有着一层近代以来的学术认知史成为铺垫或幕布。质言之，在我们的认识中，古代中国的状况如何，很多是被近代以来的学术认知所包裹的，有些范式或观点，固然为我们进一步认识古代中国提供了阶梯，但也有着为数不少的绊脚石或哈哈镜，扭曲的是认识，带来的是学术障碍。这使我认识到，要真正认清古代，不得不清理一遍近代以来的古代学术认知史。这些学术成果是如何得出的？它的学术过程如何？要解决这些问题，就需要在通读近代学者著作的基础上，全力了解近代以来的外在时势及历史纠葛，从而由古入今，抵达历史的深处。对于古史研究者来说，通读近代学者著作，本来就是必做的功课，了解近代以来的外在时势，则只要顺流而下，就可以达成目标，这实在是一种很经济的研究方法。一旦想通了这一层，很多问题豁然开朗。我一度十分兴奋，认为自己找到了一条古史研究者的近代研究之路，当然对与不对，可行不可行，不是自己可以说了算的，要靠成果来检验，而这又促使我一定要起而行之，做点近代学术史的成果出来，作为一种试金石，以验成色。

正式有这样的想法与实践，大概有十年光景。于是，在过去的十年间，我在不放弃秦汉研究的基础上，开始有意识地重拾先秦研究，在近代史上则自我补课，大量地翻阅和熟悉相关资料。按照我的想法，不再孤军深入，而是尽量腾出一些原来只属于秦汉史研究的时间，循序渐进地做些先秦和近代的学术史研究。能这么做，一个很重要的因素还在于，我是一位学问上的逍遥派，对于职称、课题项目等没有太大的兴趣，无可无不可。当然，坦白地说，这也是由于本人这方面的能力实在有限，尤其在当下最为看重的课题申报过程中，一次次的折戟沉沙，终于明白了自己根本就不是那块料，由此产生的学术差距，也就顺理成章，无须怨天尤人了。但在"学问水准"及待遇产生落差的同时，其实也给了我很多自由的空间。反正也没有多少定时定量的硬性科研任务，每年慢慢做，各时段齐头并进，按照自己的想法慢慢来。在当下的学术环境下，这种做法虽然可能会使自己日渐边缘，但最大的好处是，可以做"为己之学"，只要内心安宁，不被利禄之途所牵扰，倒很符合理想中的本真学术状态，静心想想，这又何尝不是一种"祸兮，福之所伏"呢？这样的状态只要一直延续，就先秦和近代研究而言，我的打算是，再过个十年、二十年，甚至更长的时间，在不间断中，最后，将论文结集为《先秦学术史论稿》《晚清民国以来的学术与学人》等这样一类的著述，如数量增多，则可考虑以"续集""三集"等加以编撰。

但事情总是在变化之中。2015 年底以来，随着南昌海昏侯墓考古发掘的深入，出土的大量文物震撼了学界，作为本土学者，面对着这么一块宝藏，有责任和使命投身于研究热潮之中。很快，我们学校也成立了研究机构，领导让我牵头负责一些具体的工作，要再像以前那样自得其乐，关起门来做逍遥派，至少在最近的几年里，已不复可能。一方面对于相关领导的信任，必须承担起自己的责任，尤其是让新的研究机构初步运作起来，搭好架子，打下基础，以待后人。另一方面，个人的研究重心必须再次倾斜，调整到"海昏"及秦汉研究上来，这是形势使然，也是主动融入的结果。但人的精力总归有限，且不说一些具体的事务需要时间去打理，就是专业的学术时间，在近期也很难保证有多少可以匀出来交给先秦及近代研究。至少最近几年内，当全力以"海昏"研究为重点，这已成为了无可动摇的趋势。而这样一来，不间断地做先秦及近代研究，能否有时间和精力的保证，能做出多少，实在不敢再下预判。我可以做到的只是，先秦和近代的研究不会间断，当尽力挤出时间不使其"荒废"，但就研究成果的推出而言，稍微"冷落"一下，产生时间间隔，已是一种无可奈何的注定事实。那么，问题是，在现时段，先秦和近代要分时段整理出两套或更多的论著，在数量上根本不够，也不可能在最近补上。而如果要遵循以前的设想，现有的这些成果就必须放在抽屉里，遥遥无期地等待着下一批论文来加以"合璧"。什么时候可以做到，我心里没有底。所以，当学院对专著出版进行支持时，我索性将这些论文进行结集，虽古今杂陈，但总归是古文献与学术史方向上的研究，在特定的问题意识下，既算不上"跑题"，也还有着一定的内在学术关联。最为重要的是，可以由此获得同道指正和关注的机会。我认为，这是对自己未来研究的一种有力促进和必然选择，所以，我决定申请出版此书。

以上这些，就是本书得以推出的大致情况。具体到单篇文章和细部的研究，则诚恳期待着读者们的批评。这些论文都已在海内外发表，有些在收入本书时做了必要的修订。相关的具体信息，已在文末加以标明。在此，要感谢刊发拙文的刊物及编辑先生，感谢中国社会科学出版社的支持及宋燕鹏博士所付出的辛劳，还有那些曾支持和帮助过我的朋友们。当然，家人对我的付出也是必须要表示最诚挚的感谢的。

最后，我要说的是，今年正值谢维扬师七秩华诞，谨将此书献给恩师，祝吾师身笔两健！桃李芬芳！

王刚

2016 年 6 月于南昌